collection eupalinos
série architecture et urbanisme

Philippe Panerai
avec Marcelle Demorgon
et Jean-Charles Depaule

Analyse urbaine

Éditions Parenthèses

COLLECTION PUBLIÉE
AVEC LE CONCOURS FINANCIER DE LA RÉGION PROVENCE-ALPES-CÔTE D'AZUR.

ISBN 2-86364-603-6 / ISSN 1279-7650

Avertissement

Ce livre trouve son origine dans une recherche effectuée en 1975 sous le titre *Principes d'Analyse urbaine*. Une première présentation complétant le texte initial à été publiée en 1980 sous le titre *Éléments d'Analyse Urbaine* aux éditions des Archives d'Architecture Moderne à Bruxelles. Elle a fait l'objet d'une édition espagnole (Madrid, IEAL, 1983).

L'idée d'entreprendre une nouvelle présentation des questions concernant l'analyse des villes dépasse le simple projet d'une réédition actualisée. Si elle répond au souhait de rendre disponible à un large public, notamment étudiant, un ensemble de réflexions qui peuvent guider l'observation, elle tente surtout de rendre compte de la complexité de la ville moderne. La poursuite de ce travail au-delà des premières ébauches, nous a conduit en effet à replacer les villes historiques dans leur cadre actuel et à aborder l'échelle métropolitaine et l'éclatement des tissus qui caractérise l'urbanisation récente. Le texte a été largement repris, l'ordre des chapitres a été modifié et des chapitres nouveaux ont été introduits afin de correspondre à ce nouveau projet. L'illustration a été également largement réorganisée.

Ce travail n'aurait pu exister sans la participation d'un assez grand nombre de personnes.

Mes remerciements vont d'abord aux étudiants et aux enseignants de l'École d'Architecture de Versailles qui furent les témoins, les complices ou parfois les contradicteurs, de ce parcours. Parmi eux il faut citer en premier Jean Castex avec qui les observations de la forme urbaine ont été engagées dès 1966, avant même l'aventure de la recherche et de l'enseignement.

Je tiens ensuite à exprimer ma gratitude à Jean-Charles Depaule et Marcelle Demorgon dont les contributions figurent dans cet ouvrage. Grâce à leur présence au Laboratoire et à l'École, l'architecture et les formes urbaines n'ont pas été coupées d'une réflexion plus vaste sur les territoires et sur les habitants qui les façonnent. Promenades, voyages et débats communs sont pour beaucoup dans mes intérêts actuels.

Et également aux chercheurs du LADRHAUS dont les travaux ont alimenté de manière continue la réflexion sur les villes : Sawsan Noweir avec qui a été développé depuis 1980 un ensemble d'observations et d'analyses sur la ville du

Caire particulièrement stimulantes ; Yves Roujon et Luc Vilan qui à l'occasion des cours de morphologie et de monographies de villes du Certificat d'Études approfondies « Villes orientales » ont permis d'étendre les investigations ; David Mangin avec qui s'est précisée la question des découpages ; Henri Bresler infatigable analyste du tissu parisien dont les remarques toujours stimulantes ont lancé la réflexion sur des pistes nouvelles ; Anne-Marie Châtelet qui a participé à plusieurs recherches où son sens de l'histoire mêlé au goût des villes a fourni de nouveaux éclairages sur le XIXᵉ siècle ; Richard Sabatier dont les travaux sur l'échelle territoriale ont contribué à élargir le champs, ainsi que Raymonde Couery qui a assuré pendant des années le secrétariat de notre laboratoire.

Françoise Divorne avec qui a été conduit pendant plusieurs années un séminaire sur les villes aurait pu retrouver ici l'écho de nos discussions.

Parmi les responsables et les chargés de mission de la recherche à la Direction de l'architecture il faut citer Claude Soucy qui après avoir accordé sa confiance à des chercheurs débutants nous a permis, à plusieurs reprises, de préciser et de développer notre réflexion et Catherine Bruant qui a suivi nos travaux avec compréhension avant de rejoindre le LADRHAUS.

Une place doit être faite aux collègues des différentes écoles et instituts dont les travaux et les intérêts recoupent les nôtres et avec qui les échanges ont été toujours fructueux. S'il est impossible de les citer tous, je tiens à mentionner particulièrement : Georges Adamski à Montréal, Abdallah Boucena à Constantine, Joan Busquets à Barcelone, Carlos Eduardo Comas à Porto Alegre, Alfonso Corona Martinez à Buenos Aires, Hani El Miniawi au Caire, Sylvia Ficher à Brasilia, Vittorio Gregotti à Milan, Carlo Magnani à Venise, Marco Massa à Florence, Fayçal Ouaret à Sétif, Fernando Perez Oyarzum à Santiago du Chili, Marcel Pesleux à Bruxelles, Manuel de Solà-Morales à Barcelone, Tomas Spreechmann à Montevideo, Francis Strauven à Hasselt, Anne Vernez-Moudon à Seattle et Attila Yucel à Istanbul. Leur rencontre a été décisive pour dépasser une vision hexagonale des phénomènes urbains.

Je tiens enfin à remercier tout particulièrement mes collègues enseignants et les étudiants du DEA : « Le projet architectural et urbain ». Le milieu stimulant qui s'est créé à Belleville autour de cet enseignement n'est pas étranger à la reprise de ce travail.

Que soient également remerciés Laurence Marchand et Évelyne Catteau qui ont assuré le secrétariat ainsi que Hélène Fernandez qui en a coordonné l'iconographie en réalisant pour cela un grand nombre de dessins originaux. Ses remarques toujours judicieuses m'ont permis de préciser bien des aspects de cette réflexion.

Philippe PANERAI

Introduction

Connaître une ville n'est pas simple, surtout quand elle est vaste et que chaque époque est venue déposer sans trop de précautions sa marque sur celle des générations précédentes.

Il faut alors d'abord reconnaître des différences. Ici, un lotissement qui efface tout l'état antérieur, là l'inscription dans le parcellaire d'une enceinte disparue ; ailleurs, la persistance des chemins antiques sur lesquels sont venus s'implanter des faubourgs, ou la marque d'une occupation rurale : village englobé, maisons de campagne, terroirs de vignoble ou de potager. Sur ces tracés qui s'additionnent, se superposent, entrent en conflit, s'interrompent et resurgissent, le bâti se renouvelle et s'étend au gré d'une lente densification qui procède par excroissance, surélévation, découpage des jardins et comblement des cours ; ou par substitutions mineures, parcelle par parcelle selon une spéculation encore modeste ; ou encore par vastes opérations quand un pouvoir fort ou un profit important en fournit l'occasion, jusqu'à ce que l'histoire de quelques générations d'habitants en transformant à son tour ce qui était nouveau vienne une fois de plus brouiller les cartes.

L'urbanisation de cette seconde moitié de siècle change encore plus radicalement le paysage ; le volume des constructions, leur mode d'implantation, les techniques utilisées marquent une rupture. Les urbanisations récentes semblent échapper à la logique des villes traditionnelles, et par là même défier les moyens d'analyse qui permettaient d'en rendre compte.

Face à cette complexité, un premier but que pourrait s'assigner l'analyse urbaine serait d'aider à comprendre, pour le simple plaisir d'une découverte, d'une comparaison, d'un dessin, d'une promenade.

Mais à ce premier objectif indispensable — pour comprendre les villes il faut les considérer avec plaisir —, se mêle vite une autre ambition : participer modestement à l'élaboration d'une connaissance en mêlant, de manière impure, l'approche historique, la géographie, le travail cartographique, l'analyse architecturale, l'observation constructive et celle des modes de vie. En affirmant l'importance du dessin comme un moyen de comprendre et de rendre sensible. En insistant sur la nécessité d'une accumulation.

Ces quelques considérations peuvent justifier l'entreprise de poursuivre un travail engagé il y a vingt ans.

En vingt ans bien des choses ont changé. La crise économique s'est installée de manière durable et la crise urbaine a changé de nature. Alors que l'expansion à tous crins menaçait les centres anciens, que les rénovations urbaines rasaient des quartiers entiers, ce sont maintenant, parce qu'elles sont le plus directement touchées par la récession, les banlieues qui s'embrasent et les périphéries qui inquiètent. Mais si la question de la ville s'est déplacée, elle n'a rien perdu de son actualité et la mise à jour des outils qui permettent de la comprendre reste une priorité.

Connaître la forme des villes, reconstituer leur histoire, c'est aussi orienter une manière de projeter. Si ce travail n'établit pas directement une relation au projet, il n'échappe pas aux interrogations qui depuis dix ans ont accompagné la réflexion et l'expérience du projet urbain, et il participe d'un point de vue polémique : dénoncer avec autant de vigueur l'ignorance de la « table rase » que celle du mimétisme à bon compte.

L'ouvrage a été réorganisé afin de correspondre davantage à son objet : fournir quelques éléments et méthodes pour saisir la ville actuelle. Les deux premiers chapitres introduisent la notion des « Territoires » (Marcelle Demorgon) sur lesquels la ville s'établit et se développe et des « Paysages urbains » qui en résultent. Ils insistent sur l'importance du travail de terrain et des visions à grande échelle. Un chapitre consacré aux phénomènes de « Croissances » fait plus directement intervenir l'analyse des états successifs de la forme urbaine et s'apparente à l'étude de la morphogenèse. Les éléments constitutifs sont ensuite appréhendés à partir de deux points de vue : les « Tissus urbains », échelle intermédiaire où se mêlent voies, parcellaires et bâtiments, les « Typologies » où se noue le débat entre savoir architectural et savoir urbain. Deux chapitres enfin tentent chacun à leur manière une conclusion. L'« Espace de la ville, tracés et hiérarchies » constitue un essai de synthèse où les éléments précédents sont replacés dans un cadre plus global qui dépasse les seuls aspects morphologiques tandis que la « Pratique de l'espace urbain » (Jean-Charles Depaule) apporte une ouverture sur l'usage de la ville par ses habitants.

Territoires

Géographie traditionnelle et approche fonctionnaliste du tissu urbain

Imaginons que nous procédions à un « interrogatoire » en questionnant d'abord ceux, les plus nombreux sinon tous, qui ne possèdent (et ne recherchent) aucune des clés habituellement utilisées par les spécialistes et théoriciens de l'espace urbain ; ceux qui ne savent pas qu'un code et donc qu'une manière de décoder l'espace puissent même exister ; ceux qui ignorent tout des types et de la typologie. Que vont-ils répondre si on leur demande ce qu'ils voient dans le territoire de la ville ? À quels objets vont-ils spontanément faire allusion ? Quels objets vont spontanément retenir leur regard ?

Les notations qui reviennent le plus fréquemment concernent les immeubles et les rues. Les immeubles sont perçus comme hauts ou au contraire petits, luxueux ou pauvres, colorés ou non (les tours de La Défense sont noires, telle devanture de café est rouge). Les rues sont, elles, décrites comme bruyantes ou calmes, vides de commerces ou au contraire bien équipées. Il y a (ou non) des cinémas et des cafés. Les rues sont notées comme ennuyeuses ou laides et sales, évoquant la pauvreté. On remarque peu ou pas du tout l'architecture, mais seulement l'immeuble exceptionnel (par sa taille, la coloration des matériaux) ou le chantier de construction, les creux dans la continuité de la forme bâtie. Dans la rue, la présence ou l'absence d'arbres frappent également l'œil de l'innocent promeneur. En résumé, le tracé, notion abstraite, est remplacé par la rue, espace concret, total et vivant. L'architecture n'est perçue, sauf exception, qu'en tant que volume. Quant au sol, support du bâtiment, sa présence n'est absolument pas mentionnée.

On peut, *mutatis mutandis*, questionner de la même manière les divers traités ou ouvrages fondamentaux de géographie urbaine. Là, objets d'étude des « spécialistes des lieux », des « analystes de l'espace » comme les géographes se plaisent à être définis, les villes y sont décrites successivement à travers leur situation, leur site, leurs fonctions, leur plan et leurs extensions. L'échelle de référence est résolument macroscopique et si l'on peut dire, par cela même *déterritorialisée*.

C'est d'abord la prise en compte de l'espace physique, vu à vol d'oiseau, comme d'après un plan gigantesque. Les chapitres de la *Géographie générale*[1] consacrés à la description des paysages et des habitats ruraux, et ceux concernant la géographie des villes sont très éclairants à cet égard.

La plus large part est accordée aux fonctions urbaines, les villes étant le plus souvent classées selon leur fonction dominante. Dans le *Traité de géographie urbaine* de J. Beaujeu-Garnier[2], le livre second est précisément consacré à la description et à la classification des grandes fonctions urbaines : fonction militaire, fonction commerciale, fonction industrielle, fonction culturelle, fonction d'accueil et fonction administrative et politique. Lorsqu'on aborde enfin la structure interne de la ville ou de l'agglomération, c'est à chaque fois la totalité de l'organisme urbain qui est analysé. Si découpage il y a, il est basé sur de grandes entités : villes et banlieues, centre ville et périphérie, etc.

Ces observations valent également pour Pierre Lavedan, historien, qui, dans son ouvrage *Géographie des villes*[3] descend pourtant à un niveau de description plus moléculaire, puisqu'il analyse, dans les chapitres IV et V, outre la rue, la place et les jardins publics, les espaces libres privés et la surface bâtie.

Le parcellaire, grand absent de ce type d'ouvrages, n'a-t-il donc aucune existence pour le géographe ? Pour quelles raisons les tracés, si fondamentaux pour comprendre la formation de l'espace urbain, ne sont-ils ici considérés que comme une simple grille découpant l'espace ?

À ceci nous répondrons que nous n'avons jusqu'alors considéré que les ouvrages les plus généraux et non tous les ouvrages de géographie parus sur la ville, ni tous les géographes ayant écrit sur elle.

Car il y a des exceptions[4].

Mais l'absence, dans ces ouvrages choisis en référence, de considérations précises sur les tracés et les parcellaires comme ordonnant l'espace urbain, nous semble très significative d'un état d'esprit couramment répandu chez les géographes et qui correspond à une lecture de l'espace urbain trop décollée de la réalité.

Traditionnellement, l'objet de la géographie est de rechercher des types. « Le type seul est probant et se raccorde en séries [...]. Ce sont ces séries qu'il faut étudier et non l'exception ; elles seules ont une valeur géographique. [...] De là l'idée de la géographie générale que tout fait terrestre appartient à un type dont les exemples peuvent s'expliquer partout de la même façon[5]. »

À travers toutes les formes urbaines extrêmement diversifiées du monde habité, le géographe doit être capable de discerner des constantes : choix du site, contraintes imposées par celui-ci, rôle des grands axes structurants, grandes fonctions urbaines et leur traduction spatiale. Cette

[1]   *Géographie générale*, Paris, Encyclopédie de la Pléiade, NRF, 1966.

[2]   Jacqueline Beaujeu-Garnier, *Traité de géographie urbaine*, Paris, Flammarion, 1977.

[3]   Pierre Lavedan, *Géographie des villes*, Paris, Gallimard, 1936.

[4]   Notamment les travaux de Jean Bastié, Bernard Rouleau, Michel-Jean Bertrand, Danièle Gold et plus récemment Pierre Merlin.

[5]   André Meynier, *Histoire de la pensée géographique en France*, Paris, PUF, 1969.

lecture géographique de l'espace urbain s'opère à une vaste échelle. C'est tout le territoire urbain que l'on embrasse et que l'on essaie d'expliciter. Le niveau d'analyse le plus couramment utilisé reste ici le quartier. On est bien loin d'une réflexion théorique ou d'une analyse concrète du parcellaire et de la typologie du bâti qui s'y insère[6]. Celui-ci n'est pris en compte que très globalement. Ainsi dans l'*Atlas de Paris et de la Région parisienne*[7], les problèmes de parcellaire ne sont que brièvement abordés (pp. 74 à 80 du volume de commentaires) à propos des types d'habitations. La carte qui s'y rattache insiste plus sur la datation des bâtiments. La typologie de l'habitat n'y est qu'à peine esquissée. On distingue essentiellement deux types d'habitations : les maisons historiques, bourgeoises et hôtels particuliers, l'immeuble collectif.

A contrario, impliquée par le projet, la démarche de l'architecte s'inscrit tout naturellement dans le cadre de la parcelle. Alors que pour le géographe, le parcellaire n'est que le support d'un bâti, lui-même support des fonctions qui seront en fait seules prises en compte, pour l'architecte, la parcelle, le parcellaire sont objets d'étude en eux-mêmes.

Est-ce à dire que le géographe ne se préoccupera pas du parcellaire ? S'il doit définir la morphologie d'un quartier, il sera, à un moment donné de sa démarche, contraint de se référer au parcellaire. Mais celui-ci sera pris dans sa globalité : tel quartier sera caractérisé par une proportion importante de parcelles en lanières, tel autre par un parcellaire à larges mailles. De toute façon, le regard du géographe sur le parcellaire ne fera que l'effleurer. Car la constante de la vision géographique traditionnelle reste fondée sur la restitution d'un découpage différencié de l'espace urbain à une échelle toujours plus vaste que celle utilisée par l'architecte.

On peut schématiquement dire que le géographe établit un découpage molaire de l'espace, l'architecte un découpage moléculaire.

Pour un regard géographique territorialisé sur l'espace urbain

Cette sorte de dichotomie signalée, ci-dessus, entre un regard géographique, qui serait globalisant, et un regard architectural, qui serait particularisant, n'est peut-être qu'une vue de l'esprit. En fait, dans la pratique pédagogique, professionnelle ou même personnelle, ces différences d'approche apparaissent plus dogmatiques que réelles et tendent à s'effacer. En particulier, le géographe une fois sur le terrain, comme l'architecte, se trouvera confronté au problème du parcellaire comme au bâti que celui-ci supporte.

Les occasions d'être sur le terrain sont multiples. Simples promeneurs dans la ville, nous sommes attirés par des signes divers : là une

---

[6] Mais on ne saurait passer sous silence la grande qualité d'évocation de beaucoup de descriptions géographiques, en particulier le chapitre décrivant le paysage urbain parisien de Jacqueline Beaujeu-Garnier in *Atlas et géographie de Paris et de l'Île de France*.

[7] Jacqueline Beaujeu-Garnier et Jean Bastié, *Atlas de Paris et de la Région parisienne*, Paris, Berger-Levrault, 1967.

façade du XVIIIe siècle, ici une devanture tout en verre et acier, ailleurs une boulangerie à l'ancienne, avec ses panneaux peints sous verre. Beaucoup de petits commerces à un endroit, aucun à d'autres. Plus loin, la désertique façade d'un immeuble de bureaux tout neuf. Au loin ou tout proche, contigu, un alignement haussmannien. Sans compter les inévitables collages : immeubles placards, immeubles hiatus, immeubles en croûte ; ou bien les interstices, les espaces à l'abri, qu'on devine plutôt qu'on ne les voit, les espaces autres : vastes porches ouvrant sur des cours pavées, ou simple porte d'immeuble urbain donnant accès à un long couloir et, au bout, un autre espace, une cour cernée de bâtiments bas collés à de hauts murs pignons. Sage rangement de maisonnettes à jardinet et grilles en fer alignées le long des sillons que forment ruelles et passages le long de buttes ou plus saisissant encore, tracé telle une respiration différente dans un îlot très dense bâti en hauteur.

Le regard s'attarde quelque peu sur les façades, des signes secondaires apparaissent : le détail d'une porte en fonte, les cariatides d'un fronton, de délicates moulures soulignant les balcons d'un dernier étage ou un crépi qui s'écaille, une rue qui s'évase, une placette triangulaire plantée d'arbres, des marches le long d'un trottoir, l'infinie variété des motifs.

Promeneur, le géographe s'interroge. Comment comprendre cette multiplicité d'images différentes ? Quels principes ont à l'origine organisé ces espaces ? Quels principes les défont ? N'y a-t-il pas malgré tout des permanences dans la forme matérielle et les activités de la ville, dans l'utilisation qu'en font les habitants, les passants ? Ou tout n'est-il que transitoire et fait de successifs effacements ?

Le géographe en promenade peut rêver. Il voit des rues en pente qui incitent à les gravir ou à les descendre ; il voit d'étroites rues affluentes vers de vastes artères principales qui témoignent par leur tracé, leur cadre bâti, d'un ordre urbain différent. Déjà, il peut sentir qu'au moins quelque chose le rattache à un passé lointain et ne peut être totalement aboli de la mémoire de la ville, et que précisément ce sont les accidents au sol. Il faut encore monter pour aller à la butte Montmartre ou sur la montagne Sainte-Geneviève ou à Belleville. Plus curieusement, il monte encore et redescend en suivant la rue de la Lune et la rue Beauregard entre le boulevard Bonne-Nouvelle et la rue Poissonnière.

La Seine, le chemin d'eau des origines est encore capable de noyer les voies sur berges, et ainsi, et seulement ainsi, manifester de manière évidente sa présence. Les bateaux-mouches n'y suffisent plus. Bas, haut, montées, descentes, le fleuve... autant d'éléments de permanence.

Il reste aussi parfois les noms des rues, puisqu'on a oublié le nom des églises. Une rue de Montreuil, la place de l'Étoile, la rue Montorgueil, la rue de la Couture-Sainte-Catherine, la rue de la Folie-Méricourt, une rue de Flandre, une rue de Meaux et les saints faubourgs... De même agissent comme révélateurs de lieux les noms des stations de métro.

Enseignant, le géographe pratique encore le terrain. Mais dans ce regard institutionnalisé, la simple immersion de soi-même dans une ambiance urbaine ressentie ne suffit plus. Il devient nécessaire de trouver quelques clés possibles d'explication communicables à d'autres.

À ce moment, la tentation est grande de commencer la saisie du territoire urbain à travers tout un arsenal de documents multiples : données statistiques à l'îlot ou à la parcelle, cartes historiques, cartes actuelles portant sur les COS, les hauteurs de bâtiments, l'âge du tracé des voies, etc. On peut dire que, sur ce point en particulier, les géographes sont imbattables ! Or nous pensons qu'il est absolument obligatoire d'évacuer, dans un premier temps, un tel type de démarche. La carte n'est pas le territoire. Commençons donc d'abord par regarder le territoire. Regarder le territoire n'est qu'apparemment chose facile.

Nous privilégierons d'abord l'approche la moins spécialisée possible. Déambuler le long des rues, s'asseoir à la terrasse d'un café, revenir dans les mêmes lieux, s'imprégner d'une ambiance, sans autre souci apparent que se faire plaisir et de laisser le temps (même écourté) opérer une certaine osmose entre nous, spectateur, et le spectacle de la rue.

Tout naturellement, ce nous semble — et peut-être cela sera-t-il toujours trop tôt —, l'on passera de ce regard gratuit à un regard investigateur. Avec la nécessité d'utiliser un premier outil de travail : un carnet et un crayon. Et l'on notera l'endroit où l'on se trouve bien sûr, l'heure, le jour, la couleur du ciel, ce que l'on voit encore et encore. Dans cette matière vue, tout doit être noté en vrac. C'est une commodité, le tri viendra après. Cela permet de mélanger dans les notations ce qui est de l'ordre du cadre bâti et ce qui relève de son utilisation : présence ou absence de passants, quels passants, quels types d'activités et leur insertion dans le tissu…

On n'hésitera pas à dessiner, quel que soit notre talent de dessinateur : le détail d'une ferronnerie, le découpage d'une porte, les huisseries d'une fenêtre ou leur agencement au droit d'une façade, les décors qui animent celle-ci, un porche, les feuillages entr'aperçus d'un arbre caché, les débordements d'une vigne vierge par-dessus un mur (même à Paris, cela existe), les néons d'un café…

On accoutumera notre main à faire toutes sortes de dessins : des vues les plus éloignées, «panoramiques», ce que nous appellerons des dessins-silhouettes, aux vues les plus proches, le dessin-détail. Il s'agit avant tout de nourrir notre regard, de donner de la substance aux choses observées.

Ce travail effectué, alors seulement on peut se servir de l'appareil de prise de vues, notre deuxième outil de travail. La photographie complétera autrement, mais utilement — cela va plus vite de faire une photographie qu'un dessin — le stock d'informations que l'on désire engranger à propos du territoire étudié. Là aussi, on ne se bornera pas à prendre des vues d'ensemble (enfilade de façades, section de rue par exemple) mais aussi des photos de gros plan : elles restitueront la matière d'un mur, la délicatesse d'une mouluration, une opposition de couleur, le jeu décoratif des matériaux d'une façade, etc.

Connaissance concrète du terrain, dessins, photos. Nous avons d'abord pris conscience de la chair. Reste à connaître le squelette, ou autrement dit ce qui *structure* la portion de territoire étudié. Nous pouvons utiliser à présent tout le matériel cartographique et statistique disponible, qui va nous permettre de découvrir l'existence possible de liens entre ces indices et le reste non étudié du territoire urbain.

Le terme indice que nous employons n'est pas choisi au hasard : «signe apparent qui met sur la trace de...» dit le *Grand Larousse encyclopédique*.

Les traces que nous rechercherons, ce sont ici celles laissées par un ordre urbain ancien presque totalement effacé, celles d'un nouvel ordre urbain, si ostensiblement visible qu'il peut d'ailleurs oblitérer la lecture de la ville.

Le fil directeur qui continue à guider le géographe dans cette démarche, c'est bien toujours de raccorder à un ordre urbain d'ensemble les morceaux éparpillés qu'il peut observer ici et là.

Ainsi, les cartes à petite échelle lui permettront de comprendre à quel grand type de tracé urbain appartient telle ou telle section d'une rue étudiée. Il n'est pas inutile de savoir que l'avenue des Ternes n'est qu'une portion du grand axe ouest-est de la capitale qui, avec des accidents divers, unit l'ancien Est-Royal (*intra-muros* et *extra-muros*) à la route de Saint-Germain-en-Laye.

Au même titre, l'avenue du Général Leclerc s'inscrit le long de l'axe nord-sud allant de l'Italie à la mer du Nord ; que la rue d'Avron est une section de la route de Montreuil à Paris. Il comprendra mieux la configuration de l'actuel carrefour de la Croix-Rouge s'il sait que celui-ci marque la porte d'entrée du territoire de l'abbaye de Saint-Germain-des-Prés.

Ayant ainsi situé spatialement, à l'échelle de la ville entière, et pourquoi pas de l'agglomération et au-delà, la trame viaire du territoire étudié, le géographe consultera les cartes historiques. Examinées successivement en remontant toujours plus loin dans le temps[8], elles permettent de

---

[8]   Marc Bloch, *Apologie pour l'Histoire ou le métier d'historien*, Paris, Armand Colin, 1959. «Au surplus, l'éducation de la sensibilité historique n'est pas toujours seule en cause. Il arrive que, dans une ligne donnée, la connaissance du présent importe plus directement encore à l'intelligence du passé.» «L'erreur, en effet, serait grave de croire que l'ordre adopté par les historiens dans leurs enquêtes doive nécessairement se modeler sur celui des événements. Quitte à restituer ensuite à l'histoire son mouvement véritable, ils ont souvent profit à commencer par lire, comme disait Maitland, "à rebours". Car la démarche naturelle de toute recherche est d'aller du mieux ou du moins mal connu au plus obscur. Sans doute, il s'en faut de beaucoup que la lumière des documents se fasse régulièrement plus vive à mesure qu'on descend le fil des âges. Nous sommes incomparablement moins bien renseignés sur le xe siècle de notre ère, par exemple, que sur l'époque de César ou d'Auguste. Dans la majorité des cas, les périodes les plus proches n'en coïncident pas moins avec les zones de clarté relative. Ajoutez qu'à procéder mécaniquement de l'arrière à l'avant on court toujours le risque de perdre son temps à pourchasser les débuts ou les causes de phénomènes qui, à l'expérience se révéleront peut-être imaginaires. «Or, moins exceptionnellement sans doute qu'on ne le pense, il arrive qu'afin d'atteindre le jour, ce soit jusqu'au présent qu'il faille poursuivre. Dans quelques-uns de ses caractères fondamentaux, notre paysage rural, on le sait déjà, date d'époques extrêmement lointaines. Mais, pour interpréter les rares documents qui nous permettent de pénétrer cette brumeuse genèse, pour poser correctement les problèmes, pour en avoir même l'idée, une première condition a dû être remplie : observer, analyser le paysage d'aujourd'hui. Car lui seul donnait les perspectives d'ensemble, dont il était indispensable de partir. Non certes qu'il puisse s'agir, ayant immobilisé une fois pour toutes cette image, de l'imposer telle quelle, à chaque étape du passé, successivement rencontrée de l'aval à l'amont. Ici comme ailleurs, c'est un changement que l'historien veut saisir. Mais, dans le film qu'il considère, seule la dernière pellicule est intacte. Pour reconstituer les traits brisés des autres, force a été de dérouler, d'abord, la bobine en sens inverse des prises de vue.»

resituer à un niveau plus fin le rôle joué à diverses reprises par telle ou telle section de la voie : rue axiale de village ou de bourg, hors des barrières de la ville, puis rue principale d'un faubourg s'allongeant depuis une poterne de l'enceinte, ou joignant deux portes de deux enceintes successives, enfin voie intra-urbaine de desserte. Les cartes historiques vont permettre également de localiser les points de cristallisation de la cité : abbayes et leurs enclos, églises, palais, etc.

Ce n'est qu'en dernier ressort que l'on consultera les cartes parcellaires. Là encore, plus que la saisie moléculaire, parcelle après parcelle, ce sont leurs séries assemblées qui deviennent éclairantes, surtout si on a la chance de posséder des parcellaires qui restituent (en couleurs) la hauteur des bâtiments...

Non seulement la scansion parcellaire y est appréhendable, mais aussi les volumes contrastés de l'espace bâti et des creux entre : cours, appentis, venelles, passages, etc. Apparaissent alors au sein d'un ensemble urbain des sous-ensembles bien différenciés.

Ainsi distingue-t-on nettement dans la partie nord-ouest du Marais une configuration différente des îlots, la masse d'un parcellaire plus serré compris entre la rue au Maire, au nord, et la rue Michel-le-Comte au sud ; îlots et parcellaire qui se distinguent nettement à la fois de ceux de la partie contiguë au sud et ceux sis de part et d'autre de l'axe de la rue des Francs-Bourgeois. C'est la trace restée inscrite au sol de l'ancien bourg Saint-Martin.

Centre et périphérie, ville et banlieue ou de la nécessité de revenir sur quelques idées encore reçues

On peut à présent légitimement se demander où veut en venir le géographe. La réponse est simple, sinon les moyens pour y parvenir : il veut se situer au croisement de deux approches typologiques. Celle, classique, de la géographie traditionnelle, qui consiste à découper à grands pans l'espace urbain considéré et qui ne prend pas assez en compte les différenciations à une micro-échelle. Celle qu'il juge à son gré trop formelle des architectes et qui, à l'inverse de la précédente, s'appuie trop étroitement sur des données très localisées sans restituer véritablement les liens qui rattachent la portion d'espace étudiée au reste du territoire urbain, sous ses aspects tant historiques que spatiaux.

On pourrait également dire que le géographe se sent mal à l'aise dès qu'on parle typologie. Ou plutôt, la typologie lui semble être utile à un moment donné de sa démarche, quand il s'agit de reclasser les informations recueillies en vrac. Mais en aucun cas elle ne peut être considérée comme le stade terminal d'une démarche.

En effet, ce que nous redoutons par-dessus tout, c'est l'aspect stérilisant, réducteur, que peut avoir un mode d'emploi quel qu'il soit, sauf bien sûr quand il s'agit de médicaments. Et encore. Mais il s'agit ici d'appréhender le tissu urbain et nous voyons trop dans notre pratique professionnelle les ravages opérés par l'application sans compréhension d'une pensée sur l'espace, de théories sur l'urbanisme, de la description systématique des pratiques spatiales, élaborées par d'autres spécialistes.

Les étudiants, nos étudiants en architecture, risquent d'en être les principales victimes. À les entendre ne plus parler que du caché et du montré, du propre et du sale, d'espace de rejet ou d'espace de représentation, d'espace semi-public ou semi-privé, de blocage visuel, un vertige nous saisit. Ce n'est pas cela que l'on voit, et ce que l'on voit, nous avons le devoir de l'énoncer autrement, avec des mots de tous les jours, sans hésiter à employer des qualificatifs, des images, à utiliser des descriptions les plus simples possible, ce qui ne veut pas dire les plus neutres possibles.

Nous récusons ici le principe de l'apocope intellectuelle.

S'il y a un apprentissage nécessaire, c'est celui qui doit se faire à travers notre propre vision individuelle, sans autre recours dans un premier temps. Cela nécessite du temps, de la patience, des yeux dessillés, une attitude modeste, une grande réceptivité. Après avoir vu, alors peut-être pourrons-nous commencer à savoir. Cela nous éviterait peut-être de tomber dans un certain nombre de pièges, ou plutôt d'a priori, sur l'organisation urbaine. Nous en citerons deux exemples.

Il est commun de parler, en ce qui concerne la ville *intra-muros*, de centre et de périphérie. Le « centre » serait le lieu exclusif de la centralité[9], ou à tout le moins certaines parties du centre. Car il ne peut y avoir de centralité dans la partie historique du centre ville. La centralité n'existe alors que dans la partie commerçante et d'affaires, lorsque celle-ci est décalée spatialement de la partie historique de la cité.

À l'opposé, point de centralité dans la périphérie qui se caractérise essentiellement comme négatif du centre ville.

Pourtant, il suffit de parcourir Paris pour penser différemment. Comme le disait un jeune Québécois qui visitait la capitale : « Paris, c'est partout un centre ».

Il y a bien dans Paris de multiples centres et diverses centralités. C'est ce que nous avons pu démontrer dans une étude sur la structuration de l'espace parisien à travers ses noyaux commerciaux. Il s'est agi d'abord d'établir l'existence de noyaux commerciaux, puis de caractériser ceux-ci à travers les types de commerce qui y ont été implantés et les autres fonctions urbaines qui s'y localisaient. On s'est très vite aperçu, à la suite d'une analyse en composantes principales qui avait pris en compte une quarantaine de paramètres, que l'on débouchait en fait sur une hiérarchie fondée sur un double aspect de la centralité :

— Une centralité que nous avons appelée locale, qui résulte d'une organisation interne de l'espace et qui déborde assez peu du noyau lui-même. Elle s'exprime entre autres à travers une forte densité de population résidentielle, l'importance des commerces courants, leur petite taille, etc.

---

9   Sur la question de la centralité voir entre autres Claude Soucy : « L'image du centre dans quatre romans contemporains » in *Le centre urbain, discours et stratégies des groupes sociaux*, Paris, CSU, 1971.

— Une centralité qualifiée d'extra-locale, car tournée vers un ensemble de territoires et de populations dépassant largement le cadre strict du noyau. Elle est caractérisée par la masse des activités et des emplois (surtout tertiaires), l'importance des commerces exceptionnels, leur plus grande taille, la faible densité résidentielle, etc.

L'ensemble des noyaux commerciaux de Paris (216) ont été reclassés en fonction de deux types de centralité :

— Trois classes pour les noyaux à centralité locale (centres de quartier à commerces diversifiés, centres de quartier à dominante de commerces courants, noyau de proximité).

— Trois classes pour les noyaux à centralité extra-locale (à très large rayonnement, à rayonnement régional, centres de secteur).

— Une dernière classe mixte (centres de quartier à vocation élargie) où les deux types de centralité interfèrent.

Par ailleurs, l'examen de la localisation géographique des types de noyaux dans le territoire parisien en fait clairement apparaître une structuration de l'espace parisien. Structuration qui déborde largement le cadre restreint de l'aspect commercial et exprime en fait la structure urbaine de base issue de l'histoire : la rive droite renferme plus de 67 % du total des noyaux (145 sur 216). La moitié ouest de Paris totalise à l'intérieur de l'ancienne enceinte des Fermiers-Généraux plus de 75 % des noyaux à centralité extra-locale (37 sur 49).

Le propos n'est pas ici de démontrer le bien-fondé de la méthode utilisée, ni même sa pertinence, mais de souligner que les résultats obtenus ont fait éclater ce qu'avait de par trop dichotomique cette division de l'espace entre centre et périphérie.

En fait, il s'agit plutôt de pulsations dans le territoire de la ville. L'image que donne un électrocardiogramme des battements du cœur d'un patient est une succession de pics et d'à-plats. Ainsi en est-il du tissu urbain. À certains endroits, les noyaux sont comme des pics, des points forts dans lesquels se nouent des relations plus multiples qu'ailleurs, des systèmes relationnels plus élaborés, et même des configurations spatiales différentes, plus hétérogènes, donc plus conflictuelles et plus vivantes qu'ailleurs. Entre ces pics, un tissu plus homogène, des fonctions moins diversifiées, au sein desquelles est dominante la fonction résidentielle. On peut même dire qu'au niveau du cadre bâti et du parcellaire, les noyaux se distinguent du reste du tissu. C'est souvent dans leur périmètre que l'on va rencontrer un parcellaire plus menu, des bâtiments plus bas. Souvent axé ou traversé par les voies anciennes de la ville, le parcellaire d'origine s'y est en général mieux maintenu qu'ailleurs, tenu en quelque sorte par la permanence des activités qui s'y sont fixées (les types d'activités par contre peuvent eux changer), et plus généralement par un effet de sédimentation historique qui les rend en quelque sorte plus « attractifs ».

Le deuxième exemple, nous le choisirons dans l'habituel discours tenu sur la banlieue. Par rapport à l'espace urbain *intra-muros*, la banlieue est qualifiée de déstructurée. C'est dire, qu'à l'inverse, l'espace urbain *intra-muros* est, lui, structuré.

Il semble qu'il y ait là un glissement d'interprétation, une sorte de jugement implicitement positif vis-à-vis de la ville — cette dernière appréhendée comme forme urbaine —, négatif à l'égard de la banlieue, considérée comme amorphe. D'ailleurs la banlieue, comme les arrondissements périphériques de Paris, apparaît dans bien des textes comme monstrueusement anormale : on parle de «l'immense désordre des banlieues[10]», de la banlieue comme «masse de manœuvre». C'est avec le même mépris que sont décrits tous les territoires qui n'appartiennent pas aux quartiers historiques de la capitale, «Finies les villes en croûte, répandues comme une maladie sur des dizaines de milliers d'hectares qui ne font qu'ajouter une épaisseur et comme une moisissure au relief naturel. Certains vont admirer Paris depuis Montmartre et Chaillot avec les yeux du cœur ; mais mis à part les monuments, les grandes ordonnances des pleins et des vides, et quelques quartiers harmonieux, le reste n'est qu'une croûte amorphe, sans chaleur et sans esprit.» Glissement d'interprétation, car l'on y confond forme urbaine et structure urbaine.

Ce qui va primer dans le regard que l'on jette sur la ville, dans le fait que spontanément on la trouve volontiers structurée (ou logiquement agencée), c'est la densité et la continuité/ contiguïté de son cadre bâti, différencié certes. Il y a les beaux quartiers (haussmanniens), les quartiers historiques (hôtels particuliers et maisons urbaines du XVIIIᵉ siècle), les quartiers de faubourgs ou de villages qui s'égrènent modestement — mais les maisons y restent jointives — le long des voies anciennes. La volumétrie semble ici rendre compte implicitement et à elle seule d'une structuration. Alors même que le parcellaire n'y est plus du tout visible et que l'axe sur lequel il s'accroche n'y est plus perçu généralement dans sa dimension urbaine globale, mais au contraire comme simple tronçon à vertu locale. S'ajoute à ces données, la forte expressivité des fonctions urbaines : Grands Magasins et autres vitrines commerciales, sièges sociaux des banques, assurances et grandes sociétés. La présence visible des grands équipements (gares, lycées, mairies, hôpitaux, églises) donne encore plus de force à cette vision structurante. Tout cet ensemble se traduisant à travers une volumétrie encore plus ostentatoire.

À l'opposé, ce qui s'impose comme impression première quand on chemine ou que l'on traverse la banlieue, c'est la vision de grands axes décharnés, alternativement fleuves en crue lorsque le jour les voitures les empruntent, ou au contraire vides asphaltés la nuit. Sur ces axes principaux de banlieue, un cadre bâti doublement discontinu.

D'une part, discontinuité spatiale qui se traduit par une alternance de bâti et de non bâti, d'immeubles bas et d'immeubles hauts, d'alignements et de retraits. Cette discontinuité rend d'ailleurs encore plus visible le découpage parcellaire pratiquement oblitéré dans la ville. Qu'il s'agisse d'un parcellaire régulier perpendiculaire à la voie, comme c'est le cas le plus

---

[10]   Henri Bernard : «Paris-Majuscule», étude pour la Ville de Paris, 1965. Il faut attendre 1975 pour lire dans une publication officielle un discours valorisant le tissu des arrondissements périphériques, notamment Jean-Louis Subileau, «Règlement du POS et paysage urbain», in *Paris-Projet* (Paris), nº 13-14, 1975.

fréquent, ou, cas plus rare mais plus spectaculaire, d'un parcellaire en biseau par rapport à la voie, résultat de la surimposition d'une voie plus récente sur un parcellaire laniéré ancien.

D'autre part, discontinuité fonctionnelle puisque s'y succèdent dans un apparent désordre : stations-services, garages, marchés de voitures d'occasion, supermarchés et hypermarchés, toutes sortes de discounts, des boutiques, des pavillons, quelques immeubles urbains, des bars-tabacs, des terrains vagues, des usines et des entrepôts, des jardins aussi. Ici et là une agence bancaire, un restaurant. Parfois une école ou un bureau de poste, ou un commissariat. La liste n'est pas exhaustive de ces constructions le long de ces routes de banlieue.

La variété même des architectures de banlieue, la diversité des matériaux employés dans les constructions, le fait que les propriétés sont souvent bordées de grilles, ou autres clôtures, tout cela ajoute au caractère mouvant du tissu de banlieue, à son potentiel d'innovation spontané, d'adolescence.

De la même façon, le rapport entre hauteur du bâti et largeur des voies (maisons basses et larges voies) rend encore plus modeste, plus fugitive et légère, la sédimentation urbaine.

C'est paradoxalement la succession des affiches et réclames géantes et colorées jalonnant les grands itinéraires routiers de banlieue, qui produisent une impression d'unité visuelle tout à fait caractéristique de ces grands axes. Sans oublier la ligne continue et galbée des hauts lampadaires de métal, que l'œil suit jusque dans le lointain. Lampadaires d'autant plus présents qu'ils bordent souvent de larges trottoirs et semblent dépasser le faîte des maisons.

C'est cette discontinuité, ces discontinuités, qui donnent aux grands axes de la banlieue ces allures de front pionnier, avec ce que cela comporte de formes ébauchées, d'hésitations, d'indécisions, et les font à tort qualifier de déstructurées. La ville et son durcissement n'ont pas encore eu de prise. Tout et son contraire peut encore y arriver. C'est le lieu des possibles multiples. En un sens, c'est un souffle de liberté qui y court. La banlieue émeut.

Ainsi, tracés et parcellaires sont-ils directement perceptibles dans le tissu de banlieue. Ainsi la structure même de la banlieue est-elle directement apparente. Elle est aussi clairement hiérarchisée : les grands axes, grandes voies de passage, seront les moins ossifiés. À moins que, empruntant une route ancienne, ils soient jalonnés par la traversée des anciens villages. Mais il suffit de les quitter, de bifurquer, et l'on se trouve aussitôt soit dans les quartiers de lotissements issus de la grande marée du début du XXᵉ siècle, soit dans l'ancien cœur villageois, soit dans le quartier de la gare. Il nous faudra aller un peu plus loin pour trouver les grands ensembles contemporains.

À chaque fois, l'organisation spatiale et fonctionnelle est bien différenciée de la précédente, et très clair le schéma d'organisation. Dans l'ancien village, ce seront les petites maisons des paysans, vignerons, maraîchers ou artisans, qui les habitaient naguère, serrées les unes contre les autres le long de la voie ancienne. Et quelques «belles» propriétés. La mairie, l'école, l'église sont là, ainsi que le cortège des commerces quotidiens, plus ou moins nombreux selon le degré de vitalité du centre ancien, selon la présence ou la proximité du quartier de la gare. Si celui-ci existe, il est en général dissocié du précédent. Apparaissent alors le long de l'axe principal conduisant à la gare, quelques grands «immeubles» urbains en pierre de taille ou en brique, des cafés et des restaurants, un ou deux hôtels, des villas bourgeoises et, en rangs serrés, des commerces plus exceptionnels. Les bureaux de La Poste s'y trouvent souvent implantés.

Quant aux quartiers de lotissements, leur physionomie est bien connue. Les pavillons de banlieue, par l'extrême diversité de leurs architectures, l'invention sans cesse renouvelée des décors des façades et des jardins, témoignent peut-être aujourd'hui, plus que tout autre édifice construit pour et par l'homme, d'un extraordinaire ancrage. En ce sens, ils sont aussi riches de significations exprimées et invisibles que l'architecture vernaculaire. Ne sont-ils pas d'ailleurs eux aussi l'expression d'un vernaculaire qui serait suburbain ?

Enfin, le quatrième et dernier paysage habité de la banlieue, c'est celui des grands ensembles. Construits à la périphérie du pavillonnaire, le plus souvent sur les anciens plateaux céréaliers, ils y voisinent parfois avec des morceaux, des lambeaux de campagne, champs cultivés, ou friches, en attente d'une future rocade ou autoroute, ou d'un nouvel ensemble. C'est l'ordre urbain global, d'État, qui se traduit ici. C'est l'expression du grand courant volontariste et hygiéniste d'organisation de l'espace. Les ZI (zones industrielles) accompagnent les grands ensembles ; et les larges voies, le stade, les «espaces verts» et aussi, les commerces «intégrés» aux blocs d'immeubles, les supérettes, parfois un hypermarché. Pourtant, on commence à percevoir, même ici, dans ces lieux où rien n'est pensé en rapport à l'histoire lointaine ou proche du territoire communal, un début d'organisation, de sédimentation. Peut-être est-ce dû au fait que depuis vingt ans se sont succédé, construits en juxtaposition, plusieurs séries de grands ensembles. L'œil perçoit tout naturellement et simultanément les étapes ou stratifications successives.

Dire que la banlieue est déstructurée, c'est ne pas prendre en compte tous ces éléments, c'est s'être privé de la regarder, c'est avoir refusé de considérer son existence.

En conclusion, nous serions tentés de dire que toute typologie n'est valable qu'à condition d'être détruite.

Ce qui nous conduit naturellement à ne pas définir des éléments d'analyse typologique sur les tracés et les parcellaires. Non pas que nous soyons opposés au bien-fondé de telles analyses. Mais la diversité, la multiplicité, la constante évolution des objets sur lesquels nous travaillons sont telles, que nous croyons à la nécessité d'outils et d'approches multiples et que nous refusons tout système d'analyse unique, fut-il raffiné. «Car la géographie humaine est une géographie de la vie, on ne saurait trop le répéter. Nous décrivons et nous classons des objets matériels à la surface de la terre : des maisons, des usines, des hameaux, des villes. Il faut que nous les décrivions. Mais ce sont des formes vides et de vaines apparences aussi longtemps que nous n'aurons pas saisi la force qui les a créées, les ressorts de cette volonté qui assemble ces maisons, ou les disperse, leur imprime la disposition que nous leur voyons, amène leurs changements. [...] L'abus des classifications est à cet égard infiniment dangereux. Sans doute les classements ont leur utilité, et nous ne nous ferons pas faute d'y recourir, d'en modifier d'anciens, d'en suggérer de nouveaux. Mais nous ne les regarderons jamais autrement que comme des instruments provisoires, sans leur conférer de valeur absolue. Une méditation de la vie : le sens du respect de la vie dans ce qu'elle a de changeant et d'imprévisible sont des dispositions nécessaires à qui veut être géographe [11]. »

Par ailleurs, nous sommes quelque peu gênés d'avoir à utiliser des grilles d'analyse urbaine — avec ce que cela comporte de risques d'enfermement — rigoureuses certes, mais qui s'appuient, s'argumentent et se nourrissent d'un vocabulaire qui, lui, reste encore trop flou. Les exemples en sont légion et nous obligent à nous référer sans cesse aux définitions extraites de grands dictionnaires et encyclopédies ; puis à nous en dégager et à fonder notre propre terminologie.

Que de troubles intellectuels quant au choix du terme à utiliser : sera-ce morphologie, ou forme urbaine, ou structure urbaine ? Que dire des axes structurants, des pôles de croissance, des pénétrantes, etc. ?

En fait, c'est bien parce que la complexité de l'organisme urbain est telle qu'il devient impossible de le faire passer sans le distordre un tant soit peu, au travers d'un tamis sémantique convenable.

Enfin, les catégories de lecture de l'espace communément utilisées à des fins instrumentales, et bien qu'elles se parent d'une vêture fonctionnaliste — ce qui déjà est passablement réducteur — sont de surcroît teintées de morale. Il faut s'en dégager. Car en fait, ce vocabulaire porteur d'une morale implicite (le mot blocage, par exemple, dans « blocage visuel »), lorsqu'il est utilisé en dehors de la recherche fondamentale, risque de conforter des pratiques dont les buts véritables, ou les résultats, sont à l'opposé de ce qui est énoncé.

Mais peut-être pourrait-on en dire autant de toute forme de vocabulaire ?

À propos des tracés et des parcellaires que nous avons en quelque sorte choisi d'abandonner, nous nous contenterons de réaffirmer seulement quelques principes à leur égard.

La parcelle, le tracé, ne peuvent se définir l'un à part de l'autre. C'est leur totalité qui doit être considérée. Il n'y a ni support, ni supporté, mais des interrelations multiples qui ne sont en fait dissociées que lors d'interventions d'ordre spéculatif.

Tracés et parcelles ne doivent pas seulement être regardés, saisis, analysés dans leur seule dimension morphologique. Ils forment avec ceux qui les empruntent, y construisent, utilisent les bâtiments, une trame vivante. C'est pourquoi nous préférons, à une démarche ordonnée et classificatrice, les incertitudes et les perturbations d'un flot d'informations contradictoires, les émotions mal analysées ou difficiles à analyser, les interstices de clarté, à trop d'aveuglantes certitudes. Laissons-nous emporter, être malmenés par ces courants créateurs. Sachons trouver du plaisir à être ignorants.

---

[11]   Maximilien Sorre, *Les fondements de la géographie humaine*, Paris, Armand Colin, 1952.

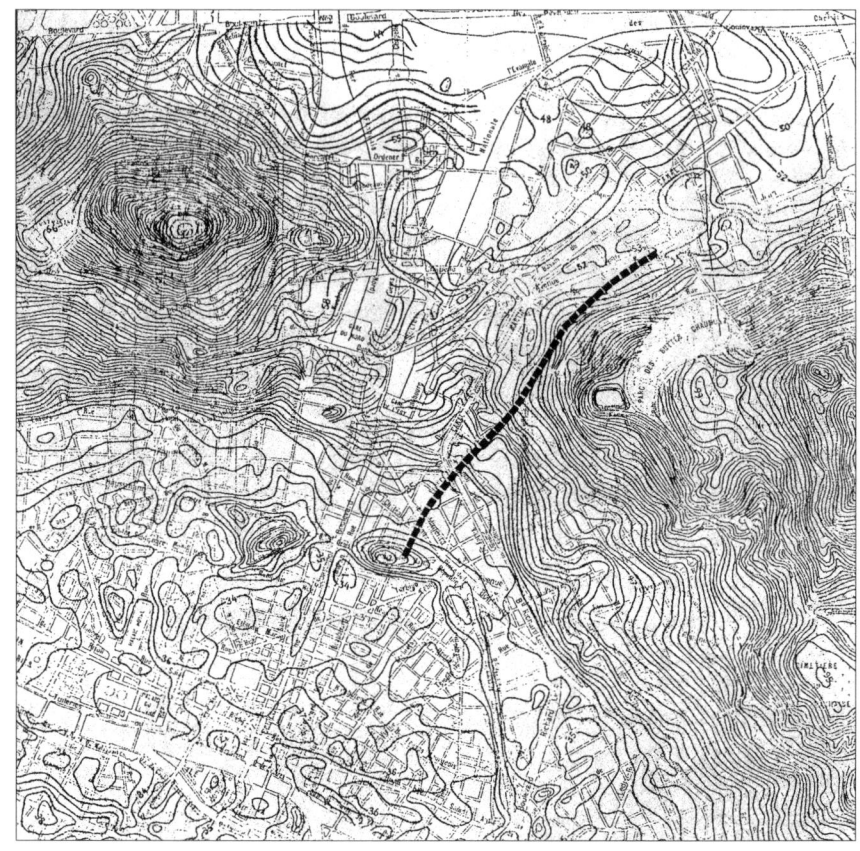

Fig. 1 : Topographie et tracé d'une rue à Paris.
L'axe rue de Lancry, rue de la Grange-aux-Belles, rue de Meaux.

Voie naturelle de passage (cf. B. Rouleau in *Tracé des rues de Paris*), elle part d'une butte située
le long de l'actuel boulevard Saint Martin, passe ensuite en contrebas des hauteurs du plateau de
Belleville et rejoint la route d'Allemagne au nord-est (aujourd'hui avenue Jean-Jaurès). C'est par
l'observation attentive d'un plan de Paris que l'on retrouve ces anciens cheminements secondaires
au tracé caractéristique, qui vont rejoindre, comme par raccourci, les grandes routes.

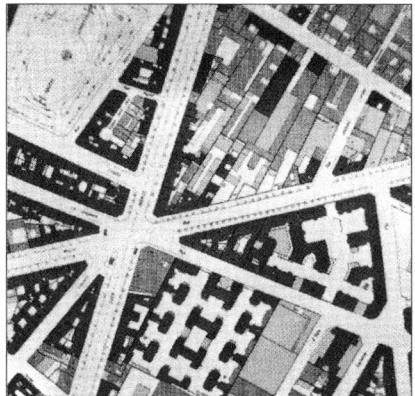

Entre l'avenue de Saint-Ouen
et la rue Guy-Mocquet

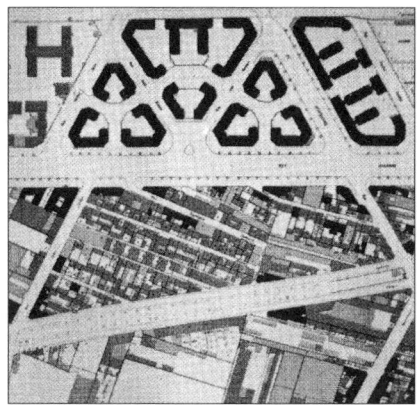

Entre le boulevard Ney, la rue Beliard
et la rue du Poteau

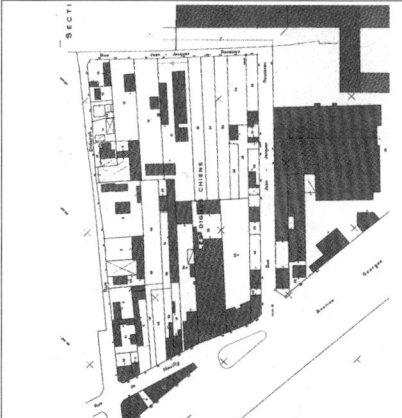

Nanterre, avenue Georges-Clemenceau

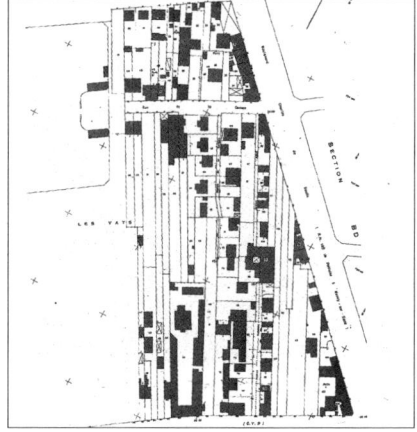

Colombes, avenue Charles-de-Gaulle

Fig. 2 : Parcellaire rural et tissu urbain.

On a choisi ici de montrer un type ancien de parcellaire rural en lanière. Cas banal, mais rendu d'autant plus visible par sa découpe en « biseau » le long d'un axe. Cette structure en lanière subsiste visuellement à travers l'orientation des bâtiments. Les pavillons sont placés de biais par rapport à l'axe qu'ils bordent. Plus récent, il est surimposé à la structure ancienne qu'il fait resurgir. *À Paris*, milieu urbain dense, c'est davantage à travers la lecture des plans qu'apparaît la succession par chevauchement des différentes découpes du sol.
En banlieue, le caractère plus discontinu du bâti laisse apparaître directement ce type de chevauchement.

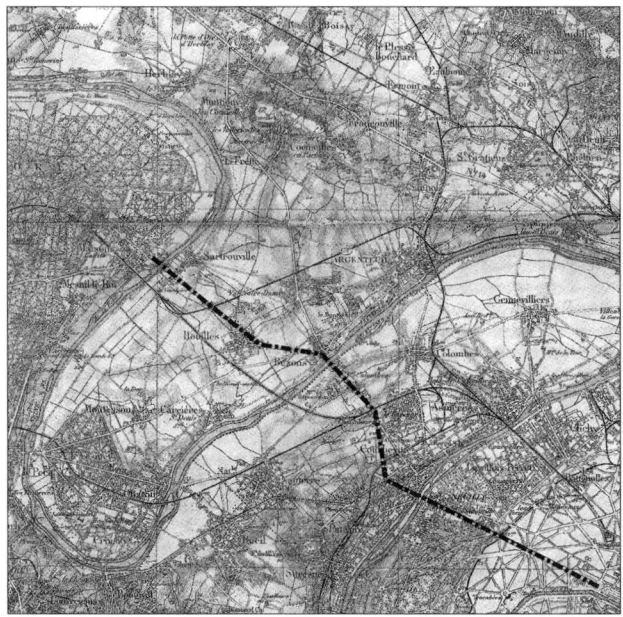

a

b

Fig. 3 : Images d'un axe, Paris / Maisons-Laffitte.
  a. En 1880, d'après la carte d'état-major au 1/80 000
Paris, feuille 48, révision de 1880.
  b. En 1979, d'après la carte Michelin, au 1/50 000
banlieue de Paris, édition de 1979.

RN192, vers le carrefour de quatre chemins au petit Colombes.
Le tracé : La grande voie de circulation où sous l'asphalte sourd, par endroit, l'ancien pavé. Elle s'étire, rectiligne accompagnée d'un bâti excédant rarement deux étages, en ordre discontinu, où se succèdent logements, entrepôts, grandes surfaces et petits commerces, stations-service etc.

Autopont au-dessus de la N308 au débouché du pont de Bezons.
Ou bien, détournée de son rôle fédérateur et irriguant, privée de ses rives, arrachée au territoire local, devenue presque autoroutière.

RN192 au petit Colombes.
Les rives de l'axe : en alternance, des maisons de faubourg jointives, esquisses d'un ordre urbain ; d'anciennes maisons rurales, des pavillons en retrait derrière leurs jardins clos ; de vastes terrains utilisés par des activités commerciales spécifiques des grands axes dans leur parcours péri-urbain.

RN308 dans la traversée de Sartrouville.
A l'inverse de ce que l'on peut penser, l'unité des rives se définira à travers la succession répétée régulièrement des différents types de construction et de leurs différentes fonctions. D'autant plus que le peu de durcissement du bâti laisse visible le rôle attractif de l'axe comme support privilégié d'activités.

Lotissement à Houilles donnant sur la RN308.
Les abords immédiats : sitôt quittée la grande route apparaissent, sur les voies adjacentes : *des pavillons* placés côte à côte le long de celles-ci ; *des ensembles de pavillons* distribués par des impasses et des venelles bordées de jardins et de potagers.

Lotissement à Houilles.
Des rues d'entrepôts proches des anciens quartiers usiniers. Et, aux abords des grands croisements maintenant transformés en échangeurs, les lambeaux déchiquetés des anciens villages.

Chapitre 2

Paysages urbains

Du « à nous deux Paris » de Rastignac aux observations de Roland Barthes sur la tour Eiffel [1], la contemplation de la ville comme un spectacle, comme un paysage qui s'étend à nos pieds, possède une longue tradition. Tradition que les plans en relief, les perspectives cavalières et les vues à vol d'oiseau, les panoramas et les cartes postales, les couvercles de boîtes et les globes enneigés alimentent en favorisant la diffusion d'images. Ainsi même sans y avoir été, chacun connaît la vue de Rome depuis la Trinité des Monts, d'Istanbul depuis la tour de Galata, de Barcelone depuis Monjuic, ou de Rio du haut du Corcovado (que l'on confond souvent d'ailleurs avec le pain de sucre). La vue est globale et l'observateur extérieur au spectacle.

L'analyse pittoresque procède d'un autre point de vue ; l'observateur est dans la ville qui se présente à lui comme une suite de tableaux. La ville n'est plus appréhendée à partir d'un point fixe : le centre idéal des schémas de la Renaissance ou le belvédère des promenades du XIXe siècle, mais en introduisant le déplacement.

Cette manière de voir a une histoire.

Alain Corbin nous rappelle comment la découverte du paysage des côtes qui s'opère en Angleterre à partir du XVIIIe siècle va de pair avec les débuts de la géologie. La sensibilité nouvelle se marque dans les descriptions d'itinéraires, les croquis, les notations, les collections, le goût pour la peinture marine. La recherche des *prospect views* « associées à la promenade, à la journée idéale, génère une nouvelle mécanique du regard [2] ».

Et depuis un siècle, le regard que nous portons sur les villes est façonné par les représentations que nous en donnent le cinéma et la photographie, c'est-à-dire l'association de l'image et du parcours, de l'image et du temps. Aux instants « suspendus » de la peinture de la Renaissance ou du néoclassicisme où des couples mythiques sont saisis dans un instantané éternel, aux scènes calmes de la vie quotidienne, aux poses organisées et aux processions lentes ont succédé d'autres rythmes et d'autres échelles. L'image du mouvement depuis *la décomposition photographique du cheval au galop* (Muybridge, 1878) jusqu'à *l'arrivée du train en gare de La Ciotat* (Lumière, 1895), puis l'image en mouvement avec les premiers travellings de Lumière sur les canaux de Venise (1896).

L'émergence de cette manière de voir rendue possible par les progrès techniques va de pair avec le développement de la vitesse : chemin de fer, avion, automobile et avec l'extension/explosion des agglomérations. La peinture depuis *Le nu descendant un escalier* (Duchamp) qui semble bien constituer la version « cultivée » de *La marche de l'homme* (Marey, 1887, décomposition photographique), la littérature ou le cinéma rendent bien compte de cette réalité nouvelle. Ils en rendent compte de deux manières : par le nouveau point de vue qu'ils donnent des centres anciens et par les paysages nouveaux qu'ils découvrent. Nous ne pouvons plus penser Paris sans Renoir, Carné ou Bertolucci, New York sans Woody Allen, Rome sans Fellini, Le Caire sans Chahine. Mais le cinéma nous a aussi révélé ces étranges entre-deux où la ville se dilue dans le territoire, depuis *Mamma Roma* jusqu'à *Easy Rider* ou *Bagdad Café*, de Jean Vigo à Wim Wenders. Cette appréhension de la ville à partir du mouvement a même trouvé un début de légitimation dans les sciences humaines[3].

Plus près de l'architecture, et si l'on ne remonte pas aux considérations de l'abbé Laugier sur les promenades et les entrées de villes[4], on peut voir dans l'analyse de l'Acropole d'Athènes que fait Auguste Choisy une remarquable introduction du mouvement et du paysage qui en résulte : « Ainsi se sont succédé trois tableaux correspondant à trois points de vue principaux A, B et C. Et dans chacun d'eux un seul monument a dominé[5]. » La question semble dans ce début de siècle passionner les auteurs. Raymond Unwin analyse les « tableaux urbains » de la petite ville allemande de Buttstedt en se référant à Camillo Sitte[6]. Celui-ci dès 1889 a étudié les variations des paysages dans la succession des places qui caractérisent les villes médiévales. On remarquera d'ailleurs que dans l'édition française traduite et complétée par Camille Martin, les vues de villes ont été redessinées selon le même graphisme alors que les éditions allemandes antérieures mélangeaient gravures, dessins et photographies. L'impression d'homogénéité qui en ressort favorise les comparaisons et la constitution d'une sorte de « lexique du pittoresque ».

Choisy excepté, ces architectes ont en commun de relier dans une opérationnalité immédiate l'analyse et le projet. Héritiers de Ruskin et de Pugin ils voient dans l'enlaidissement des villes et dans l'uniformisation du paysage urbain le symptôme d'un mal social qu'il faut corriger. Et l'introduction du pittoresque dans le projet se pare de vertus thérapeutiques.

Largement développée dans les cités-jardins la mise en scène du pittoresque urbain n'est pas exclue des réalisations du mouvement moderne. Bruno Taut ou Ernst May y recourent dans la composition de leur *siedlungen* en s'appuyant sur l'aménagement des jardins. Puis insensiblement le paysage urbain se dissout dans l'espace vert, domaine du paysagiste. Les architectes n'en parlent plus. Il faut attendre les années soixante, la crise des CIAM et les

---

[1]   Roland Barthes, *La tour Eiffel*, Paris, Delpire, 1968.

[2]   Alain Corbin, *Le territoire du vide, l'Occident et le désir du rivage, 1750-1840*, Paris, Champs-Flammarion, 1990.

[3]   M. Augé, *Non-Lieux*, Paris, Le Seuil, 1992.

[4]   P. Laugier, *Essai sur l'Architecture*, Paris, 1754.

[5]   Auguste Choisy, *Histoire de l'Architecture*, Paris, c.1895 (nouvelle édition : Marseille, Parenthèses, 1997).

[6]   R. Unwin, *L'étude pratique des plans de villes* [1909], Paris, L'Équerre, 1981 (1re traduction française : 1922).

BRUGES, Rue des Pierres.

Fig. 4 : Camillo Sitte revu par Camille Martin.
La rue des pierres à Bruges
1. La Grand' place
2. La rue des pierres
3. place Stevin
4. La cathédrale.
(C. Sitte, *L'art de bâtir les villes*, 1889).

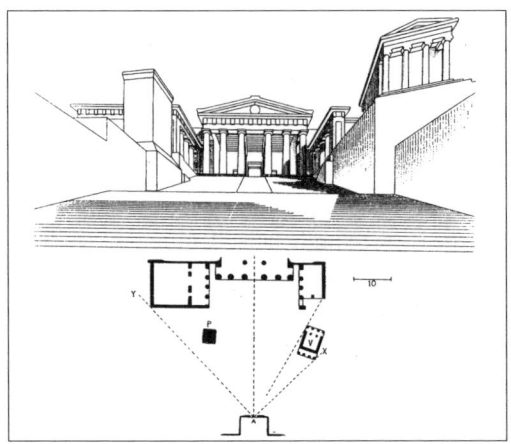

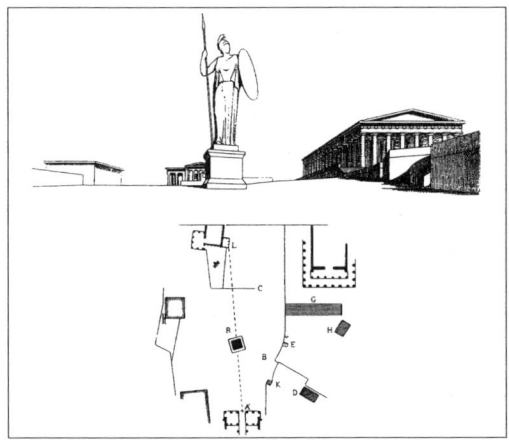

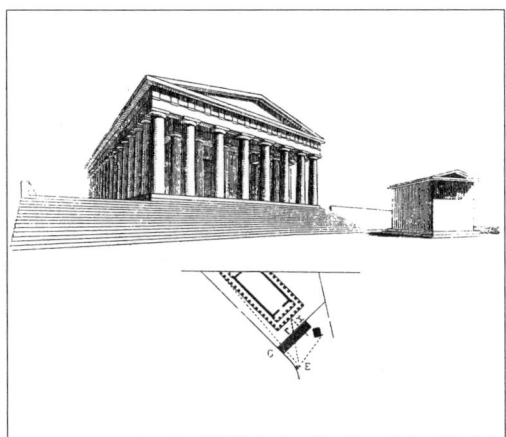

Fig. 5 : Le mouvement selon Auguste Choisy.
(A. Choisy, *Histoire de l'Architecture*, 1895).

premières remises en question des plans masses hérités de la Charte d'Athènes pour renouer le fil. Bacon notamment réintroduit l'idée d'une composition liée au cheminement[7]. Cheminement, le mot fait fureur, il évoque aussi bien les rues piétonnes des centres anciens avec leurs petits pavés de bon goût, que les allées paysagères des grands ensembles. Il suppose une société libre et heureuse.

Mais c'est Kevin Lynch qui avec son premier livre paru en 1960, *The Image of the City*, refonde la légitimité de l'analyse visuelle. Inquiet des changements rapides que connaissent les villes américaines et de la perte d'identité qu'ils entraînent, il s'interroge à partir de trois exemples : Boston, Jersey City et Los Angeles.

Influencé par Gyorgy Kepes et à travers lui par l'expérience du Bauhaus et les théories allemandes de l'analyse de la forme[8], Lynch propose d'identifier dans la ville des éléments qui se combinent pour former l'image globale et il s'interroge sur les qualités de lisibilité, d'identité et de mémorisation de cette image par les citoyens. L'analyse n'est pas exempte de préoccupations liées au projet et un chapitre est consacré à des recommandations pour le dessin de la ville ou de ses éléments.

Les éléments du paysage urbain

Une fois levée l'ambiguïté due à la confusion entre les moyens spécifiques des analystes (architectes, urbanistes) et la perception de la ville par ses habitants, c'est encore l'ouvrage de Kevin Lynch qui fournit le meilleur outil pour une analyse globale, le meilleur parce que simple. Nous reprendrons ici assez librement ce qui concerne l'identification des éléments marquants du paysage urbain.

Les parcours (paths) : le terme nous semble préférable à celui de « cheminement » souvent utilisé et généralement connoté dans un sens à la fois favorable et pittoresque[9]. Or le parcours n'est pas seulement la succession de péripéties touristiques qui assaillent le promeneur entre la place Saint-Marc et le pont du Rialto, c'est dans des espaces plus ordonnancés ou plus banals, telle portion de rue ou de boulevard qui forme un itinéraire important. Leur identification permet une première approche du paysage urbain qu'il est intéressant de comparer à ce que nous révèle l'étude de la croissance. On observera à ce propos que les parcours principaux empruntent souvent les voies les plus anciennement tracées.

---

[7] E. N. Bacon, *Design of Cities*, New York, Wiking Press, 1967.

[8] Si l'on en croit Norberg-Schulz (*Existence, Space and Architecture*, Londres, Studio Vista, 1971) Lynch aurait repris et appliqué à l'échelle du territoire les outils de la critique germanique, notamment Brinkman (*Deutsche Stadtbaukunst der Vergangenheit*, Francfort, 1911, et *Stadtbaukunst*, Berlin, 1920).

[9] Le terme de parcours fait référence à Pierre Francastel (*La figure et le lieu : l'ordre visuel du Quattrocento*, Paris, Gallimard, 1967) qui l'utilise dans un sens différent pour identifier le déplacement du regard devant un tableau afin d'y sélectionner des repères qu'il ordonne en un ensemble signifiant.

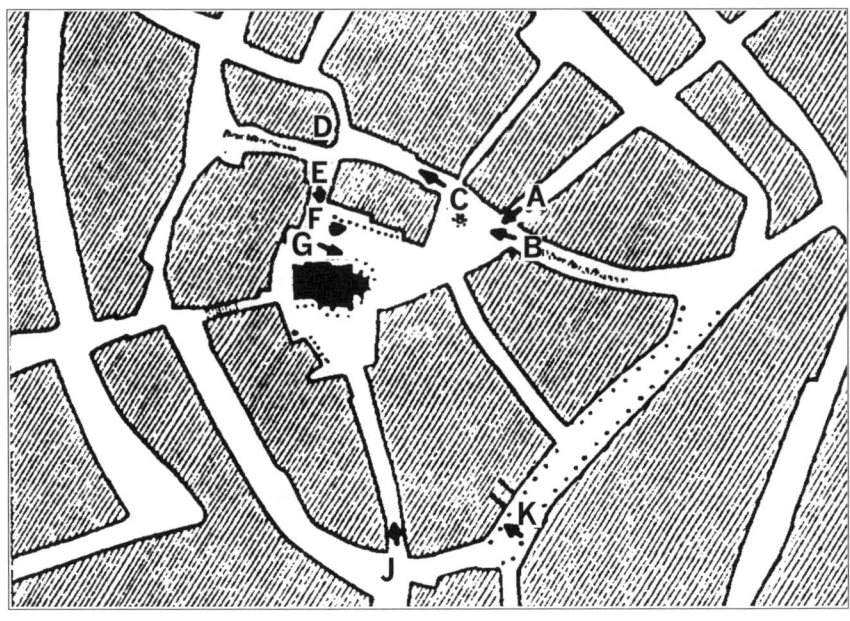

Fig. 6 : Le mouvement selon Raymond Unwin.
Buttstedt : plan et séquence de l'une des parties de la ville.

(R. Unwin, *L'étude pratique des plans de ville*, 1909).

Deux remarques :

— Les parcours, du moins leurs parties fortement identifiées, ne sont pas forcément continus et raccordés les uns aux autres ; des zones floues subsistent, qui révèlent souvent des ruptures historiques dans l'urbanisation.

— Bien qu'il soit possible de hiérarchiser des parcours, il semble préférable de ne retenir que ceux qui s'imposent avec une certaine évidence (par contraste avec les autres voies) et présentent une définition continue sur une bonne distance.

Les nœuds (nodes) : ce sont des points stratégiques dans le paysage urbain, soit convergence ou rencontre de plusieurs parcours, soit points de rupture ou points singuliers du tissu. Comme celle des parcours, leur identification ne recoupe pas obligatoirement la reconnaissance d'éléments morphologiques simples, d'espaces clairement définis ; elle ne se confond pas non plus avec le repérage d'un *lieu* défini exclusivement à partir de critères d'usages ou de données symboliques. On mesure bien là toute la difficulté de l'approche visuelle qui relève à la fois d'une analyse objective des formes et des dispositions, et d'une perception dans laquelle le vécu social n'est jamais absent.

Le secteur (district) : c'est une partie du territoire urbain identifié globalement. Un secteur peut correspondre à une zone homogène du point de vue morphologique (constitué par une variation sur un type ou sur des types voisins) ou, au contraire, à une zone hétérogène. Il peut présenter une ou plusieurs limites nettes (bordures identifiées) ou se terminer par des franges diffuses. Il peut englober des parcours et des nœuds ou se situer à l'écart. Il peut, au plan de la pratique urbaine, recouvrir la notion de quartier ou proposer un découpage totalement différent. C'est pourquoi la traduction qui est proposée le plus souvent de « district » par quartier nous semble être une source de confusion. Notons enfin que, dans une ville, seuls certains secteurs sont nettement identifiés, entre eux subsistent des flous, des lacunes, des vides.

Les limites (edges) : ce sont les bordures caractérisées des secteurs, marquant visuellement leur achèvement. Elles peuvent être constituées par une coupure dans le tissu : boulevard, parc, canal, viaduc, voie ferrée ; par un changement typologique dans le bâti ; par une rupture du relief, etc. Souvent, les limites se confondent avec les barrières de croissance (anciennes ou actuelles), ce qui est logique dans la mesure où celles-ci ont été des éléments marquants dans la formation du tissu.

Les repères (landmarks) : ce sont généralement des éléments construits, bâtiments exceptionnels, monuments ou partie de monuments, doués d'une forme particulière qui facilite leur identification. Mais une place, un carrefour, un square, un pont, un château d'eau ou une montagne constituent aussi des repères. Ils peuvent jalonner un parcours, marquer un nœud, caractériser un secteur, ou aussi bien être isolés à l'écart des zones identifiées. Ils peuvent également se combiner entre eux dans un système monumental ou pittoresque.

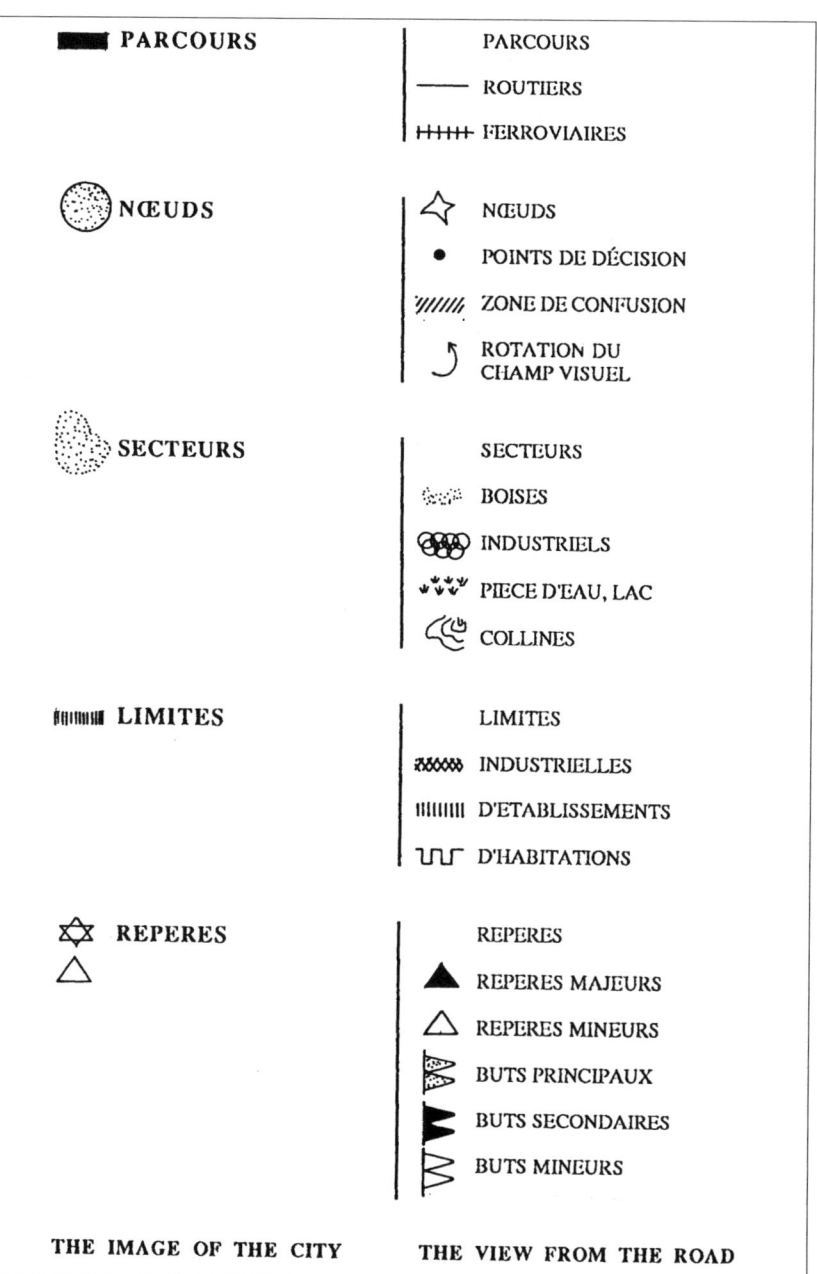

| THE IMAGE OF THE CITY | THE VIEW FROM THE ROAD |

Fig. 7 : Eléments du paysage urbain selon Kevin Lynch.
(K. Lynch, *L'image de la cité*, 1960).

Plan du VIe arrondissement de Paris grossièrement centré sur le boulevard Saint-Germain.

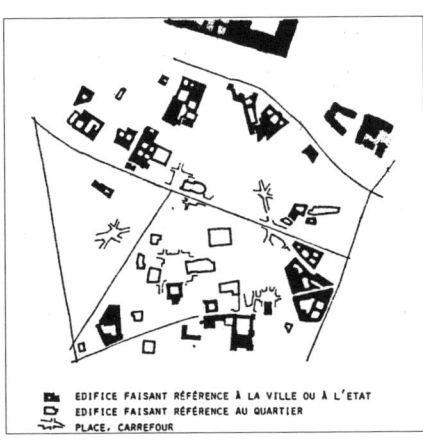

Localisation des institutions faisant référence au quartier, à la ville ou à l'État.

Essai de mémorisation des éléments marquants du paysage urbain.

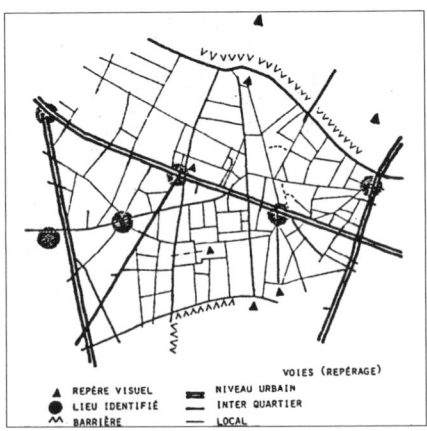

Fig. 8 : Paysage urbain et représentation.

Cette première classification a été complétée et détaillée ultérieurement par Kevin Lynch dans *The View from the Road*[10]. Avec l'introduction de la vitesse et la prise en compte du paysage suburbain des grandes villes américaines, Lynch inaugure ici une série de réflexions qui, curieusement sont restées longtemps sans écho. La dernière partie de ce chapitre tente d'amorcer un prolongement en appliquant l'analyse visuelle à la grande échelle des agglomérations actuelles.

Nous voudrions insister sur l'aspect très relatif de ces catégories, redire que l'analyse visuelle reste liée à des perceptions qui varient avec l'analyste, souligner le danger qui consiste (souvent dans les débuts) à « inventer » des éléments ou à en exagérer l'importance.

Analyse séquentielle

L'identification des éléments qui constituent le paysage ne se conçoit, c'est l'intérêt de cette approche, que dans une analyse directe, sur le terrain. La ville y est appréhendée de l'intérieur par une succession de déplacements. Cette façon de procéder, où la ville n'est plus seulement une vision panoramique, à vol d'oiseau ou en plan avec un point de vue proche de l'infini, ne naît pas avec Lynch ; elle est liée au développement des nouveaux modes de transport (la vitesse, on l'a vu, incite à porter un nouveau regard sur l'espace), et surtout elle emprunte largement aux nouvelles formes de représentation de l'espace qui naissent avec les découvertes scientifiques.

À la fois unité sémantique et découpage technique, la notion de *séquence visuelle* est directement issue du cinéma. Appliquée à l'architecture et à la ville, l'analyse séquentielle permet d'étudier les modifications du champ visuel d'un parcours. Elle réinterprète en l'appliquant à l'espace urbain les outils d'analyse proposés par les historiens de l'architecture marqués par la *Gestalt*, notamment le couple parcours/but et le concept de succession spatiale (*Raumfolge*) empruntés à Dagobert Frey[11].

Pour un observateur progressant selon une direction déterminée, un parcours, ou quelque trajet que l'on aura décidé d'étudier, peut se découper en un certain nombre de séquences, chacune constituée par une succession de « plans » dans lesquels le champ visuel est déterminé d'une façon constante ou subit des modifications minimes. Chaque « plan » est susceptible d'être caractérisé. Le passage d'un plan à l'autre peut être décrit.

Bien qu'attaché presque exclusivement à l'étude des paysages urbains « pittoresques » antérieurs ou étrangers à l'urbanisme baroque, l'ouvrage d'Ivor De Wolfe, *The Italian Townscape*[12], fournit un point de départ intéressant pour l'analyse des différents plans d'une séquence, à condition de le compléter afin de pouvoir rendre compte des paysages divers qui composent la ville moderne.

---

[10]   K. Lynch, D. Appleyard, J. R. Myer, *The View from the Road*, Cambridge, MIT Press, 1963 ; voir aussi : R. Venturi, *L'enseignement de Las Vegas* [1971], Bruxelles, Mardaga, 1982.

[11]   Dagobert Frey, *Gotik und Renaissance*, Augsburg, 1929, et *Grundlegund zu einer vergleichenden Kunstwissenschaft*, Vienne, cité par Christian Norberg-Schulz.

[12]   I. De Wolf, *The Italian Townscape*, Londres, Architectural Press, 1963.

38

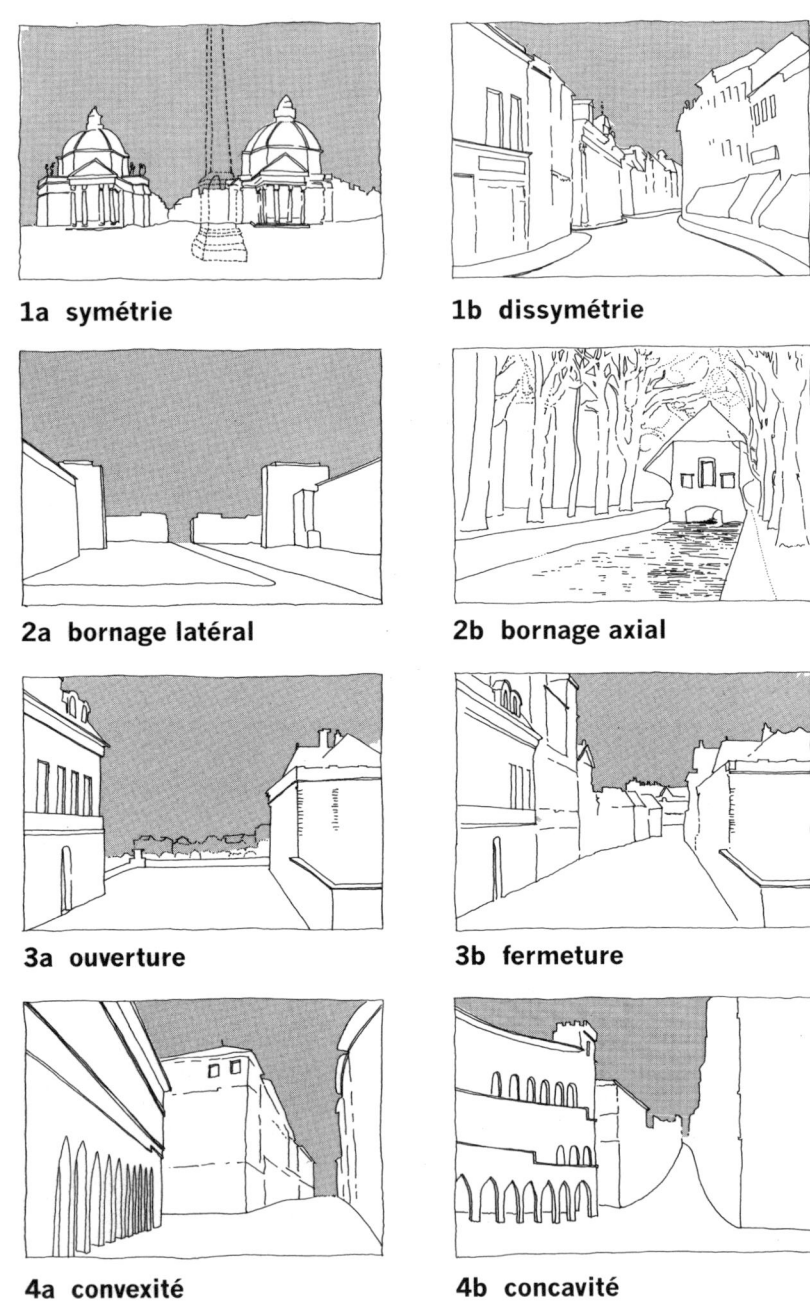

1a symétrie

1b dissymétrie

2a bornage latéral

2b bornage axial

3a ouverture

3b fermeture

4a convexité

4b concavité

Fig. 9 : Les éléments du pittoresque.
(Dessins P. Panerai / H. Fermandez, d'après Ivor Dewolf).

5a profil

5b inflexion

6a déférence

6b compétition

7a étranglement

7b coulisses

8a déflexion

8b renvoi

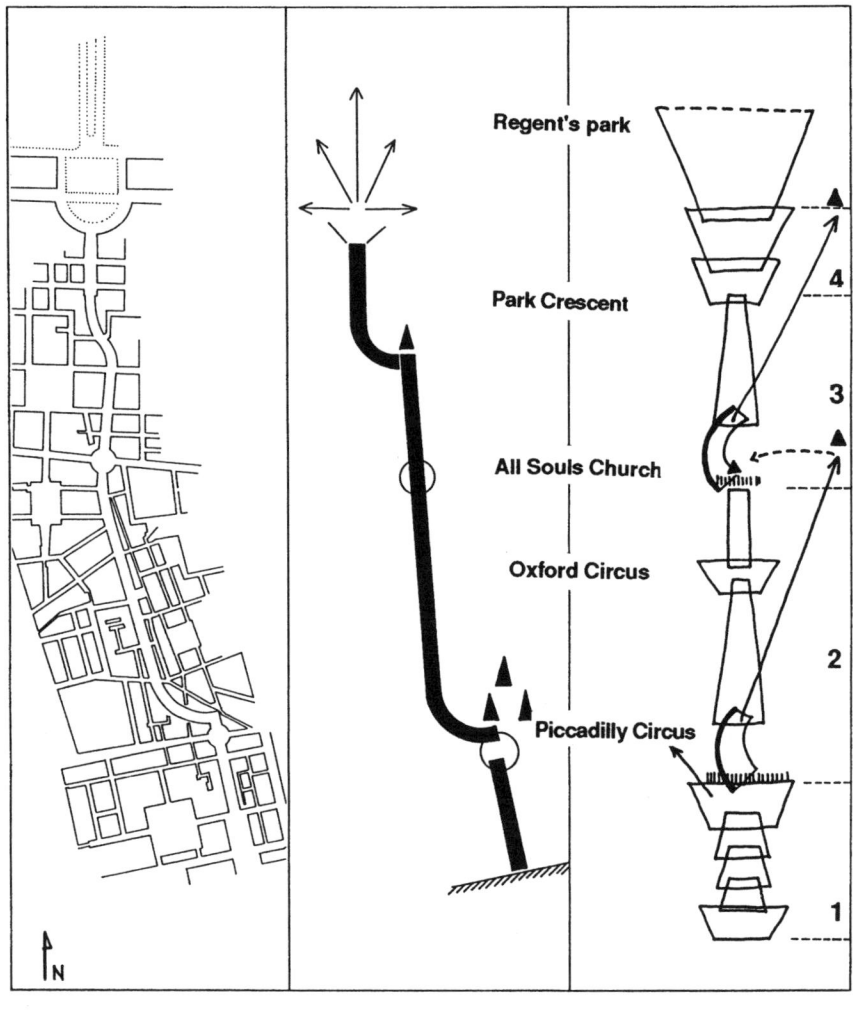

Regent's park

Park Crescent

All Souls Church

Oxford Circus

Piccadilly Circus

Fig. 10 : Analyse séquentielle de Regent's Street.
(Dessins P. Panerai / H. Fermandez).

L'idée consiste à isoler et reconnaître dans une séquence des « tableaux » qui sont, si l'on veut, des dispositions schématiques et codifiées du paysage, et à les nommer.

On pourra partir de données assez générales :
— symétrie/dissymétrie
— définition latérale/définition centrale
— ouverture/fermeture
— convexité/concavité

puis préciser la définition des parois latérales :
— découpage vertical ou horizontal, écrans profils, ondulations
— relation entre les deux faces
— déférence/indifférence/compétition

étudier leur rôle dans l'acheminement vers le point de fuite et au-delà :
— rétrécissement, étranglement ou effet de coulisses
— mise en valeur franche ou dérobée
— déflexion ou renvoi
— bornage

enfin, chercher à caractériser la clôture frontale du champ visuel :
— diaphragme et cadrage.

Pour définir plus précisément les « plans », on pourra compléter cette approche en adaptant une partie des outils proposés dans *The Views from the Road*. Une fois caractérisés les différents plans, la question qui se pose est celle de leur enchaînement, c'est-à-dire de la constitution des séquences.

Le passage d'un plan à l'autre peut se faire de manière continue et progressive, avec *superposition de deux plans* dans une partie du parcours. Il peut, au contraire, être une succession de *ruptures* entraînant une modification complète du champ visuel en l'espace d'un déplacement (donc d'un temps) minime que l'on considérera comme nul.

On concevra bien que ce que nous sommes accoutumés à considérer comme pittoresque est dû à l'accumulation de plans différents avec des ruptures assez fortes sur une distance relativement courte, tandis que les effets monumentaux procèdent davantage de successions assez lentes (outre les caractéristiques de symétrie, d'axialité et de bornage propres à certaines époques).

Si le découpage en plans et leur enchaînement sont relativement aisés à décrire, leur regroupement dans des unités plus importantes, les séquences, doit être considéré comme une commodité pour l'analyse d'un parcours et ne peut faire l'objet d'indications aussi précises. Cependant, quelques considérations peuvent éclairer la notion de séquences et aider à les construire.

On peut regrouper une suite de plans liés au même objet ; les repères et les monuments jouent alors un rôle primordial et la séquence se définit à partir d'eux : *séquence d'approche, séquence d'accès*. Il faut noter également l'importance que peuvent prendre des repères très éloignés.

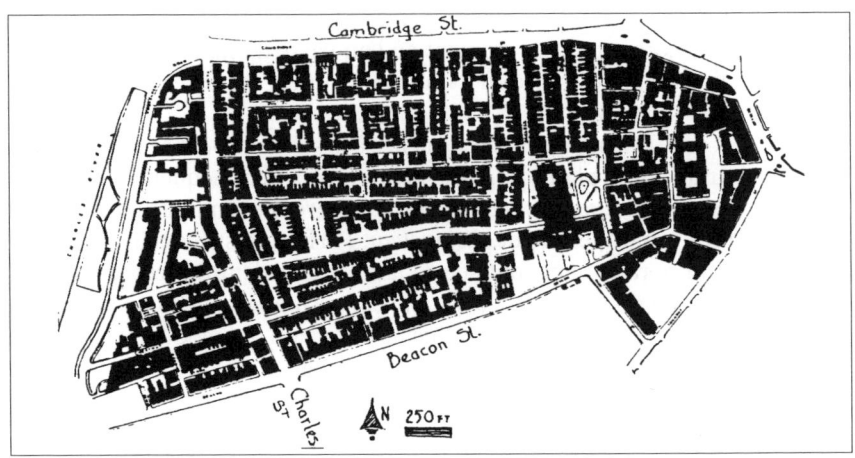

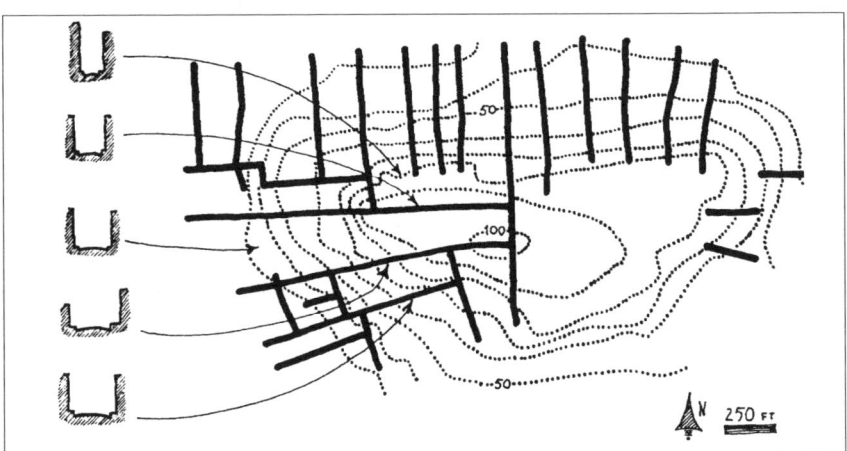

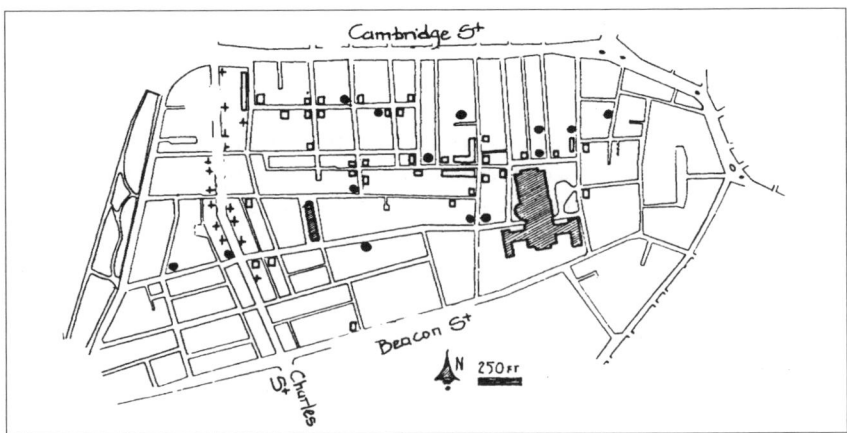

Fig. 11 : Scollay Square selon Kevin Lynch.
(K. Lynch, *L'image de la cité*, 1960).

On peut aussi regrouper les plans en fonction de leur parenté et introduire des coupures au moment où l'on passe d'une famille de plans à une autre ; la présence d'indice ou d'un repère mineur favorise parfois la détermination de la coupure.

Le passage d'une séquence à la suivante peut se faire progressivement par quelques plans qui appartiennent aux deux séquences et offrent une zone de *superposition*. Il peut se faire plus brutalement par un seul plan commun, bref, jouant le rôle de *disjoncteur*. Parfois, la succession des plans « s'accélère » ou se ralentit et contribue à la mise en valeur des espaces ou des éléments situés en fin de séquence. Quand ces péripéties du champ visuel s'accompagnent de déclivités et de mouvements de terrain qui modifient le rythme de la progression, il se produit un véritable « suspens », une mise en scène sollicitant plusieurs sens. Telle est par exemple l'approche de nombreuses églises de pèlerinage (Conques, Vézelay) où tout est mis en œuvre pour frapper l'imagination (il faudrait faire intervenir également ici les séquences à l'intérieur de l'édifice, apprécier le rôle de la lumière et les modifications de l'éclairage, noter les sensations de fraîcheur et les sonorités, etc.). Au contraire, la progression peut se faire sans « pittoresque », l'issue de la séquence étant connue de loin et mise en scène dans une lente progression où les modifications du champ visuel amplifient les effets monumentaux (Versailles, Saint-Pierre de Rome).

Une dernière remarque s'impose. Le découpage en plans et en séquences opéré selon une direction n'est le plus souvent pas réversible. La comparaison des découpages obtenus à partir d'un même parcours effectué dans les deux sens (aller et retour) met en évidence les éléments importants, ceux qui jouent un rôle dans les deux cas, et permet de saisir la subtilité de certaines configurations.

Du pittoresque urbain à l'échelle métropolitaine

Retrouver la pratique du terrain, identifier les éléments du paysage et les organiser en séquences, associer l'observation directe, le croquis, la photographie, la vidéo, le schéma et l'analyse cartographique constitue une manière d'appréhender la ville. Ce n'est pas seulement une affirmation du visible mais une lecture de différents points de vue qui fait intervenir le mouvement de l'observateur. Ce mouvement n'est pas dissociable aujourd'hui des modes de transport rapide qui se sont développés dans les villes ni des territoires que ces nouveaux modes ont engendrés. Pourtant, l'architecture et l'analyse urbaine donnent l'impression de buter sur une grande difficulté pour s'en saisir. Malgré les tentatives du Bauhaus et les propos autour de *l'espace-temps*[13], l'architecture reste encore dans le « bon goût » du centre ville et des ensembles identifiés (grands ensembles, rénovations, villes nouvelles) même si s'y mêlent maniérisme postmoderne et provocation high-tech. Et les remarques polémiques de Venturi à partir du strip de Las Vegas ont davantage

[13]   Siegfried Giedion, *Espace, Temps, Architecture* [1941], Paris, Denoël, 1990.

conforté un nouveau formalisme que suscité un réel intérêt pour le paysage des grandes routes à l'approche des agglomérations.

Pourtant, l'analyse urbaine ne peut plus aujourd'hui se cantonner dans les centres anciens et les tissus constitués et faire l'économie d'une réflexion sur la grande échelle métropolitaine ; et avec la difficulté qui consiste à appréhender des territoires trop vastes pour que les méthodes traditionnelles puissent y être appliquées confortablement.

Comment en effet saisir des entités qui nous échappent ? Comment rendre compte de cette succession de zones pavillonnaires, d'enclaves industrielles, de friches et de grands ensembles, d'échangeurs et d'hypermarchés qui constituent les périphéries des grandes villes ?

Il faut s'accoutumer à des visions fragmentaires, perdre l'illusion de tout voir, accepter l'embouteillage et l'impossibilité de s'arrêter. Mémoriser ce que l'on n'a guère eu le temps que d'entrevoir. Repérer et retrouver, lire les cartes routières, savoir s'arrêter, procéder par échantillons sans perdre une vision globale. La méthode est inconfortable, loin des « corpus » bien délimités et des références assurées. Quelques pistes pourtant peuvent être indiquées.

Le repérage des grands axes routiers

Souvent établis avant l'urbanisation et héritiers des chemins et des grandes routes anciennes (en France les routes royales), ils structurent de fait les périphéries. Depuis Lynch et Venturi peu de travaux sont venus apporter de nouveaux éléments à cette approche [14] hormis les interrogations qui, à partir des problématiques de projet, tentent une saisie préalable à l'action.

La lecture du paysage peut ici s'organiser en trois niveaux successifs :

— *Le paysage immédiat*, celui qui constitue la voie et ses bordures analysé à partir des variations du champ visuel (Lynch), des éléments symboliques (Venturi), des concentrations d'activités (Demorgon). L'analyse peut mêler des observations intuitives : se laisser guider par ce qui frappe, et des observations systématiques par exemple un état des lieux chaque kilomètre dans un sens puis dans l'autre, un repérage de tous les carrefours, une notation précise des bordures (Sarrazin).

— *Le territoire perçu* ; parfois limité à la voie elle-même, bâtie ou plantée, imperméable au regard, le paysage de la route fait intervenir à d'autres moments des éléments lointains, bâtis ou non, parmi lesquels se détachent des repères : villages, monuments, collines ou lignes de crête, bosquets isolés, châteaux d'eau, lignes de haute tension, usines ou grands ensembles qui s'incorporent au spectacle immédiat tout en renvoyant à un ailleurs.

---

[14] On notera sans être exhaustif quelques recherches non publiées qui vont dans ce sens : Marcelle Demorgon et al., *La banlieue comme territoire structuré*, Versailles, LADRHAUS, 1984 ; Sabatier Richard et Marcelle Demorgon, 1989, *Parcours en banlieue*, Versailles, LADRHAUS, 1989 ; le travail d'Alain Sarfati sur la Nationale 7, celui de François Beguin sur la Nationale 5 et celui d'Émmanuelle Sarrazin sur la Nationale 7 entre Paris et Corbeil.

— *Le territoire historiquement constitué*, en croisant l'approche visuelle et connaissance concrète du terrain qu'elle procure avec une lecture/interprétation des données historiques, cartographiques en premier lieu. Il s'agit alors non plus seulement de s'intéresser à telle ou telle route qui structure une partie de l'agglomération mais de s'interroger sur la manière dont celle-ci s'organise en système et de retrouver dans les occupations actuelles les traces et les conséquences de l'histoire.

Coupures et infrastructures techniques

Dans les centres anciens on a généralement pris le temps et la précaution d'urbaniser les grandes infrastructures techniques. Beaucoup sont enterrées (égouts, métro, réseaux divers), certaines sont incorporées au bâti qui les dissimule dans les profondeurs du tissu (on pense aux voies ferrées), quelques-unes ont acquis un statut de monument (les aqueducs romains) ou combinent efficacité technique et embellissement (canaux, réservoirs, fontaines).

Dans les périphéries, elles ressortent avec une violence évidente, créant des effets de coupure. Cette violence provient de la confrontation non négociée de deux échelles : celle territoriale des infrastructures, celle locale du bâti courant. Le repérage des premières, la compréhension de leur logique (une voie ferrée, un canal, une conduite, obéissent à des contraintes géométriques qui ne s'embarrassent guère des dispositions parcellaires et du maillage des chemins existants) sont un des moyens de saisir le jeu souvent conflictuel entre les différentes échelles qui se superposent dans les banlieues et marquent d'une manière négative leur dépendance vis-à-vis des centres. Rapportés à l'infrastructure qu'ils supportent et qui, elle aussi, organise le territoire, un pont, un talus ou un tunnel qui apparaissent comme des coupures dans le paysage prennent alors un autre sens et deviennent des éléments-clefs pour la compréhension du territoire.

Enclos, enclaves et isolats

La superposition des échelles dans les périphéries des villes se traduit également par la soustraction de grandes parties du territoire sous forme d'enclos souvent inaccessibles et qui s'organisent de manière autonome. Gares de triage, aéroports, camps militaires, ports, grandes usines occupent des terrains vastes parfois aussi ou plus étendus que le centre lui-même. Si le fait n'est pas nouveau (que l'on pense aux couvents et aux domaines aristocratiques autour des villes anciennes, aux premières usines avec la révolution industrielle) les dimensions le sont et leur ampleur nous désarçonne car ces enclaves apparaissent comme des isolats où toutes les méthodes de lecture éprouvées échouent. Et d'abord parce que l'accès et la circulation y sont contrôlés : il est impossible de circuler à pied dans un aéroport ou une grande usine ou d'en faire le tour en voiture. Leurs limites mêmes sont difficiles à cerner autrement que par fragments et seulement dans quelques cas favorables. Mais aussi parce que leur distribution interne obéit à une logique particulière généralement organisée à partir d'un seul point de vue lié à une contrainte technique ou fonctionnelle dominante.

46

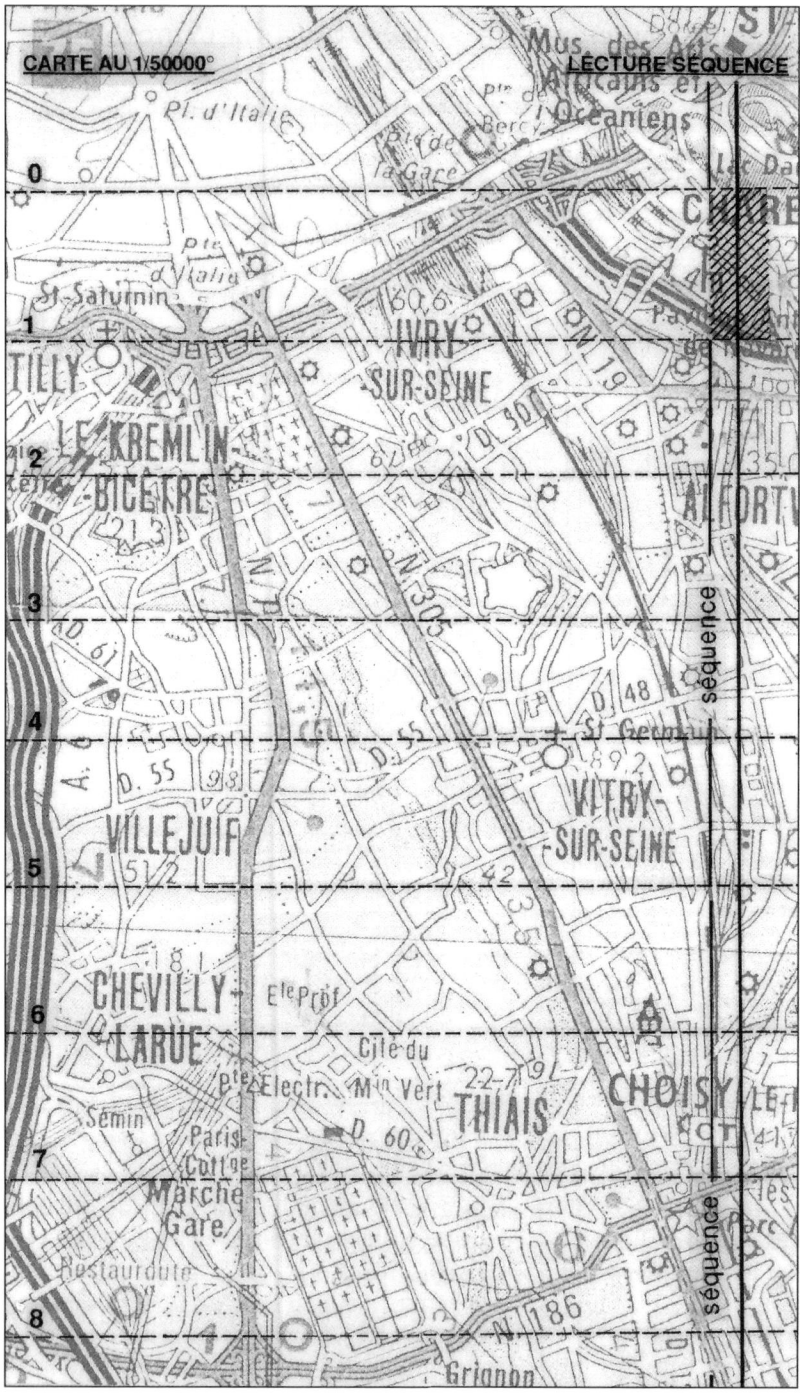

Fig. 12 : La Nationale 7 entre Corbeil et Paris.
(E. Sarrazin, *La RN7 entre Corbeil et Paris*, 1993).

SITUATION DE L'AUTOMOBILISTE   CHAMPS VISUELS DE L'AUTOMOBILISTE

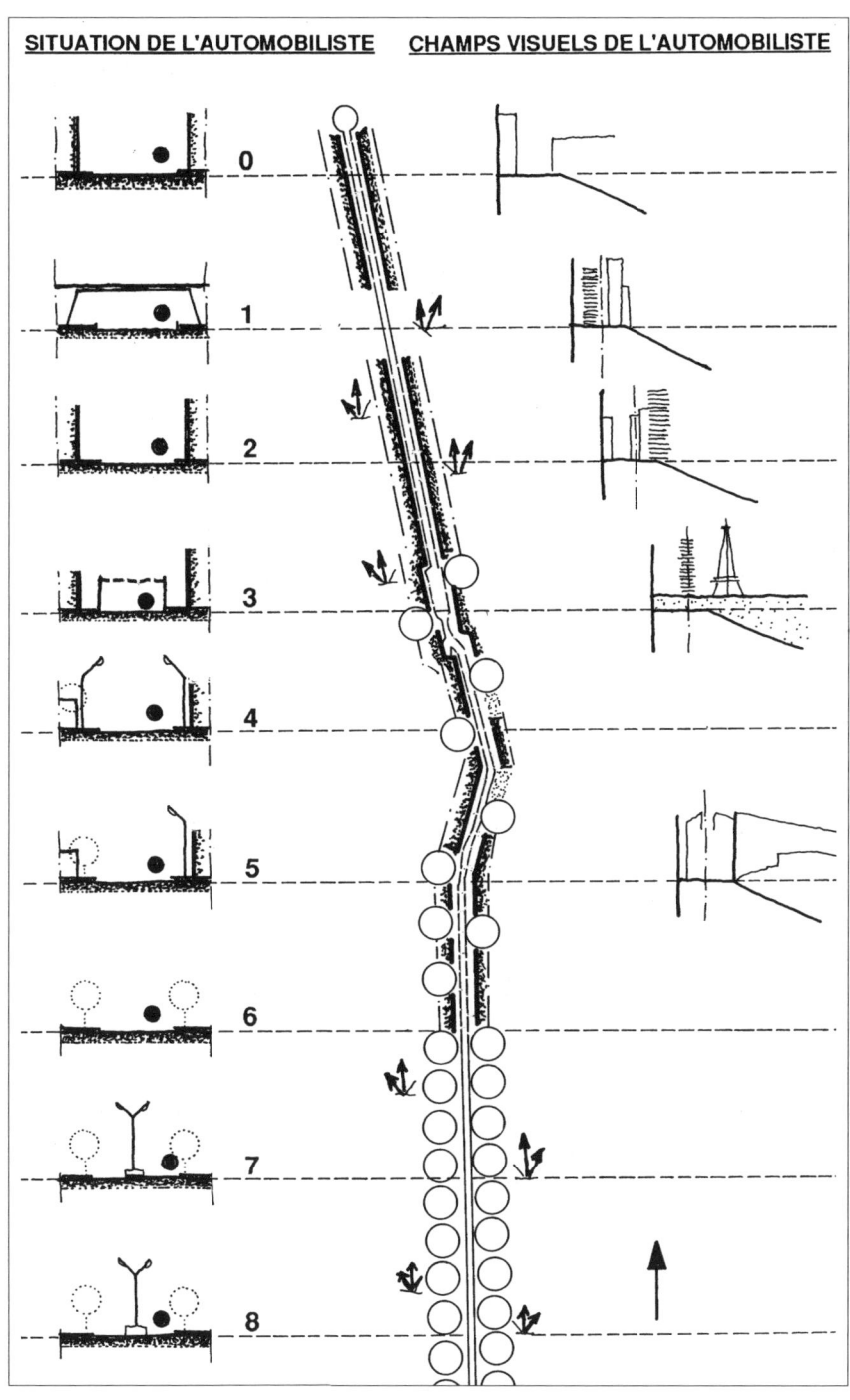

Analyse séquentielle du km 8 au km 0.

La cartographie s'impose alors comme un des seuls moyens d'appréhender le territoire : une cartographie sélective qui mette en évidence des dimensions et des positions, qui suscite des comparaisons, qui révèle des tracés, qui dévoile des permanences. Que l'aéroport de Turin s'inscrive dans le carroyage de la centuriation romaine nous montre la persistance des tracés qui ont façonné le paysage [15].

Le site et l'étendue

L'analyse urbaine oublie souvent la géographie (voir Chapitre 1). Celle-ci pourtant préexiste et se maintient sous l'urbanisation. Les moyens de l'appréhender sont multiples, le paysage en est un. Décrire et dessiner ce que l'on voit en utilisant le croquis panoramique tel qu'on l'enseignait autrefois dans les écoles militaires constitue une première manière d'approcher un territoire, d'y « reconnaître » des points singuliers, d'y lire des ensembles, d'y retrouver des limites. Il faut d'abord choisir son point de vue — ce qui suppose une première intelligence du site, une appréhension du relief et un décalage par rapport aux visions radioconcentriques que nous projetons inconsciemment du centre vers les périphéries. Que les HLM d'Épinay-sur-Seine prennent autant d'importance que les tours de La Défense dans le paysage de la plaine de Montesson [16], nous offre une autre lecture du nord-ouest parisien.

Sauf site particulièrement montueux, la vision depuis un point haut (éminence naturelle ou immeuble) demeure limitée. La vue « à vol d'oiseau » reste un rêve à peine comblé par les visions fugitives que donnent l'avion ou l'hélicoptère, et à l'exception des quelques rares privilégiés, le ballon captif ou le dirigeable ne constituent pas un outil de travail. La photographie aérienne en plan ou en vue oblique, la mise en perspective des fonds (cartes ou photos), les images informatiques et les vues de satellites, permettent de pallier cette difficulté et de disposer d'éléments offrant une vision globale.

Un travail d'analyse peut alors sur cette base effectuer les lectures, les sélections et les manifestations nécessaires.

La méthode, on le voit, est impure et ne se décrit pas aisément. Elle ne procède guère par les catégories convenues de la recherche, fait une part déterminante au terrain, laisse place à l'intuition et suppose un travail graphique important. Les « sources » en matière d'analyse urbaine sont tout autant les lieux eux-mêmes que les ouvrages ou les archives. Le dessin : croquis sur place, repérage sur les cartes, interprétation des tracés, compte autant que l'écriture. L'organisation efficace du matériel iconographique suppose une forme de rigueur.

---

[15] *Misurare la terra : centuriazione e coloni nel mondo romano*, Modena, c. 1985.

[16] Richard Sabatier, *Territoires agricoles et urbanisation : La plaine de Montesson*, TPFE, EAV, sous la direction de Philippe Panerai, 1987.

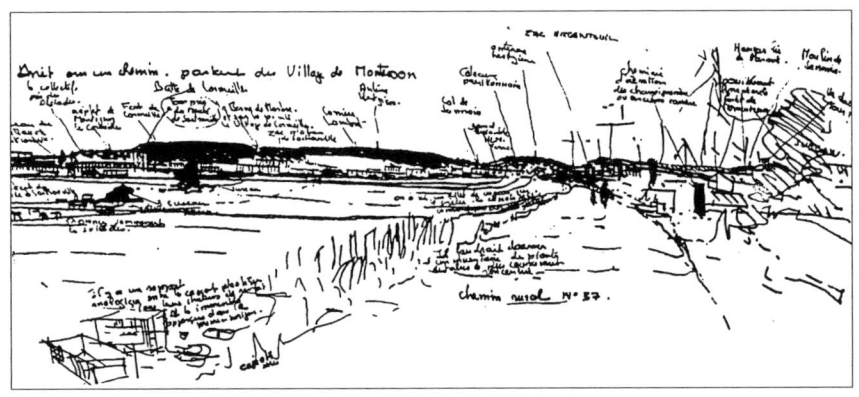

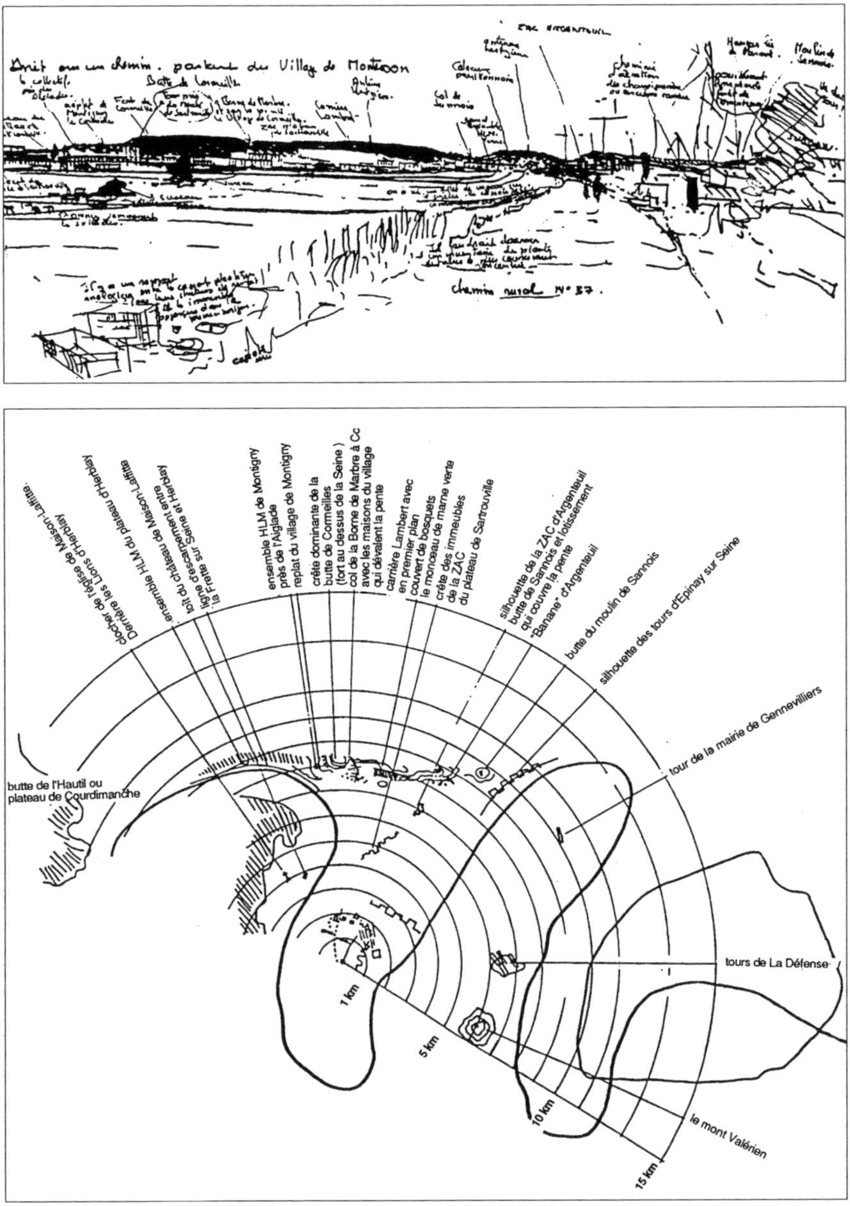

Fig. 13 : Paris / la plaine de Montesson.

(R. Sabatier, *La plaine de Montesson, paysage*, 1989).

Chapitre 3

Croissances

La notion de croissance emprunte largement aux études italiennes engagées par Saverio Muratori et développée par G. Caniggia. Elle renoue avec la tradition d'une lecture organique ou biologique de la ville dont on trouve déjà les éléments chez Marcel Poëte ou Gaston Bardet, voire chez Patrick Gueddes ou Raymond Unwin. Elle doit également aux réflexions menées dans des domaines autres que l'urbanisme ou l'architecture sur les questions de structure et de grammaire générative de la forme telles que l'on peut les lire chez D'Arcy Thompson[1].

Croissance et développement

Par croissance on entend ici l'ensemble des phénomènes d'extension et de densification des agglomérations saisis d'un point de vue morphologique, c'est-à-dire à partir de leur inscription matérielle dans le territoire. Et on réservera le terme de développement pour rendre compte de l'accroissement de leur potentiel économique ou de l'augmentation de leur rôle institutionnel.

En bonne logique la croissance semblerait devoir accompagner le développement économique : la prospérité d'Amsterdam explique le plan des trois canaux, l'afflux de population et l'accroissement du rôle portuaire de New York, détermine l'extension de Manhattan au xixe siècle. Mais l'histoire locale, la structure du pouvoir et les conflits politiques engendrent d'autres cas de figures.

«Interdite de croissance» depuis 1715, la ville de Barcelone n'en continue pas moins à se développer au prix d'une densification extrême qui l'amènera à accueillir une population de 160 000 habitants sur le même territoire qui n'en contenait que 40 000. Cette situation explique d'ailleurs en partie l'ambition du plan de Ildefonso Cerdá quand en 1859 Madrid autorise enfin la démolition de l'enceinte et libère une ville sous pression depuis un siècle et demi.

À l'inverse l'afflux de populations pauvres dans les grandes métropoles d'Afrique, d'Asie ou d'Amérique latine suscite une croissance incontrôlée, «informelle» voire illégale que n'accompagne aucun développement économique et qui contribue même parfois à l'aggravation d'une situation déjà difficile.

Enfin les relations entre croissance et développement sont complexes. Si une certaine prospérité, ou tout du moins des ressources, sont nécessaires pour accompagner, orienter, diriger ou maîtriser la croissance urbaine, il faut aussi une volonté politique forte et inscrite dans la durée. Cette volonté peut exister dans des périodes de récession ou de stagnation économique et utiliser les projets d'extension ou d'aménagement urbain comme moteur de la relance et anticipation du redémarrage. Ainsi dans le cas du plan d'Ernst May pour Francfort, l'extension de la ville et la construction des cités satellites sont rendues possibles par la stabilisation du mark et la fin de la crise de l'après-guerre. Mais de plus — et en mobilisant des capitaux étrangers — cette action participe à la relance de l'économie. Les grands travaux de l'Italie fasciste — des nouvelles villes du littoral adriatique à l'EUR —, ou ceux de la Tennessy Valley Authority pour enrayer la crise de 1929 participent de la même logique.

Outils d'analyse

Les outils proposés — croissance spontanée, croissance dirigée, pôle, ligne de croissance, barrière, borne, etc. —, sont inévitablement marqués par l'expérience inconsciente que nous avons d'un certain type de ville que l'on pourrait appeler la ville européenne radioconcentrique. Et une histoire commune à Milan, Vienne, Paris ou Francfort pourrait s'écrire. Les traces romaines : routes et fragments bâtis, le resserrement médiéval dans l'enceinte dominée par la cathédrale, le débordement des faubourgs qui conduit à la création d'une nouvelle enceinte, les grands tracés classico-baroques et la nouvelle relation au territoire, la *grosstadt* qui consolide la ville au XIXe siècle en même temps que le chemin de fer et l'industrie provoquent un premier éclatement.

Et puis au début de notre siècle, le temps des urbanistes avec les débats autour du logement social, des équipements municipaux, des transports urbains. La rupture du mouvement moderne plus théorique que réelle jusqu'aux années cinquante. Îlots ouverts/îlots fermés, HBM et cités-jardins. La montée de la banlieue avec ses pavillons que l'on appelle souvent aujourd'hui de manière erronée «les pavillonnaires» en empruntant le terme aux sociologues qui parlaient, eux, des habitants et non des maisons. Un petit air «Front populaire» assez vite balayé par les pouvoirs autoritaires. Puis la reconstruction, puis les autoroutes et les grands ensembles et l'aménagement du territoire avant la confirmation des métropoles et l'admission de leur complexité.

Le schéma est assez facile, il s'applique également aux villes moyennes qui connaissent les mêmes phénomènes en réduction ou avec retard, il s'adapte aux géographies particulières : Amsterdam semi-radioconcentrique et sur l'eau, Lyon un peu coincé dans son site, Gênes sur son port. Mais il laisse de côté trop de villes pour être généralisé.

N'en déplaise à Léon Krier *LA* ville européenne n'existe pas. Londres ou Madrid ont eu une autre histoire. Venise a peu de points communs avec Birmingham. Des cultures et des histoires locales ont produit

---

[1] D'Arcy Thompson, Wentworth, *Forme et croissance* [1942], Paris, Seuil / CNRS, 1994.

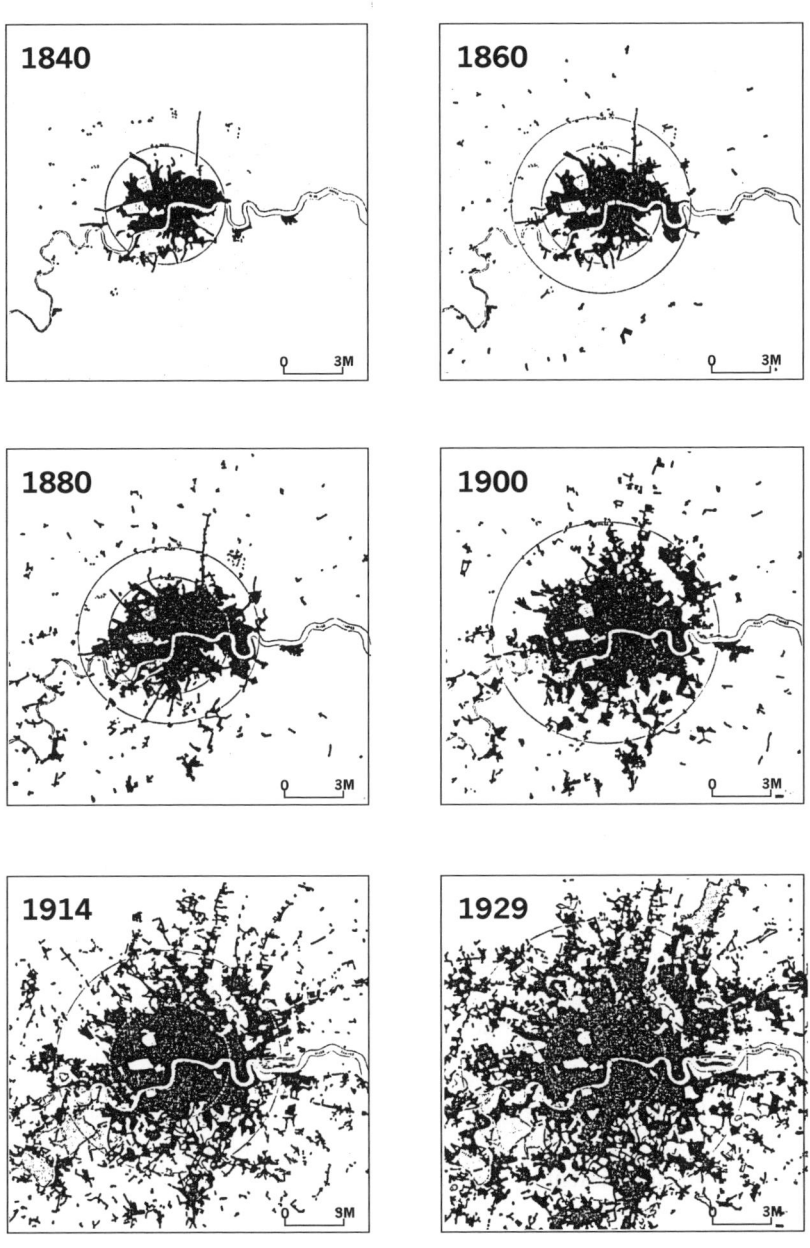

Fig. 14 : Londres : croissance urbaine de 1840 à 1929.
(E. Rasmussen, *London, The Unique City*, 1934).

des traditions très diverses. Le site, les formes de la croissance ou l'échelle du bâti rapprochent davantage Istanbul et Lisbonne, Barcelone et Alexandrie, que Turin et Milan.

Il faut donc pour commencer se départir de ce schéma et de quelques idées reçues. Les outils alors sont assez généraux pour s'appliquer à toutes les villes, ils ne sont en somme que la manière de commencer à les observer tout en reconnaissant quelques logiques récurrentes. L'étude des villes en effet a ceci de fascinant que malgré leurs différences et l'identité de chacune, les phénomènes urbains s'y retrouvent. Apparente contradiction ou plutôt lecture dialectique qui oscille sans cesse entre l'universel et le particulier, la règle et l'exception, la répétition et la singularité.

Des premiers travaux principalement centrés sur l'exemple français et qui mêlaient l'observation des villes à celle des bourgs et des villages, résultèrent une série d'hypothèses, confortées au plan théorique par les recherches italiennes. L'enseignement et la recherche ont apporté régulièrement depuis une vérification et un affinement des notions en même temps qu'un élargissement des exemples hors de la sphère française et occidentale. Et il nous a semblé à l'usage que les outils proposés pouvaient aussi s'appliquer à des villes comme le Caire, São Paulo ou Santiago et en permettre une bonne compréhension.

L'étude des croissances nous semble importante pour plusieurs raisons.

D'abord parce qu'elle offre une appréhension globale de l'agglomération dans une perspective dynamique. À des périodes de stabilité où s'affirme la cohésion interne de la ville succèdent des moments de ruptures marqués par des extensions importantes, de brusques avancées sur le territoire. Dans cette perspective, l'état actuel n'est qu'un instant précaire de l'évolution. Et l'étude de la croissance refuse la conception de ville-musée, d'œuvre finie, fixée et figée (conception qui n'est pas seulement celle des monuments historiques mais aussi le point de vue du mouvement moderne toujours soucieux d'établir l'ordre et de prévenir les débordements).

Ensuite parce qu'en révélant les points fixes des transformations antérieures, elle désigne des logiques profondément inscrites dans les territoires qui éclairent les enjeux des aménagements actuels.

Commencer l'analyse d'une ville ou d'une agglomération par l'étude de sa croissance apparaît donc comme un des moyens de la saisir globalement, les études plus détaillées engagées par la suite venant prendre leur sens dans cette vision globale. C'est le point de vue d'Aymonino qui note : « La forme urbaine est un processus continu […] et, s'il est possible de la décrire ou de la caractériser à une période précise, on ne peut négliger, pour la comprendre, l'étude des périodes antérieures qui ont conditionné son développement et l'ont littéralement formée[2]. »

---

[2]   C. Aymonino, M. Brussati, G. Fabbri, M. Lens, P. Lovero, S. Lucianetti, A. Rossi, *La città di Padova, saggio di analisi urbana*, Roma, Officina, 1966.

Mode de croissance

Par mode de croissance, nous tenterons de caractériser globalement les phénomènes en distinguant :
— des croissances continues ;
— des croissances discontinues.
Il s'agit ici de continuité spatiale.

Ces distinctions, que l'on jugera peut-être arbitraires, représentent davantage un essai préalable, une tentative pour ordonner l'analyse, un outil commode, qu'une classification définitive. Elles nous ont semblé à l'expérience plus utiles que les métaphores habituelles d'urbanisation en tache d'huile, par grappe, etc., parce qu'elles cernent de plus près les mécanismes mêmes de la croissance, le processus de l'extension dont la forme finale n'est que le résultat.

Si les modalités pratiques diffèrent selon l'ampleur des agglomérations et la manière dont est conduite l'analyse : telle croissance discontinue dans son détail pouvant être assimilée dans une vision plus large à une croissance continue, l'extension du territoire urbanisé s'effectue selon deux grands modes : la croissance continue ou la croissance discontinue.

La croissance continue se caractérise par le fait qu'à chaque stade du développement, les extensions se font en prolongement direct des parties déjà construites. L'agglomération se présente comme un tout dont le centre ancien constitue le pôle principal. Longtemps la succession des différentes enceintes — murailles romaines, remparts médiévaux, fortifications de la Renaissance, octrois et enceintes militaires —, a joué un rôle primordial. En définissant une limite précise entre un intérieur et un extérieur relevant de statuts différents, ces limites ont favorisé une densification importante avec pour conséquence la formation d'un noyau fortement structuré tel que les faubourgs, les hameaux ou les anciens villages englobés dans la ville ont fini par lui être assimilés et par devenir les centres de nouveaux quartiers en contrepoint du centre initial.

L'exemple de Paris est particulièrement éclairant. Les anciens villages extérieurs à l'enceinte des Fermiers généraux, mais inclus dans celle de Thiers : la Chapelle, la Villette, Belleville, Ménilmontant, Charonne, etc., ont à la fois gardé leur identité (du moins jusqu'aux destructions récentes) mais se sont agglomérés à la ville réorganisée par Haussmann.

À une échelle plus modeste, le développement « organique » des bourgs et des villages illustre cette croissance continue qui, pour n'être pas limitée par une enceinte, s'est faite, au moins jusqu'en 1914, par additions successives maintenant la cohésion de l'ensemble. Les routes et les chemins qui mènent au village ont joué un rôle de support, les extensions sont venues tout naturellement s'ajouter au moyen original sans discontinuité.

Le même processus s'applique à des villes importantes qui malgré leur taille semblent davantage régies par la logique du chemin que par celle du lotissement ou par le contrôle du plan d'ensemble. Tel est le cas des villes brésiliennes étirées le long des routes qui se faufilent entre les collines et finissent par former des agglomérations de plusieurs millions d'habitants dont

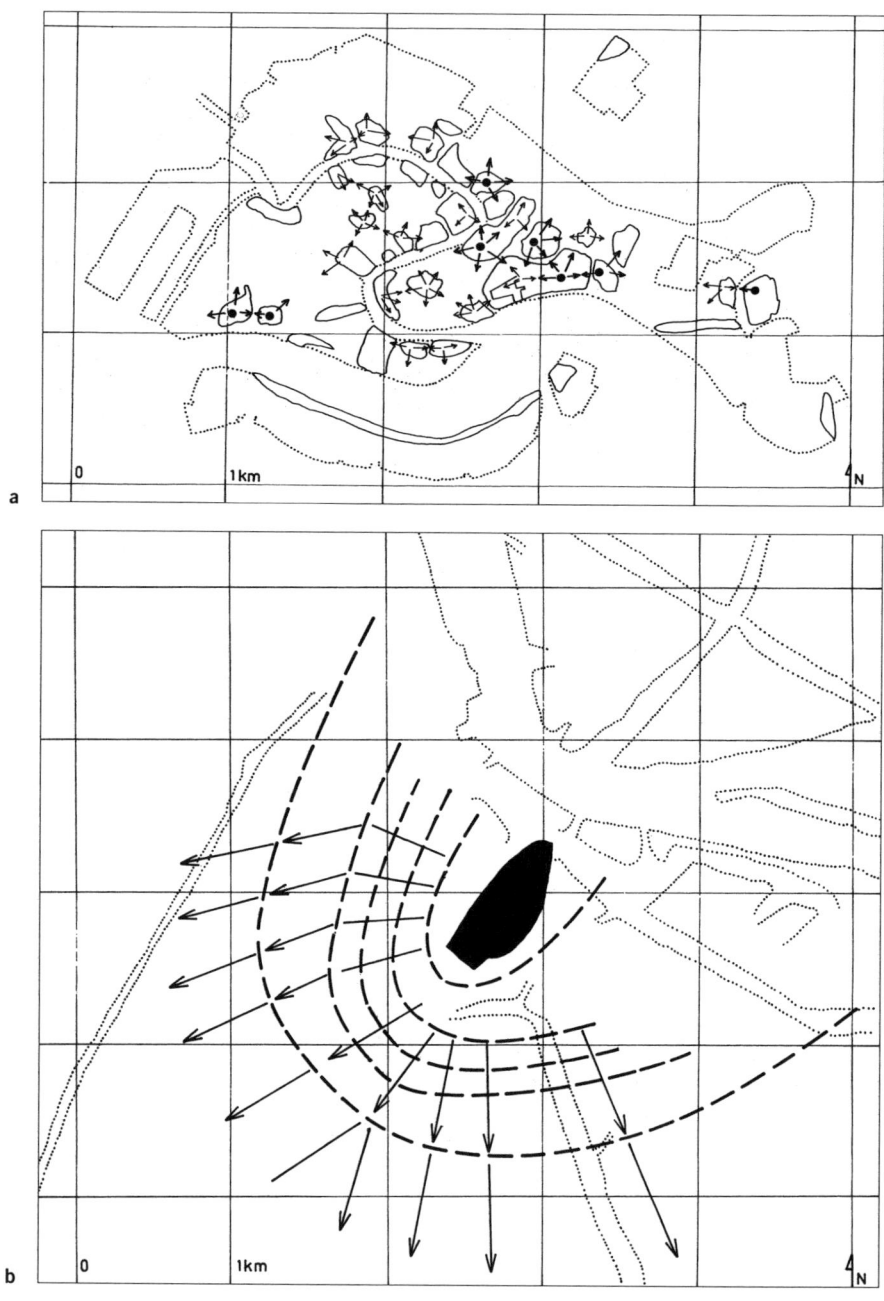

Fig. 15 : Types de croissance urbaine.
    a.   Croissance discontinue : Venise.
    b.   Croissance continue (radioconcentrique) : Amsterdam.
(Dessins H. Fernandez).

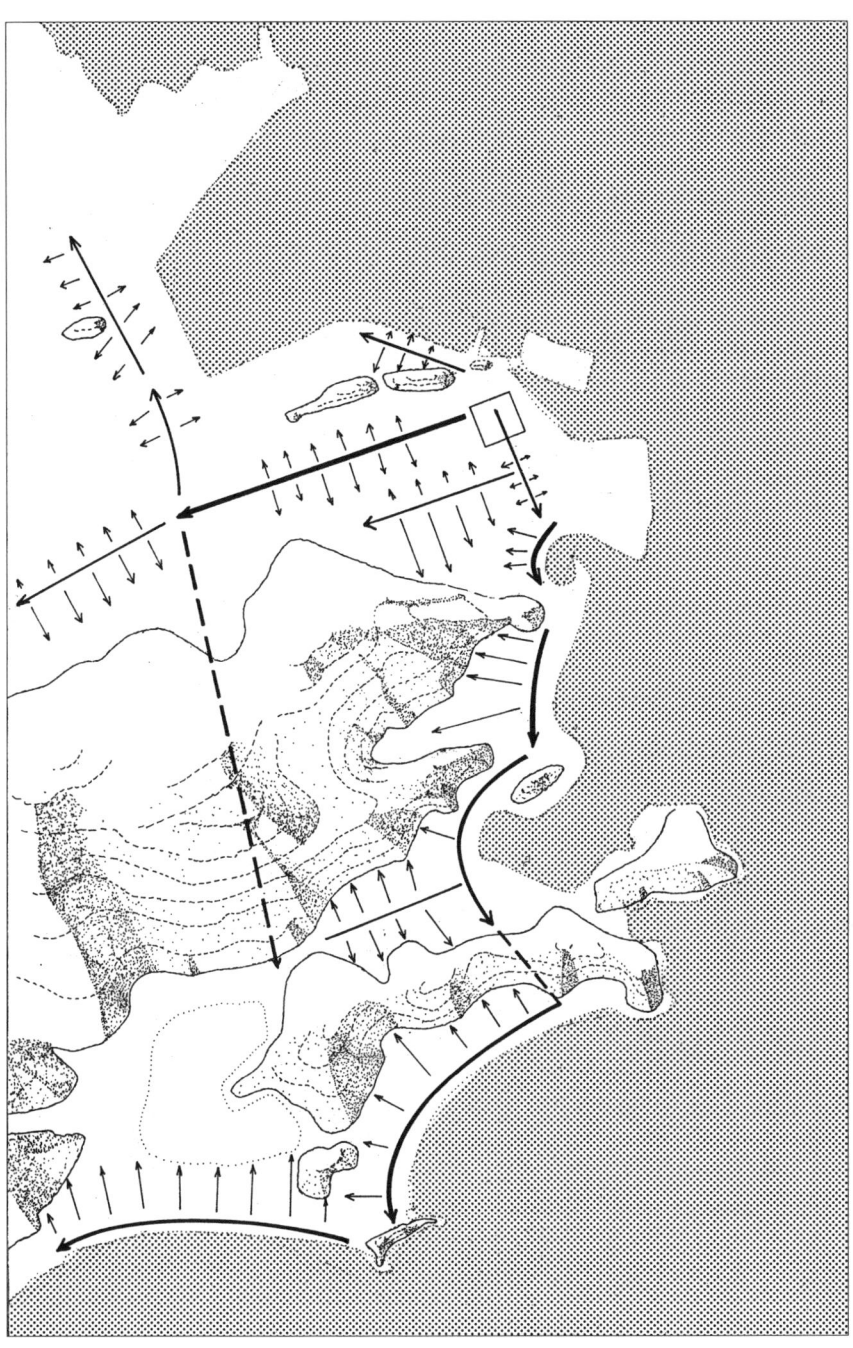

c. Croissance linéaire : Rio de Janeiro.

la forme globale échappe à la description et ne se laisse pas enfermer dans un schéma connu et mémorisable. Ainsi Rio dont les extensions successives au gré de l'aménagement des plages et des beaux quartiers forment une cité linéaire où se succèdent des noyaux bien identifiés : Gloria, Flamengo, Botafogo, Leme, Copacabana, Ipanema, Leblon, auxquels répondent vers l'intérieur de la baie ou dans les vallées qui remontent vers les mornes d'autres développements linéaires où se pressent quartiers populaires et petits centres d'activités pour s'achever par les favelas les plus reculées.

La croissance discontinue se présente comme une occupation plus ouverte du territoire ménageant des coupures végétales ou agricoles entre les parties anciennes et les extensions, et par là sanctionne l'éclatement de la ville. Théorisée par Ebenezer Howard et Raymond Unwin en Angleterre, Ernst May en Allemagne, avec le principe des cités satellites [3] elle peut apparaître comme une tentative de s'opposer à la croissance continue des banlieues résidentielles qui se développent dans la seconde moitié du XIXe siècle et dont l'ampleur inquiète.

Mais à y regarder de plus près, le phénomène n'est pas nouveau et la notion de croissance discontinue est utile pour rendre compte de la constitution de villes plus anciennes. Venise, par exemple, a d'abord essaimé sur de nombreux petits îlots avant de se souder dans la forme qui est la sienne (le cas particulier d'une croissance sur l'eau ne change rien au problème ; Amsterdam, placée dans des conditions géographiques similaires, offre un des exemples les plus clairs d'une croissance radioconcentrique continue).

Londres, privée d'enceinte depuis le XVIIe siècle, sans centre unique, offre l'image d'une fédération de bourgs et de faubourgs, encore facilement identifiables dans le continuum urbain : Hampstead, Hammersmith, Chelsea, Clapham, Dulwich, etc., aujourd'hui réunis par l'étendue des lotissements suburbains mais longtemps distants du bourg voisin. Enfin Bath forme, avec l'étagement de ses crescents, un archétype de cette ville par fragments qui rompt consciemment avec la tradition d'une croissance continue.

Éléments régulateurs

Si certaines villes s'étendent au hasard des disponibilités foncières, avec parfois pour conséquence des quartiers faiblement raccordés, d'autres voient leurs extensions ordonnées par des dispositions physiques qui semblent les guider. L'examen du processus de croissance ordonnée, c'est-à-dire dans lequel la ville présente à chaque stade de son évolution une structure claire et intelligible, passe par le repérage d'un certain nombre d'éléments que nous avons appelés éléments régulateurs. On peut constater autour de ces éléments des dispositions semblables qui se retrouvent d'une ville à l'autre et se répètent comme si des lois mécaniques ou morphologiques régissaient ces phénomènes. D'où la tentative de les énoncer d'une manière générale afin de

---

[3]   Ebenezer Howard, *Les cités-jardins de demain* [1898, *Tomorrow : A Peaceful Path to Real Reform*], Dunod, Paris, 1970, et R. Unwin, *L'étude pratique des plans de villes* [1909], Paris, L'Équerre, 1981 (1re traduction française : 1922).

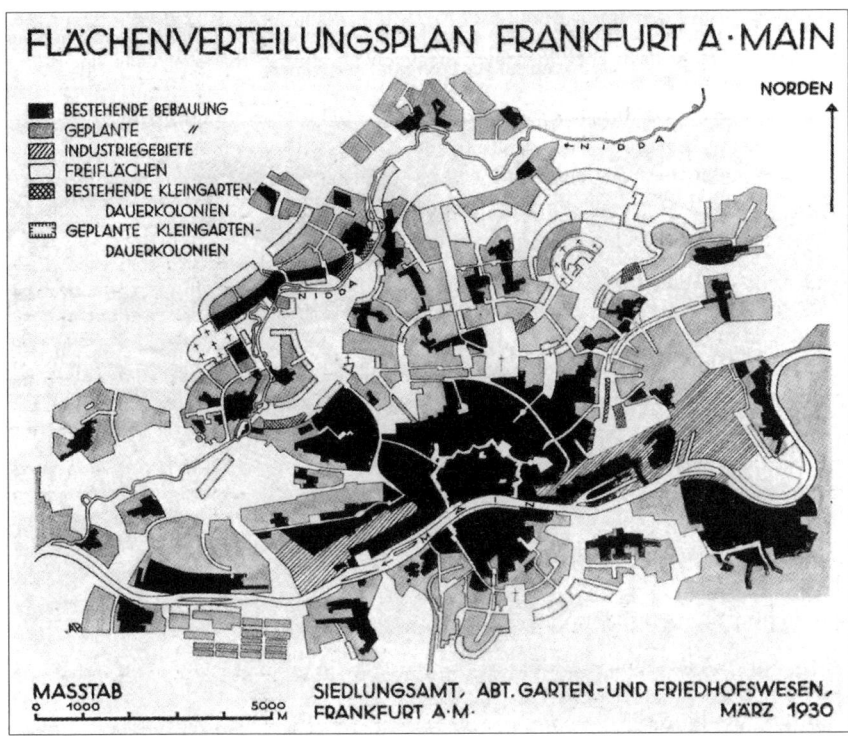

Fig. 16 : Croissance discontinue : Le plan d'extension de Francfort de 1930.

faciliter leur identification avant de s'engager plus en détail dans l'histoire propre de chaque ville.

Physiquement la croissance des villes apparaît réglée par le jeu de deux sortes d'éléments : ceux qui en ordonnent l'extension (lignes et pôles) et ceux qui la contiennent (barrières et bornes).

Ligne de croissance

C'est le support d'une croissance qui s'effectue selon une direction ; l'exemple le plus simple est la route le long de laquelle croît l'agglomération et qui devient rue ou avenue. Mais beaucoup d'autres lignes peuvent jouer le même rôle : rivière, canal, voie ferrée, autoroute, axe monumental, etc.

Les lignes de croissance peuvent être «naturelles», nous entendrons par là inscrites dans le site avant l'urbanisation (voir le rôle des anciens chemins et du tracé d'un parcellaire rural dans la forme ultérieure des agglomérations, mais aussi celui des allées et des avenues organisant hors la ville le paysage des villas et des châteaux classiques), ou «artificielles», c'est-à-dire projetées et réalisées au début d'une phase d'extension, en relation avec celle-ci.

Dans les deux cas ces lignes sont inscrites dans un territoire. Elles en révèlent la géographie (nature du sol, zones inondables…), elles tirent parti du relief — et les grandes lignes de croissance des agglomérations contredisent rarement sans raison les grandes orientations du site. Elles portent la marque de son histoire façonnée par les usages anciens : agriculture, implantations monastiques ou seigneuriales, exploitations minières ou industrielles. Elles sont enfin situées dans un réseau et ne se comprennent qu'à l'intérieur de celui-ci. La croissance en effet n'est pas seulement due au développement intrinsèque de l'agglomération mais aux tensions qui s'opèrent à l'intérieur d'un réseau de villes et de bourgs à l'échelle locale, régionale, voire au-delà. Que le faubourg de la route de Paris se soit étendu plus et plus vite que les autres dans un très grand nombre de villages ou de villes traversés par les grandes routes nationales indique la centralisation ancienne du pays et l'attraction de la capitale sur la province. De même l'extension de Pôrto Alegre se fait principalement sur la route de São Paulo, capitale économique du Brésil, pourtant distante de quelque 1 500 km.

Le repérage des lignes de croissance ne peut donc pas se limiter à l'étude d'un tracé géométrique mais met en cause des tensions à différentes échelles qui varient avec le temps. L'importance du manoir, de la mine ou du moulin qui orientaient la croissance du bourg ou du village dans telle direction explique des extensions anciennes. La gare, l'aéroport ou la sortie d'autoroute ont suscité les nouvelles. La ligne de croissance fonctionne entre des pôles.

À l'intérieur de ce réseau, le rôle des lignes de croissance n'est pas seulement de fournir un tracé sur lequel viendraient s'aligner des éléments bâtis, pour peu que leurs propriétés typologiques le leur permettent, c'est réellement d'ordonner le tissu de part et d'autre, de régler les croissances secondaires et les densifications, bref de fournir une structure. Cette structure nous apparaît généralement facile à décrire et à interpréter dans les urbanisations anciennes où la similitude des dimensions et des moyens constructifs, la parenté typologique et la relative continuité du bâti forment des entités facilement identifiables dont le faubourg constitue l'un des archétypes majeurs. Mais malgré l'étrangeté ou l'hétérogénéité des paysages produits depuis quelques décennies, et avec les différences d'échelle introduites par la concentration dans les grandes villes, par les nouveaux modes de distribution et de consommation et par les nouvelles vitesses de déplacement, les phénomènes récents n'échappent pas à cette logique. Et la Nationale 7 entre Paris et Corbeil constitue l'équivalent moderne de la rue Mouffetard qu'elle prolonge.

Pôle de croissance

C'est à la fois l'origine, le groupement à partir duquel va s'opérer la croissance et le point de référence de cette croissance ordonnant la constitution du tissu et les croissances secondaires (qui sont souvent des fragments de croissances linéaires). Dans l'évolution d'une agglomération, le centre initial joue souvent ce rôle, mais d'autres pôles viennent en contrepoint organiser la croissance. Celle-ci, nous l'avons vu, s'établit dans un système assez complexe de tensions à l'intérieur d'un réseau. Ainsi un grand nombre de villes médiévales sont-elles dès l'origine établies sur une structure bipolaire qui matérialise au sol la répartition des pouvoirs : château et abbaye, bourg et cité, parfois reliés par une rue principale qui supporte assez vite l'activité commerçante. On pense à Rodez avec son noyau double : «cité» de l'évêque et «bourg» du comte rassemblés sur le sommet de la butte tandis qu'à Toulouse l'abbaye de Saint-Sernin extérieure à la ville suscite une tension qui se matérialise par la rue du Taur. On connaît la distinction à Paris entre «la ville» des marchands, rive droite, «la cité» avec son palais, sur l'île, «l'université» rive gauche. De même à Londres entre la City et Westminster. Mais d'autres points singuliers parce qu'ils sont des points de passage obligé, des lieux de choix ou de contrôle, des points de rupture de charge dans les transports ou des lieux chargés symboliquement forment des pôles. L'embranchement ou le carrefour, le gué ou le pont, le sommet, le col ou le port suscitent des implantations et deviennent des centres secondaires qui attirent constructions et activités en même temps qu'ils s'étendent vers le noyau ancien. Fréquemment les habitants ou le pouvoir marquent symboliquement ces lieux en augmentant ainsi leur capacité d'attraction. La croix, l'église ou la mosquée «sanctifient» l'accident géographique et attirent passants ou pèlerins qui contribuent au développement économique du lieu et à son renom. Ailleurs c'est l'activité commerçante liée au trafic de la voie, auberge et maréchal-ferrant, dont la station-service, le parking et le dépôt de caravanes constituent les avatars modernes. Ailleurs encore le contrôle ou la défense : fort ou caserne, gendarmerie ou octroi, douane ou péage. Quelle qu'en soit la cause ou l'origine, le pôle se marque dans le tissu comme un point singulier, un lieu de concentration qui indique l'accumulation de l'histoire, la valeur commerciale, la charge symbolique. Le tracé des voies, leur convergence (patte-d'oie, étoile, système rayonnant), la redivision du maillage, la concentration des monuments fournissent

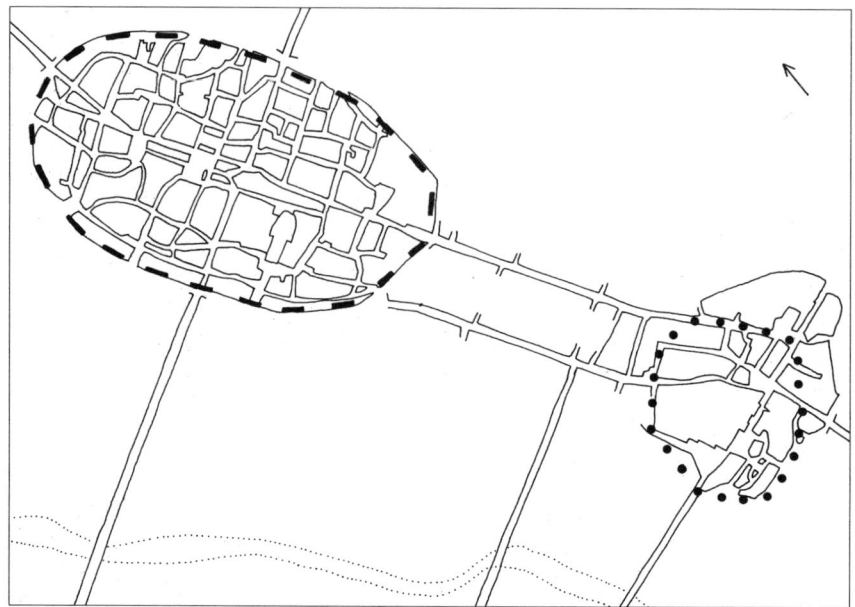

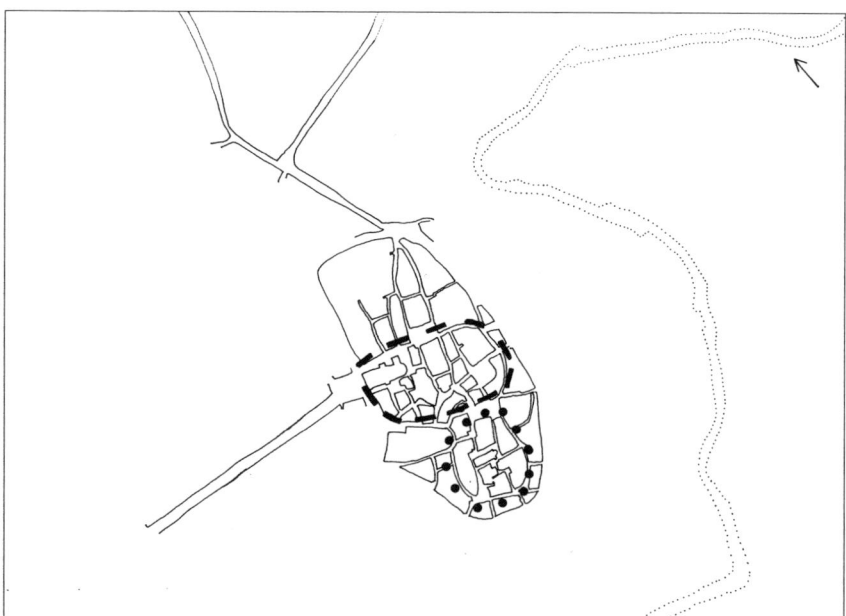

Fig. 17 : Pôles de croissance.
    a. Reims : Cité, bourg et faubourg.
    b. Rodez : Cité et bourg.

des indices (mais à l'inverse il faut la naïveté de certains urbanistes pour croire que toute convergence des voies, tout dessin d'étoile ou de placette va former un pôle doté des qualités d'un centre).

Dès qu'une agglomération a pris tant soit peu d'ampleur et dépasse la structure élémentaire du hameau, de l'écart ou de la rangée, le pôle ne se résume plus à un point : croisée, carrefour ou monument mais s'élargit à l'ensemble du noyau dans un système de relations avec d'autres pôles d'abord extérieurs à la ville puis réunis et englobés par sa croissance. Parmi ceux-ci les anciens bourgs ou à l'échelle des grandes agglomérations, des villes entières qui ont connu leur propre évolution avant d'être noyées dans la conurbation — Argenteuil ou Saint-Denis étaient des villes importantes avant d'être ravalées au rang de communes de banlieue par l'explosion de l'agglomération parisienne, Uskudar (Scutari) ou Kenikoy (Chalcédoine) ont une histoire aussi ancienne qu'Istanbul.

Les choses semblent plus confuses depuis la révolution industrielle. Si la gare de banlieue ou l'usine ont pu constituer de nouveaux pôles ordonnant une urbanisation indépendante au plan morphologique du noyau ancien, nous avons du mal à admettre que le processus se poursuive aujourd'hui et nous éprouvons souvent quelques difficultés à identifier les nouveaux pôles. Ceux-ci pourtant existent même si les potentialités qu'ils contiennent sont souvent ignorées, mal exploitées ou considérées comme non urbaines tellement nous sommes marqués par une idée de ville qui fait référence à celle des siècles passés. À cela s'ajoute dans les pays industrialisés la rencontre d'un urbanisme du contrôle et d'une pratique de la planification qui s'oppose au développement des phénomènes ou en limite les effets.

Deux exemples peuvent orienter la réflexion. Le couple échangeur-hypermarché ne constitue-t-il pas l'équivalent moderne du foirail, d'abord extérieur à la ville, autour duquel s'est organisée une partie de l'urbanisation ? L'aéroport n'est-il pas en train de susciter de nouveaux faubourgs technologiques comme la gare autrefois engendrait les fabriques et les quartiers industriels ? Roissy ignoré du schéma directeur de 1965 en a contredit les hypothèses en suscitant un développement nord-sud entièrement contraire aux grandes orientations du SDAU. Enfin l'observation des pays où le contrôle urbanistique est moindre permet de vérifier la vivacité des phénomènes. Habitat informel, favelas, barriados se développent à partir d'un carrefour, d'un point d'eau, d'un passage à niveau, d'un pont ou d'une ancienne ferme selon des mécanismes qui ressemblent en tout point à ceux que l'on rencontre dans l'étude des villes plus anciennes.

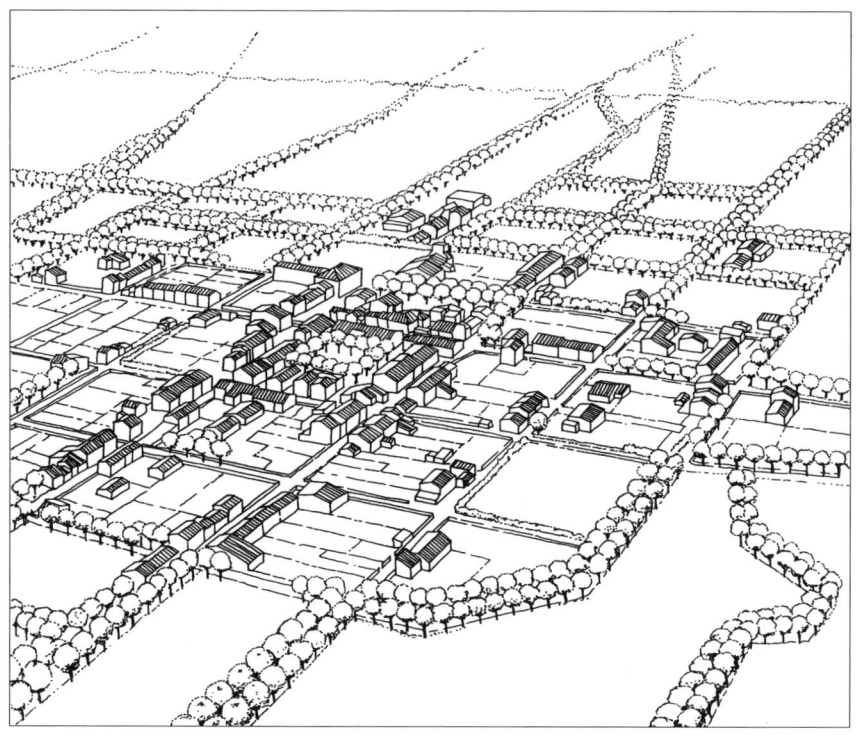

Fig. 18 : La bastide et son territoire : Saint-Denis.
(F. Divorne, B. Gendre, B. Lavergne, P. Panerai, *Les bastides...*, 1985).

La croissance dans l'étendue

Lignes et pôles constituent des outils commodes pour rendre compte de phénomènes élémentaires à l'échelle de la route, de la ferme et du hameau aussi bien que de phénomènes complexes à l'échelle de l'agglomération tout entière. Mais si dans le premier cas ils permettent de décrire assez précisément un mécanisme simple où l'extension se produit unité après unité, parcelle après parcelle, ils occultent dans le second le détail de la configuration du tissu pour n'en retenir que les grandes tendances. La croissance des villes en effet ne s'effectue que rarement sans épaisseur et selon une ligne unique. Aussi exemplaire que soit l'exemple du faubourg, du village-rue ou du strip, il ne rend compte que de cas limités qui négligent l'épaisseur du tissu. Celui-ci s'étend en combinant plusieurs lignes et plusieurs directions selon des processus complexes que l'examen de quelques schémas élémentaires permet d'appréhender.

Le pôle peut être l'origine d'une croissance multidirectionnelle « tendue » par plusieurs lignes. C'est l'image de la patte d'oie, de l'embranchement, de la toile d'araignée où des lignes principales s'écartent progressivement en laissant des vides, des zones de moindre pression qui peuvent longtemps demeurer agricoles ou faiblement bâties.

De même la ligne principale peut se diviser, former une fourche ou une patte d'oie dont les branches sont selon les cas équivalentes ou différenciées. Une hiérarchie alors s'instaure entre un axe principal et des lignes secondaires, hiérarchie qui renvoie aux réseaux évoqués précédemment et aux tensions qui s'y manifestent.

Mais l'on observe aussi des dispositions qui marquent une hiérarchie plus franche comme dans le cas où une série de croissances secondaires s'effectuent selon une direction perpendiculaire à l'axe principal.

À l'inverse et profitant souvent du support que constituent les tracés agricoles, ou prolongeant « naturellement » un lotissement régulier, l'extension peut prendre la forme d'une série de lignes de croissances parallèles entraînant l'avancée du front bâti sur de grandes largeurs.

Borne de croissance

C'est un obstacle à une croissance linéaire, un point d'arrêt ou un accident qui limite l'extension. D'une façon générale, cet obstacle joue le rôle de borne pendant une période donnée ; à l'issue de cette période, la borne est dépassée et devient souvent un pôle.

Comme pour les lignes de croissance, on pourrait distinguer des obstacles « naturels », inscrits dans le site et la topographie et des bornes construites qui, intentionnellement ou non, limitent l'extension de l'agglomération.

Le pont, le carrefour, le mail, le foirail, le rond-point, la porte de ville, une ferme, un monument, le cimetière, la prison, la gare peuvent constituer des bornes et contenir, contrarier ou infléchir la croissance.

Ainsi une grosse ferme à la sortie d'un village forme souvent un obstacle au-delà duquel l'alignement et la continuité des maisons qui caractérisait la rue ancienne fait place à un système éclaté de lotissements ou d'implantations commerciales discontinues. Après avoir joué pendant long-temps un rôle de limite à l'extension, la borne, quand elle est dépassée, reste le lieu d'un changement du mode de croissance qui se matérialise dans la diffé-rence des tissus.

Parfois, la borne est le point de départ d'une croissance opposée. Ainsi la gare ou la station, d'abord placée à l'extérieur de l'agglo-mération, attire vers elle la croissance mais, simultanément, la limite en suscitant une croissance opposée. Le « quartier de la gare » ou le faubourg de nombreuses petites villes de province illustre le phénomène.

Barrière de croissance

Le mot de barrière évoque l'idée d'un obstacle. La barrière s'oppose à la propagation d'un tissu qui prend la forme d'une somme de crois-sances linéaires. Elle peut être constituée par :

— un obstacle géographique (ligne de relief, cours d'eau, lac, forêt, changement dans la nature du sol, etc.) ;

— un obstacle construit (enceinte, fossé, canal, route, voie ferrée, ligne haute tension, grand domaine, etc.).

Souvent, à cette barrière physique qui marque une différence topologique entre deux territoires, se superpose une différence administrative (limite de propriété, de commune ou de département, zone protégée ou *non aedificandi*) qui sanctionne au plan juridique la différence morphologique et en accentue les effets.

L'exemple le plus évident est celui de l'enceinte fortifiée souvent établie assez loin du noyau constitué et qui englobe des terrains non bâtis qui constituent une réserve pour l'extension ou la densification du tissu. Lorsque celui-ci se développe il bute sur la muraille qui joue le rôle de barrière et favorise la classification interne alors que pour des raisons militaires ou juridiques le territoire extérieur reste faiblement construit à l'exception de quelques faubourgs au sortir des portes.

Mais la barrière naturelle fournit parfois des limites aussi spectaculaires et plus durables. À Santiago du Chili la ville se développe sur la plaine d'alluvions qui forme un coussin amortissant les mouvements sismiques assez fréquents et violents et elle s'arrête net sur les piémonts qui restent absolument vides de constructions même là où la pente faiblement accusée ne forme pas un obstacle à l'édification.

On remarquera l'équivalence d'un pôle et du point d'origine d'une ligne de croissance, d'une borne et du point de franchissement d'une barrière.

On remarquera également que, selon leur position dans l'agglomération et selon le stade de développement de celle-ci, les mêmes éléments peuvent susciter ou bloquer la croissance. Une situation n'étant stable que pendant une période donnée, le même élément joue, dans un processus de croissance complet, des rôles successifs, en se transformant lui-même.

Franchissement des limites

L'existence de limites physiques au développement de l'agglomération marque fortement la constitution du tissu. Le repérage des anciennes barrières n'est donc pas seulement affaire d'archéologie : leurs traces subsistent dans les tracés viaires et parcellaires même si la limite matérielle a disparu. Celle-ci d'ailleurs perdure parfois étonnamment longtemps. Carlo Aymonino fait observer à propos des villes radioconcentriques occidentales qu'alors que les enceintes fortifiées de la Renaissance avec leur grande épaisseur de bastions et de contre-escarpes ont presque toutes disparues, les murailles médiévales ou antiques subsistent dans bien des cas à l'intérieur du tissu, enserrées et conservées dans l'épaisseur du bâti. Barcelone montre encore des fragments de la muraille romaine, Paris possède des traces de celle de Philippe Auguste, Istanbul garde presque intacte l'enceinte de Constantinople.

Mais que la muraille subsiste ou non, que l'ancienne limite soit ou non visible aujourd'hui, leur franchissement marque une étape importante dans l'évolution de l'agglomération. Carlo Aymonino le souligne : « C'est le moment où la ville englobe l'enceinte et abandonne sa forme antérieure caractérisée architecturalement par la présence du mur. C'est le moment où il n'y a plus un dedans et un dehors, mais un centre et une périphérie au sens actuel[4]. »

Quand la ville franchit une limite, la croissance de part et d'autre de la barrière peut s'appuyer sur des éléments appartenant à la même famille, voire même sur des tracés qui se prolongent. C'est le cas à Santiago où le maillage de la ville d'origine réglé sur une trame carrée de 120 m de côté se poursuivait au-delà de l'enceinte pour organiser les jardins et les vergers. L'extension alors se fait dans le prolongement direct du noyau initial et le *centro ponente* se raccorde au centre historique sans solution de continuité.

Pourtant dans la plupart des cas des différences s'observent qui permettent d'identifier assez sûrement la partie ancienne et les extensions. Ces différences se marquent :

— Dans la densification du tissu : à l'intérieur, tissu ancien saturé, dont toutes les possibilités de croissances internes ont été exploitées ; à l'extérieur, tissu nouveau, encore lâche, dont la densification pourra intervenir ultérieurement si une nouvelle barrière est créée (que l'on songe à Amsterdam, à Paris ou à Milan au XIXe siècle et aux traces qui en sont encore visibles dans la ville aujourd'hui).

— Dans le tracé géométrique des voies et des parcelles : la continuité de la trame viaire n'est pas assurée à tous les niveaux, seules les grandes voies se prolongent.

— Dans les types observés de part et d'autre, qui diffèrent, non seulement du fait de la différence d'époque, mais à cause des situations et des configurations déterminées de chaque côté de la barrière.

---

[4] C. Aymonino, et al., *op. cit.*

Mais, le plus souvent, les éléments ordonnateurs ne sont pas les mêmes de part et d'autre et le franchissement de la limite entraîne un changement du mode de croissance :

— transformation d'une croissance dans l'étendue en une croissance linéaire externe, c'est la création d'un faubourg-rue le long des voies d'accès ;

— transformation d'une croissance linéaire en une croissance polaire : bourgeonnement sur la borne qui devient un nouveau pôle ; ainsi, la place à l'extérieur de la porte de la ville devient centre d'un nouveau quartier ;

— éclatement au-delà de la barrière, un tissu strictement organisé sur un quadrillage fait place à un tissu plus aléatoire qui reprend les tracés ruraux...

L'observation de ces phénomènes incite à s'interroger sur l'état du site à l'extérieur de la barrière avant l'extension de l'agglomération, à étudier minutieusement le tracé des routes et des chemins, le parcellaire rural, les canaux et les rigoles d'irrigation, les constructions déjà existantes : domaines, villas, abbayes, autrefois ; gares, usines, etc., de nos jours. En effet, cet état porte en germe la structuration du futur tissu. C'est ce que montre Giorgio Grassi à propos des jardins et des palais autour de Vienne qui, une fois rejoints par l'urbanisation, structurent l'espace urbain [5], c'est le cas du jardin du Luxembourg ou des Tuileries à Paris, de Regent's Park à Londres.

Changement de structure et modification de la barrière

Nous avons déjà noté le rôle de pôle que pouvait prendre une ancienne borne. Cette transformation locale peut entraîner une modification de la structure globale de l'agglomération : passage d'une structure à pôle unique à une structure à plusieurs pôles ; modification qui a parfois des conséquences importantes sur le vécu : éclatement de la notion de centre, identité des quartiers ou antagonisme des parties.

Mais le plus important est le phénomène de la modification de la barrière parce qu'il pose le problème des relations entre les tissus situés de part et d'autre, dont nous avons vu qu'ils étaient généralement différents. Plusieurs cas peuvent se présenter lors de son franchissement :

— L'extension de l'agglomération s'effectue sans destruction. Murs, fossé, canal ou voie ferrée, la barrière subsiste et introduit une coupure dans le tissu ; la partie la plus récente s'organise de façon autonome à partir des tracés antérieurs ou sous la forme d'un lotissement qui ne se raccorde au centre ancien que par quelques voies. Ceci entraîne parfois une dégradation du tissu au voisinage de la barrière : voirie faible, îlots non irrigués, impasses, grandes parcelles, comme si une zone de dépression s'établissait au revers

---

[5]   Giorgio Grassi, «Das neue Frankfurt et l'architecture du nouveau Francfort», in : *Texte zur Architektur, n°3 : Neues Bauen in Deutschland*, Zurich, ETH, 1972, 1973.

de l'obstacle dans les parties qui ne sont pas directement liées aux points de franchissement.

— Des modifications existent, mais se limitent à des opérations ponctuelles autour des points de franchissement (portes, ponts, carrefours). La coupure subsiste ; les relations entre les deux parties ne s'effectuent qu'à certains niveaux : les voies principales par exemple, tandis que les rues secondaires ne traversent pas.

— La barrière est transformée dans son ensemble et devient un nouvel élément structurant de l'agglomération, consacrant la différence entre les deux côtés, mais les mettant en relation. L'exemple le plus net de ce phénomène est le remplacement de l'enceinte par le boulevard ou le « tour de ville » qui fonctionne comme coupure/suture [6] et articule le noyau initial et les faubourgs dans une unité d'ordre supérieur. Raymond Unwin notait l'intérêt du boulevard, inconnu dans la culture urbaine anglaise, qui « dans les villes européennes remplace les anciennes fortifications et conserve la délimitation que formait l'ancienne muraille [7] ». La couverture d'une voie ferrée ou d'un canal, la requalification d'une voie rapide notamment en rétablissant par des franchissements les anciennes continuités jouent le même rôle : il s'agit dans tous les cas de mettre en relation deux territoires.

— Le franchissement de la barrière et sa transformation s'accompagnent d'une organisation volontaire de l'extension qui en accentue les caractéristiques urbaines et l'association au centre ancien par la création de places, d'axes monumentaux et d'équipements, ou par le réaménagement des polarités existantes, afin de réaliser des nouveaux quartiers plus ambitieux que de simples lotissements. Telles ont été les politiques d'embellissement en usage en France depuis la fin du XVIIIe siècle et dont la création des boulevards et des systèmes d'avenues et de promenades de Toulouse constitue un exemple accompli.

— Dans certains cas, ces transformations suscitent un effet en retour vers le noyau ancien avec le percement de rues ou d'avenues, la création de places, jardins et promenades qui « modernisent » le centre, mettent en valeur ses monuments et le rendent plus accessible.

— Parfois, l'extension de l'agglomération ne se fait pas de manière continue, mais à partir de pôles extérieurs, qu'il s'agisse du développement de noyaux existants : hameaux, villages, édifices ; ou de la création de nouveaux noyaux. La barrière est éventuellement conservée dans un ensemble de jardins, de *parkways*, de *greens* qui maintiennent l'image de la nature à la porte de la ville.

Ces modifications concernent la structure physique de la ville. Elles supposent qu'à chaque étape du développement économique et démographique d'une agglomération corresponde une adaptation morphologique. Adaptation qui a pu se faire autrefois progressivement avec ou sans intervention autoritaire mais qui, depuis l'industrialisation, ne s'est réalisée qu'au

---

[6] Nous reprenons, en l'appliquant ici au « boulevard », la formule d'Henri Lefebvre (*La révolution urbaine*, Paris, Gallimard, 1971).

[7] Raymond Unwin, *op. cit.*

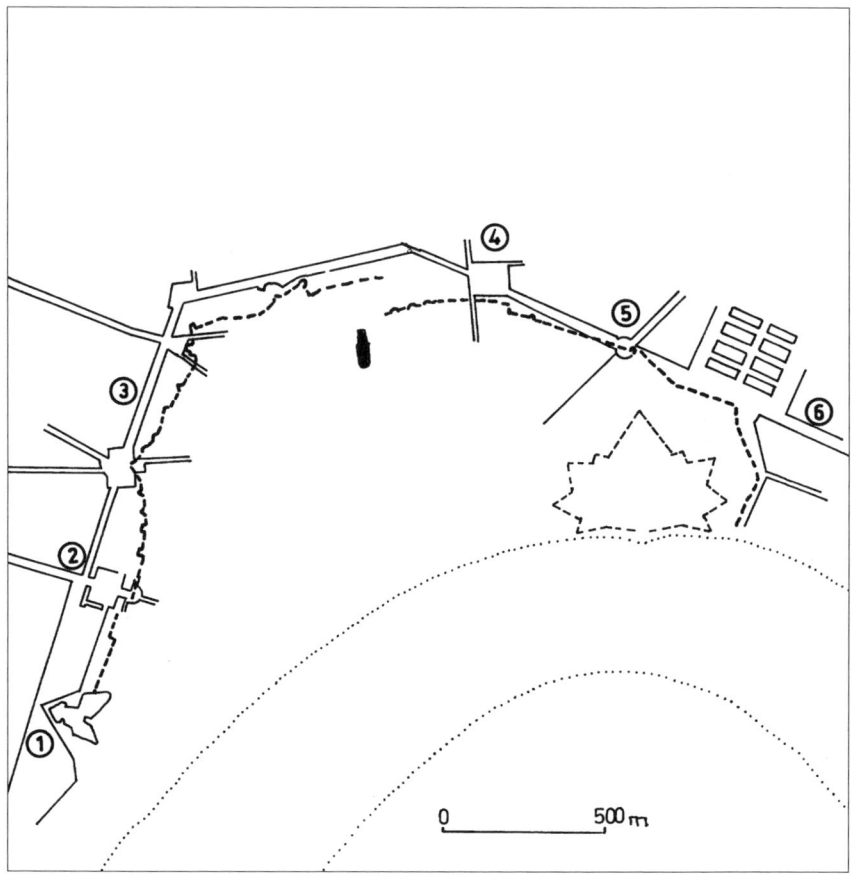

Fig. 19 : Le franchissement de la barrière et la transformation de la structure urbaine : Bordeaux, 1733-1773.

Dans un premier temps, les croissances hors la barrière constituent autant de faubourgs qui obéissent chacun à leur logique propre. Les «grands travaux» des Intendants vont réunifier la forme urbaine en donnant à la ville une nouvelle structure adaptée à son stade de développement. Globalement, bien qu'il y ait conservation du mur d'enceinte sur la majeure partie du tracé, l'organisation d'une ceinture de boulevards : les «Cours» et le remplacement des anciennes portes par des places va permettre d'établir un nouveau système de relations. La coupure formée par les fortifications du Château-Trompette devient avec la place Louis XIV (les Quinconces) et le Jardin Public qui lui fait suite, un moyen de relier le faubourg des Chartrons. Localement, l'examen des divers aménagements fournit un inventaire presque complet des opérations possibles de franchissement des limites [6]. La toponymie conserve les traces de l'histoire, ainsi le système des cours du XVIIIe siècle se différencie de celui des boulevards de la fin du XIXe qui, au-delà des anciens faubourgs, marquent la nouvelle limite et raccordent la ville aux communes limitrophes : Bègles, Talence, Cauderan, Le Bousquat.

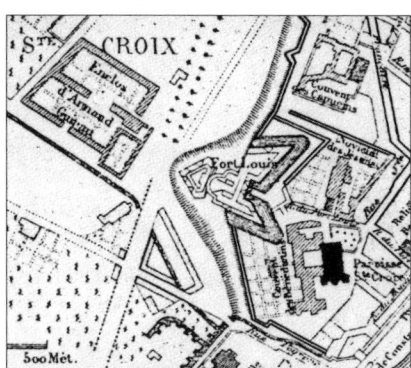

1. Conservation de la barrière : le Fort Saint-Louis.

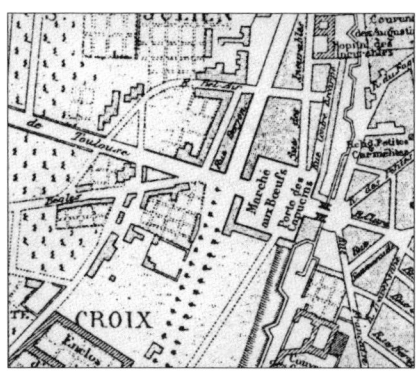

2. Suppression de la borne et organisation de la croissance : la porte des Capucins avec la place du Marché-aux-Boeufs et le tracé de la route de Toulouse ; la transformation s'accompagne du percement de deux voies en retour vers l'extérieur.

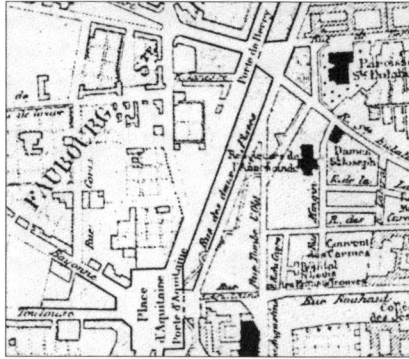

3. Suppression de la barrière et réorganisation de la limite : entre la Porte d'Aquitaine et la porte de Bercy. Le tracé du nouveau cours néglige l'ancienne enceinte qui est englobée dans le tissu. Un nouveau front va permettre les relations avec le faubourg Sainte-Eulalie.

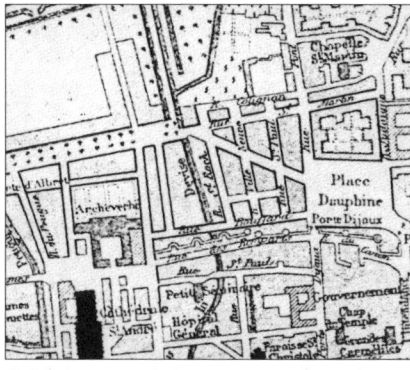

4. Déplacement de la coupure et réorganisation du tissu : l'Archevêché en face de la Cathédrale gomme l'ancienne muraille ; au-delà, et jusqu'à la place Dauphine qui remplace la porte Dijaux, un lotissement réorganise avec l'extrémité du faubourg Saint-Seurin.

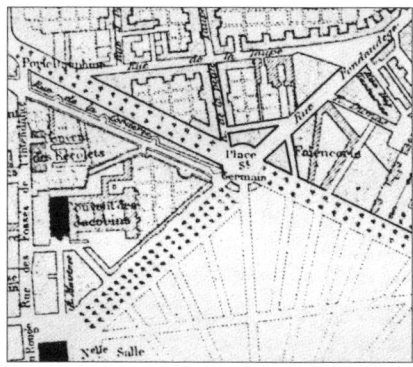

5. Effet en retour : le long des Quinconces, les allées de Tourny masquent à l'opposé de la rue Fondaudège, une pénétration vers le centre ancien bordée par le Grand Théâtre

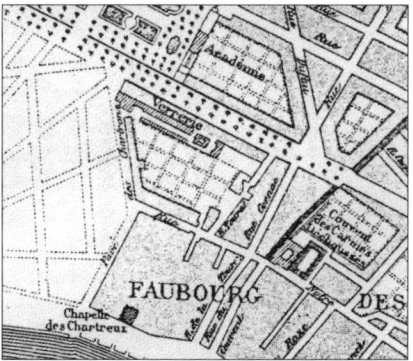

6. Réaménagement des faubourgs : le tracé du cours et du jardin public est l'occasion du développement du faubourg des Chartrons.

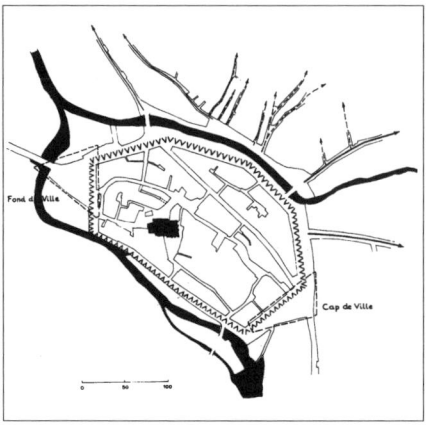

Le bourg dans son enceinte qui s'appuie sur les deux rivières. Deux places à l'extérieur des portes (Cap de ville et Fond de ville).

Le développement des faubourgs le long des chemins illustre l'opposition centre/périphérie qui se marque par une différence des tissus.

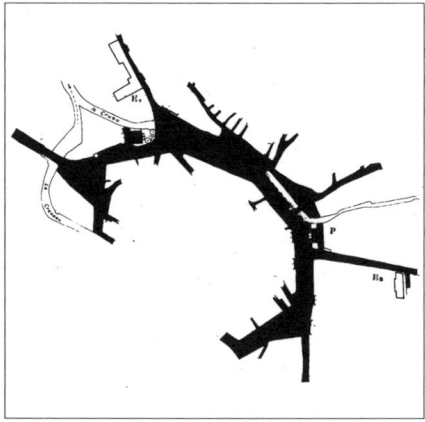

Le boulevard créé après la guerre de 1914 par le recouvrement de la rivière illustre le phénomène de coupure/suture. Il devient le support des institutions : mairie et poste et des activités : cafés, commerces, marchés…

Fig. 20 : Le franchissement de la barrière et la constitution du boulevard : Marcillac (Aveyron).

(J. Castex, P. Panerai, « Marcillac, autopsie d'un village », *Architecture d'Aujourd'hui*, no 175).

prix d'un contrôle rigoureux de l'urbanisation. Ce contrôle se traduit soit par des interventions avant l'extension : Cerdá à Barcelone, Berlage à Amsterdam établissent véritablement des « plans d'extensions » sur des terrains jusque-là non urbanisés, soit par des actions après coup qui sont, en fait, des réajustements : c'est le concours pour l'aménagement du Ring de Vienne et les travaux qui s'ensuivent ; c'est l'action d'Haussmann sur Paris, réorganisant le centre, mais agissant à peine sur les quartiers périphériques. C'étaient déjà les plans d'embellissement classico-baroques où le réaménagement des centres, procèdent par création de places et de cours qui articulent l'ancien et l'extension. Outre la maîtrise indispensable des problèmes fonciers, ce contrôle suppose une autorité administrative qui puisse englober l'ensemble de l'agglomération. C'est ce que souligne justement J. Beaujeu-Garnier en introduction d'un chapitre consacré aux problèmes spatiaux de la croissance urbaine : « Pour une ville qui grandit, la première difficulté est d'ajuster ses limites administratives à l'ampleur de sa croissance économique et spatiale [8] ». On saisit là les limites de l'analyse de la croissance en termes morphologiques, et la nécessité d'articuler l'étude des phénomènes physiques avec celle des données économiques, politiques et historiques.

Remarques sur la densification

Bien que l'analyse des tissus soit abordée dans un chapitre ultérieur, leur densification est un phénomène trop lié à celui de la croissance pour ne pas ici s'y arrêter.

La première forme de densification peut se définir comme une croissance sans extension territoriale, que ce soit à l'échelle de la ville entière qui se densifie à l'intérieur de ses limites (ses barrières) en comblant progressivement toutes ses réserves de terrain, que ce soit à l'échelle de l'îlot ou de la parcelle par la lente saturation des espaces. Croissance bloquée donc puisque, dès le départ, des limites lui sont assignées.

Aux niveaux élémentaires, parcelle ou groupement de parcelles, la densification joue sur les propriétés distributives des unités. À chaque niveau, il y a modification, adjonction, comblement, surélévation, bref transformation interne de l'unité. Dans la ville traditionnelle, la structure du bâti est telle que cette densification s'effectue généralement sans altération notable de l'image d'ensemble. La configuration de l'îlot, dont la bordure continue « isole » le centre de l'espace public favorise les transformations internes : construction de bâtiments annexes en fond de parcelle, prolifération des façades internes, édification d'appentis, comblement des cours, etc.

Dans les tissus plus récents comme les lotissements de pavillons, les croissances peuvent remettre en question cette image, voire même entraîner une modification du statut de la parcelle puis de la voie. Ainsi le comblement du jardin de devant jusqu'à l'alignement qui s'observe dans certaines communes de banlieue entraîne quand il se

---

[8]   Jacqueline Beaujeu-Garnier et Georges Chabot, *Traité de géographie urbaine*, Paris, Armand Colin, 1969.

généralise un changement : une rue, d'abord exclusivement résidentielle, devient commerçante.

Une autre forme de densification, qui ne procède pas par adjonction et comblement progressifs, consiste à substituer globalement les unités. Cette substitution s'effectue en conservant les propriétés associatives, c'est-à-dire les mêmes relations avec les unités voisines. L'exemple le plus simple est le remplacement des bâtiments sur une parcelle entre mitoyens, substitution fréquente qui a permis le renouvellement sur place du tissu. Mais l'on peut observer des substitutions portant sur des groupements de parcelles, un îlot entier, voire sur des mailles plus vastes.

C'est — mais la structure de la propriété foncière le permet, ou mieux, le favorise — ce qui se passe à Londres depuis le XVIIIe siècle avec le système des « Terraces ». La parcelle n'est qu'une unité d'usage pour un temps limité (bail emphytéotique à 60, 75 ou 90 ans) ; la propriété du sol n'est pas morcelée ; l'unité d'intervention lors de la construction est un groupement de parcelles, une rue entière, plusieurs îlots. À la fin du bail cette unité retrouve son importance et la substitution s'opère ainsi sur une vaste échelle gommant si besoin est toute trace du découpage antérieur.

Dans le développement historique des villes, la densification est favorisée par les barrières successives. La ville ne franchit ses limites, en englobant éventuellement ses faubourgs, qu'après saturation du tissu. Ce phénomène de croissance réglée peut se reproduire plusieurs fois (Paris, Amsterdam, Milan) ; sa conséquence est la constitution d'un noyau qui atteint une densité élevée et marque nettement l'opposition centre/périphérie.

Au contraire, l'absence de limites fortes favorise une extension horizontale à densité plus faible sans structuration du noyau. Londres, qui n'a plus d'enceinte depuis le XVIIe siècle s'est étendue dans des proportions inconnues des autres villes à la même époque. Et l'extension du Caire sur la plaine agricole semble ne devoir s'arrêter qu'à la rencontre du désert.

Ces dispositions morphologiques ont des conséquences sur la pratique urbaine, la notion de centre s'en trouve profondément affectée.

Chapitre 4

Les tissus urbains

Saisir la ville à partir de sa croissance, comme une organisation qui s'est développée dans le temps, permet assez facilement d'en construire une image globale, plus réfléchie et moins lacunaire que celle que nous donne l'appréhension directe du paysage. Cette image globale qui associe la connaissance des plans et celle du terrain se forme progressivement. Elle met en relation les lignes de forces du territoire géographique et les grands tracés qui organisent l'agglomération. Elle repère des points fixes (bornes, barrières) autour desquels s'effectuent les transformations, elle interprète des différences. Ce faisant elle aborde plus ou moins la question du tissu urbain. L'aspect de ce chapitre est de rassembler les éléments qui en permettent l'analyse.

Les éléments constitutifs du tissu urbain

Métaphore qui fait référence au tissage — le textile —, ou à la biologie — les tissus végétaux, osseux. Le terme de tissu urbain entraîne une double acception. Il s'agit d'une vision locale qui « oublie » momentanément l'organisation de l'ensemble, l'armature, le squelette, pour s'intéresser au remplissage, à la substance. Il s'agit d'une organisation qui présente à la fois une forte solidarité entre les éléments et une capacité à s'adapter, à se modifier, à se transformer. Appliqué à la ville, le terme de tissu évoque la continuité et le renouvellement, la permanence et la variation. Il rend compte de la constitution des villes anciennes et des interrogations que soulève l'étude des urbanisations récentes. Il suppose une attention au banal comme à l'exceptionnel, aux rues ordinaires et aux constructions courantes comme aux ordonnances et aux monuments.

Parmi les multiples définitions du tissu urbain, et sans préjuger des qualités que l'on peut lui prêter, on a choisi la plus simple. Le tissu urbain est constitué de la superposition ou de l'imbrication de trois ensembles :

— le réseau des voies ;
— les découpages fonciers ;
— les constructions.

Cette définition met en évidence les caractères qui permettent aux différentes parties de la ville d'évoluer tout en maintenant la cohésion de l'ensemble et la clarté de sa structure. Elle s'applique aussi bien aux tissus anciens — fortement marqués par la sédimentation historique — qu'aux secteurs d'urbanisation plus récente où la constitution du tissu se présente souvent à un stade initial sous une forme encore embryonnaire. Mais poser ainsi la question c'est admettre même dans les cas les plus défavorables la capacité des choses à évoluer.

L'analyse du tissu urbain procède par l'identification de chacun de ces ensembles, l'étude de leur logique et celle de leurs relations. Elle dépasse en l'intégrant la proposition de Carlo Aymonino d'observer dans les villes « le rapport entre la typologie des édifices et la forme urbaine » et d'étudier ses variations. Les relations entre ces trois ensembles forment en effet un système assez complexe, à l'image de la ville elle-même. Et s'il est utile pour commencer l'analyse d'isoler provisoirement l'un d'entre eux — on commencera ici par les voies — ce n'est qu'en réfléchissant sur les relations entre ces trois termes que l'on peut saisir les logiques qui sont en œuvre dans la constitution des tissus et leurs modifications.

Ainsi mettre en relation les grands tracés ou la grande voirie et les édifices publics révèle la structure monumentale et son rapport avec le site. Les espaces publics majeurs suscitent l'implantation des monuments : la Seine à Paris « porte » l'hôtel de Ville, le Châtelet, le Louvre et les Tuileries, le Grand Palais et le Trocadéro auxquels répondent le Champ-de-Mars (tour Eiffel et École militaire), les Invalides, l'Assemblée nationale, la Gare d'Orsay, l'Institut et la Monnaie tandis que l'île de la Cité avec Notre-Dame, la Sainte-Chapelle, le Palais et l'Hôtel-Dieu, la place Dauphine et le Pont-Neuf occupent le centre. La logique se poursuit dans les réalisations plus récentes : Maison de la Radio et Opéra de la Bastille, Parc Citroën et Grande Bibliothèque qui étendent l'image monumentale de Paris sur la Seine jusqu'aux limites de la ville. Inversement certains monuments engendrent des tracés : l'avenue de l'Opéra doit son existence à l'Opéra de Garnier, les Champs-Élysées trouvent leur origine au palais des Tuileries. Celui-ci a aujourd'hui disparu et l'axe monumental a pris une existence presque autonome. Après avoir dépassé les limites de la ville pour organiser le quartier de La Défense, il suscite au-delà de l'Arche des projets controversés.

Parfois, au contraire, la constitution d'un cadre monumental s'établit à partir d'une relation directe entre l'espace public et l'ordonnance du bâti qui ignore les découpages parcellaires : les façades de la rue de Rivoli ou de la place Vendôme sont dessinées avec une parfaite indifférence à la répartition de la propriété foncière.

Ailleurs c'est la permanence du parcellaire qui conserve l'homogénéité du quartier en limitant les types de bâtiment qui peuvent y être édifiés. La permanence d'un parcellaire étroit dont les dimensions restent proches de celles du Moyen Âge — y compris dans les lotissements spéculatifs du XIXᵉ siècle — assure l'unité de Londres ou de Bruxelles malgré le mélange des styles architecturaux. Dans d'autres villes, l'existence d'un parcellaire de grande profondeur suscite des dispositions particulières comme la *casa chorizo* de Buenos Aires, les « cités » de Santiago du Chili, les traboules lyonnaises ou les courées lilloises.

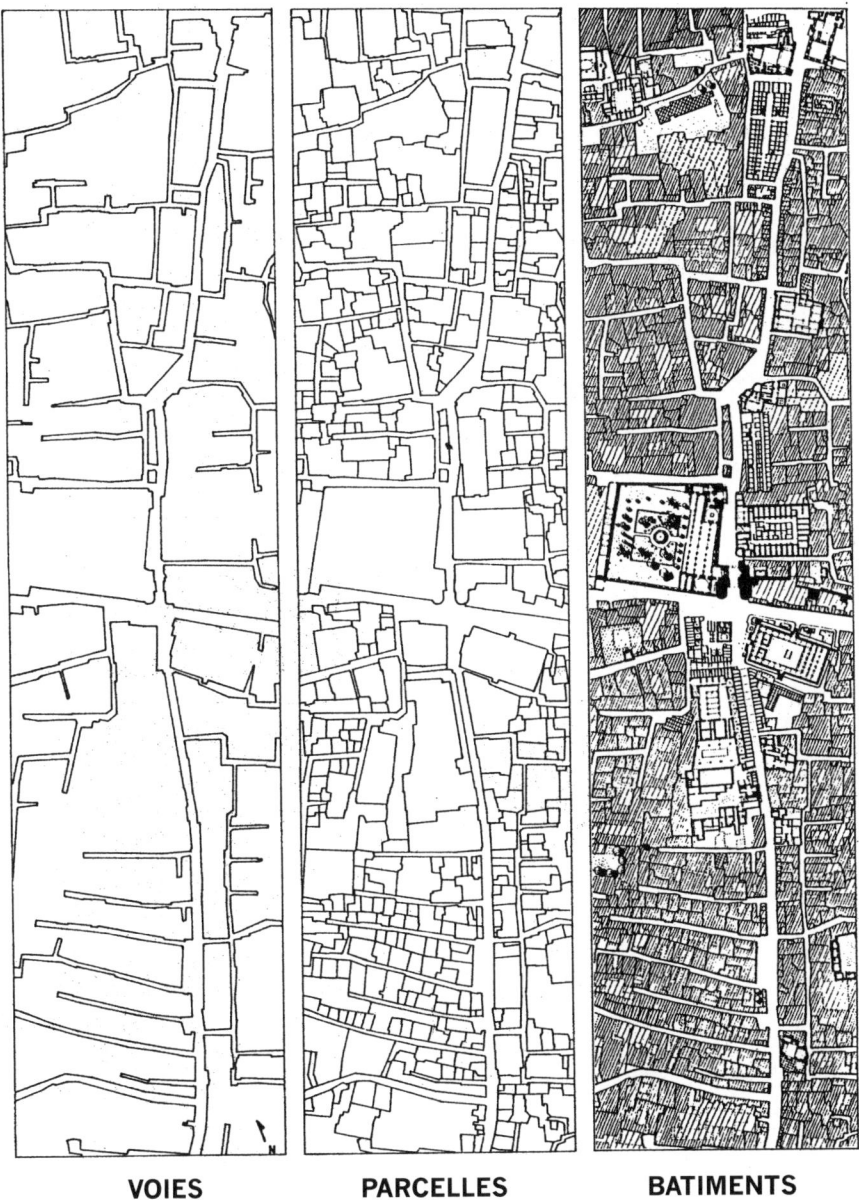

VOIES   **PARCELLES**   **BATIMENTS**

Fig. 21 : Le tissu : Le Caire, le centre ancien.
(CEAA, Ville orientale/LADRHAUS).

Voies et espaces publics

Jusqu'à une date assez récente, le tracé des voies correspond au plan de la ville ou du quartier. L'ensemble de la voirie constitue l'espace public auquel s'opposent globalement les terrains, généralement privés, offerts à l'édification. La distinction entre espace public et terrains privés appartient au droit. Elle prend selon les cultures et les époques des formes juridiques différentes qui ne sont pas sans conséquences sur les dispositions concrètes. La connaissance même sommaire du cadre juridique évitera des extrapolations trop hâtives ou des approximations hasardeuses. Dans le cas du droit français, héritier comme tant d'autres du droit romain, la voie publique appartient à la collectivité, elle est sauf exception accessible à tous et à tout moment. Elle ne se confond pas avec les édifices publics (institutions ou équipements) ni avec les bâtiments ouverts au public ou accueillant du public (les commerces par exemple) qui sont « autant de lieux publics, propriétés privées, et simplement ouverts dans certaines conditions à l'accès assez général [1] ».

L'espace public comprend l'ensemble des voies : rues et ruelles, boulevards et avenues, parvis et places, promenades et esplanades, quais et ponts mais aussi rivières et canaux, berges et plages. Cet ensemble s'organise en réseau afin de permettre la distribution et la circulation. Le réseau est continu et hiérarchisé, c'est-à-dire qu'un boulevard, une avenue, une rue principale organisent une portion du territoire urbain plus vaste qu'une rue de lotissement ou qu'une ruelle. Les jardins publics constituent un cas particulier ambigu, certains sont l'aménagement planté d'une partie de l'espace public (promenades sur les contre-allées d'une avenue ou square au centre d'une place), d'autres sont en vérité des jardins privés (parfois liés à des institutions) ouverts au public, d'autres enfin de vrais morceaux de campagne insérés dans la ville.

L'analyse de l'espace public peut s'effectuer de plusieurs points de vue :

— comme un système global qui constitue l'armature de la forme urbaine ; voir chapitre 6, « L'Espace de la ville, tracés et hiérarchies » ;

— comme un système local qui organise le tissu ; point de vue qui sera développé ici ;

— comme un espace spécifique susceptible d'être apprécié pour lui-même et analysé avec les catégories de l'architecture comme on le ferait d'une salle dans un édifice, d'une cour ou d'un jardin.

Mais, même si on concentre la réflexion sur l'espace public comme système local, on ne peut guère négliger de prendre en compte la hiérarchie des voies et le rôle qu'elles occupent dans la structure urbaine, ni manquer de s'interroger sur l'adéquation ou le décalage entre la configuration de cet espace et son rôle dans la ville.

---

[1] Marcel Roncayolo, « Pour des espaces de pratiques multiples », in *Paris-Projet* (Paris), n° 30-31, APUR, 1993. Voir également les autres contributions dans ce même numéro consacré aux Espaces publics.

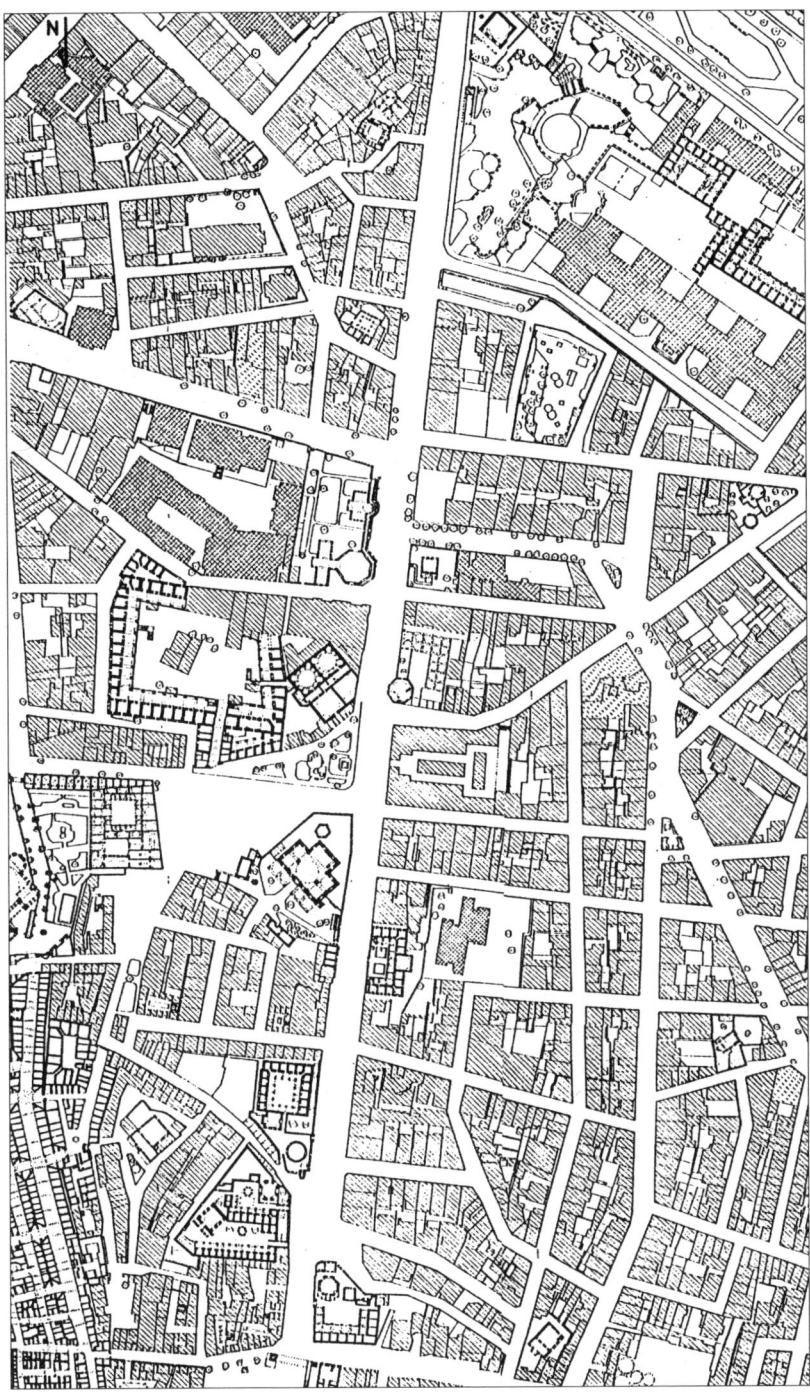

Fig. 22 : Le tissu : voies et édifices publics : Istanbul.
(CEAA, Ville orientale/LADRHAUS).

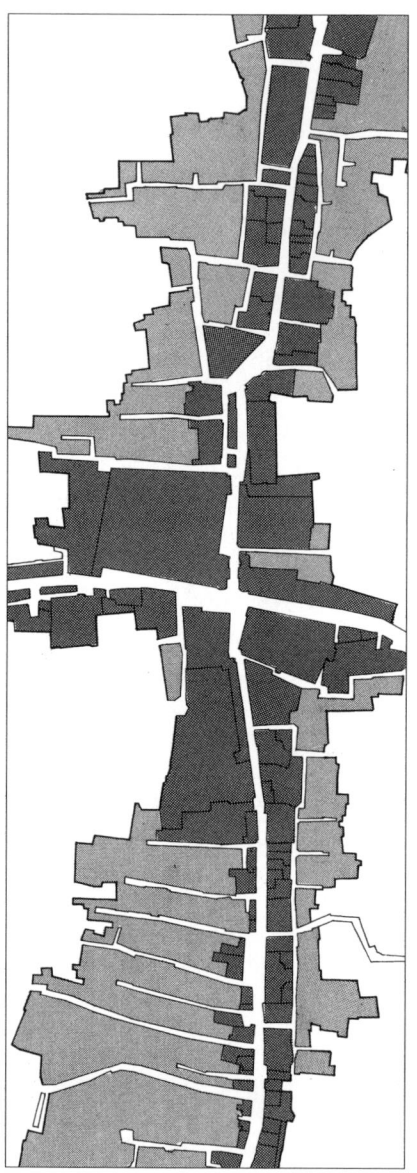 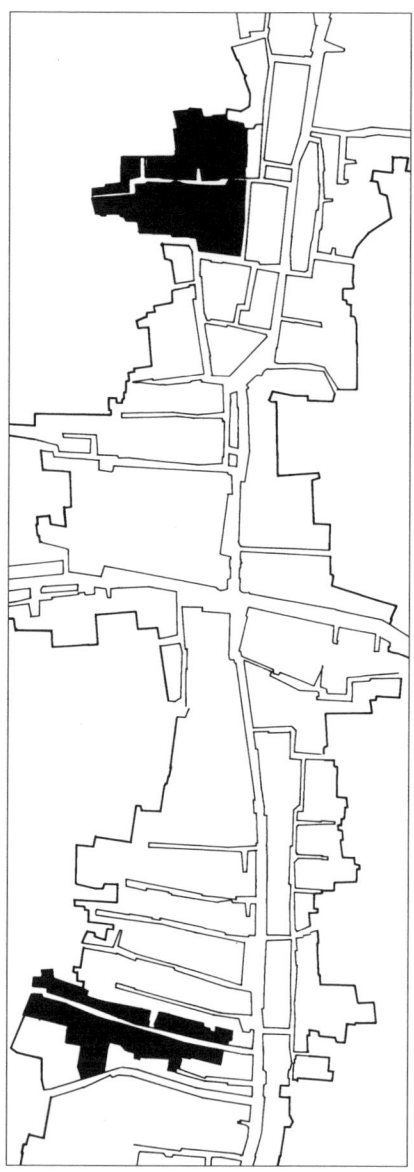

Territoire desservi directement par la rue
principale.

Territoire desservi par une rue secondaire.

Fig. 23 : Les différentes échelles du tissu : Le Caire, centre ancien.
(Dessins P. Panerai / H. Fernandez).

Sauf à effectuer soi-même les relevés, l'étude de l'espace public suppose un plan ou une photographie aérienne qui en offre une vision d'ensemble. Le 1/5 000, le 1/10 000 ou le 1/25 000, voire au-delà si l'agglomération est importante, doit être mis en relation avec des échelles cartographiques permettant de saisir l'inscription dans le territoire et les liaisons régionales évoquées plus haut. L'analyse peut alors commencer par une série de repérages. Repérer les grandes voies qui relient le quartier aux quartiers voisins, voies anciennes étroites et légèrement sinueuses façonnées et rabotées par des siècles d'usage ou tracés plus volontaires des aménagements monumentaux ou des lotissements récents. Ce premier repérage peut s'appuyer sur l'analyse du paysage, il renvoie aussi directement aux questions abordées à propos des croissances. La grande rue est une ancienne route : voie romaine ou piste caravanière, l'avenue, une ancienne allée : promenade au-delà de l'enceinte, allée de jardin, ou accès à un domaine aristocratique, le boulevard est souvent lié à l'enceinte. Ceci nous amène à saisir l'une des premières propriétés de l'espace public : la permanence du tracé. L'espace public appartient à la longue durée et ne saurait en aucun cas s'évaluer selon les seuls critères de la circulation automobile.

Le dessin de cette grande armature, celle qui rassemble l'ensemble des voies importantes du quartier, peut s'analyser à partir de plusieurs questionnements :

— relations entre le tracé des voies et le site géographique : relief, nature du sol, zones inondables ;

— rôle de ces voies dans l'ensemble urbain et régional (on retrouve ici la distinction entre site et situation chère aux géographes) ;

— logique géométrique des tracés, notamment pour les systèmes monumentaux, et relation avec l'histoire de la propriété foncière. Mais en même temps que ces voies structurent la ville à grande distance elles organisent localement le tissu et l'on ne saurait poursuivre leur étude sans faire intervenir la voirie secondaire (comment celle-ci s'articule-t-elle aux voies principales) ni les parcelles desservies.

La mise en évidence de ces grandes voies, ou voies importantes, peut s'effectuer en utilisant des plans qui portent l'indication du parcellaire (1/5 000, 1/2 000 ou 1/1 000). Un travail de découpage ou de mise en couleurs souligne le territoire directement desservi par la voie (les parcelles qui la bordent) et le territoire indirectement desservi (le réseau des voies secondaires et les parcelles qui lui sont liées). Les systèmes d'« emboîtements » qui caractérisent la forme urbaine apparaissent ainsi, avec clarté parfois, plus ambigus dans d'autres cas. Le classement entre grandes voies et voies secondaires est en effet souvent hésitant et approximatif ; sauf dans des cas de fonctionnalisme poussé il ne recoupe guère les classifications technocratiques : primaires, secondaires, tertiaires. La ville comme le disait Christopher Alexander, n'est pas un arbre. Et dans cette affaire l'observation directe, l'intuition, la dérive entrent également en ligne de compte.

À côté des grandes voies, le tissu urbain s'organise sur un réseau des rues banales dont le dessin est porteur de signification. Des entités apparaissent autour de figures, de régularités, de répétitions. Les vieux

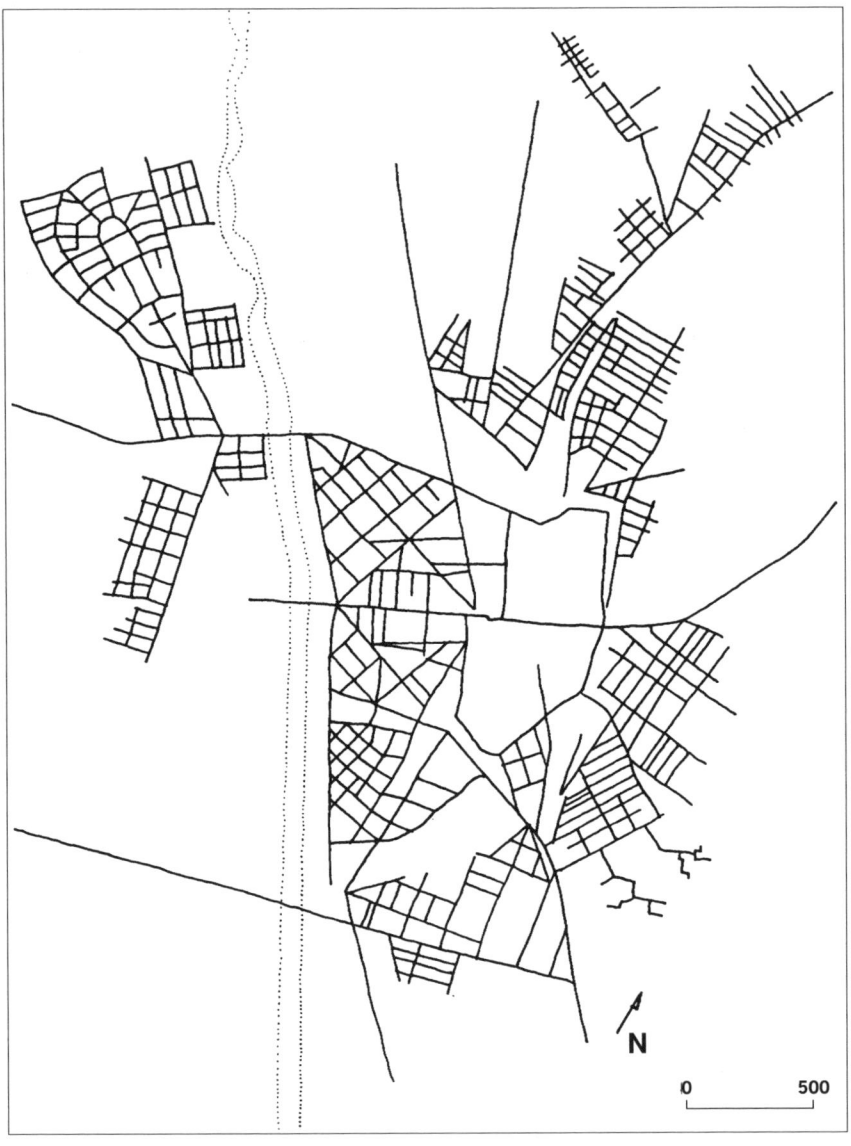

Fig. 24 : Plan des voies à trait constant : León (Espagne).

(H. Fernandez, *León, morphologie d'une ville*, 1990).

faubourgs se distinguent des lotissements plus récents, des impasses révèlent une clôture ancienne ou un projet abandonné... Les parties anciennes présentent en général des irrégularités géométriques que l'on ne trouve pas dans les quartiers nouveaux, les quartiers centraux ont un maillage plus ténu que les quartiers périphériques.

Les questions suggérées pour l'étude des grandes voies se reposent ici : site et situation, logique des tracés. La marque de l'histoire se lit par comparaison avec des états antérieurs (plans et cartes anciennes). Ou, faute de documents graphiques, on peut tenter de reconstituer ceux-ci en interprétant les sources historiques (récits, descriptions, archives notariées) sur la base de l'état actuel.

Il ne faut pas seulement s'en tenir au dessin mais faire intervenir les mesures. Largeur des voies, distances entre les carrefours, écarts entre les rues parallèles caractérisent un tissu et, avec un peu d'habitude, font surgir par comparaison avec d'autres villes, des questions nouvelles.

L'espace de la voie, on l'a vu, peut faire l'objet d'analyses spécifiques. La répartition chaussée/trottoirs, les revêtements utilisés, les plantations et le mobilier urbain caractérisent une ville ou un quartier. Reconnaître les arbres et les nommer, dessiner le profil en travers d'un boulevard ou d'une avenue, photographier les plaques d'égout ou les aiguillages du tramway permettent de rendre compte d'une culture urbaine locale qui ne s'exprime pas seulement dans l'architecture des bâtiments. Cela permet également de réfléchir sur l'espace public comme réseau technique et, partant du visible, de noter la matière dont les diverses infrastructures se matérialisent.

Découpages fonciers et parcellaires

Le négatif du réseau des voies fait apparaître le domaine construit. Celui-ci ne se limite pas au bâtiment mais englobe des cours et des jardins, des constructions adventices, des terrains libres et des chantiers. Mais surtout ce domaine n'est pas constitué d'unités homogènes, d'îlots préétablis, mais d'une somme de propriétés foncières associées dont les limites matérialisées par des murs ou des clôtures sont reportées sur les plans de cadastre.

L'observation des plans cadastraux ou des plans parcellaires confectionnés en mettant en évidence les limites de propriété plus que l'implantation des bâtiments fournit un certain nombre d'indications qui, confrontées à l'analyse de terrain permettent une bonne appréhension du tissu. G. Caniggia en Italie, Françoise Boudon ou Jean Castex en France [2] en ont sur des exemples concrets démontré l'efficacité. Plus récemment les travaux de Pierre Merlin ou d'Albert Levy [3] ont eu le mérite d'en souligner l'importance

[2]   G. Caniggia, G. L. Maffei, *Composizione architettonica e tipologia edilizia*, Venise, Marsilio, 1979 ; voir et également : F. Boudon, A. Chastel, et al., *Système de l'architecture urbaine, le quartier des Halles à Paris*, Paris, Éditions du CNRS, 1977 ; J. Castex, P. Celeste, Ph. Panerai, *Lecture d'une ville : Versailles*, Paris, Éditions du Moniteur, 1980.

[3]   P. Merlin, *Morphologie urbaine et parcellaire*, Saint-Denis, PUV, 1988 et Albert Levy, *La qualité de la forme urbaine, problématique et enjeux*, recherche Plan urbain, laboratoire TMU, Institut français d'Urbanisme, université de Paris VIII, 1992.

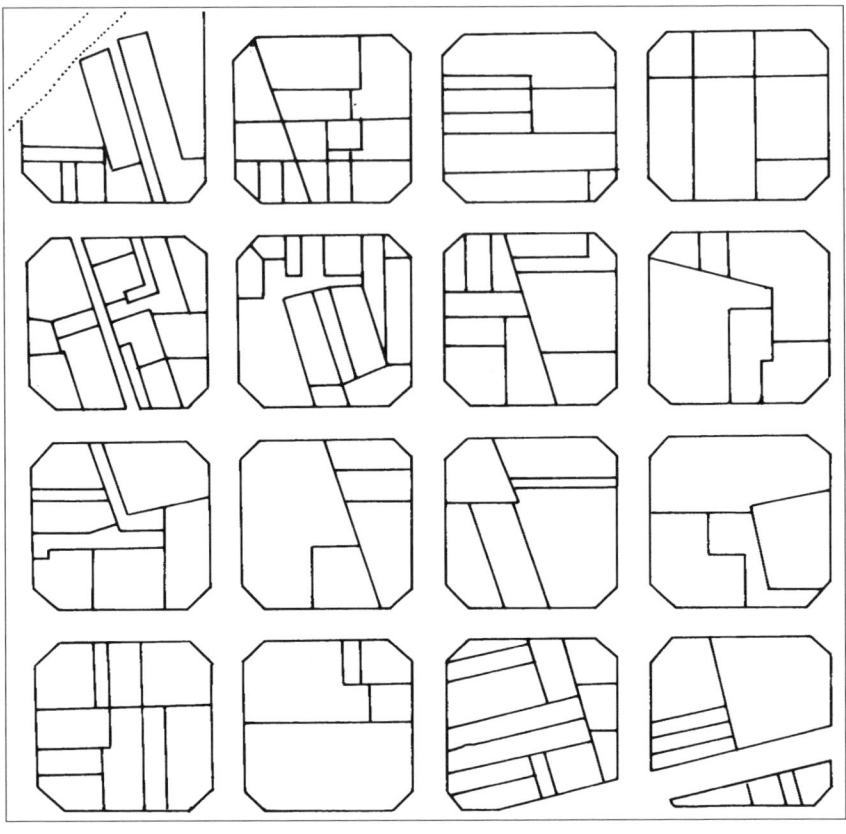

Fig. 25 : Barcelone et les traces du parcellaire rural dans l'ensanche.
(Dessin H. Fernandez).

théorique. On laissera de côté ici l'étude de la parcelle isolée comme cadre de l'implantation et de la croissance du bâti (voir Chapitre 5 « Typologies »), pour examiner des ensembles parcellaires et les phénomènes urbains que leurs analyses révèlent.

La relation rue/parcelles fonde l'existence du tissu urbain. À la rue qui conduit d'un point à un autre, d'un quartier à un autre en même temps qu'elle dessert latéralement sont associées de part et d'autre des parcelles. On remarquera que ces parcelles sont en général sensiblement perpendiculaires à la rue, les exceptions à cette règle étant révélatrices d'une situation particulière : traces de constructions ou des dispositions anciennes, percements sans effacement du parcellaire ancien.

La relation rue/parcelle structure le bâti. La parcelle n'est plus un lot à bâtir indifférent mais une unité de sol urbain orientée à partir de la rue. Les constructions peuvent être à l'alignement ou en retrait, mitoyennes ou isolées, hautes ou basses mais elles se réfèrent toujours à la rue. Cette soumission du bâti à l'espace public a deux conséquences :

— elle permet la solidarité des bâtiments même si ceux-ci appartiennent à des époques ou à des types différents ;

— elle entraîne des caractères différenciés communs aux différentes parcelles bâties.

Ces deux qualités assurent le « fonctionnement » du tissu, le jeu entre la permanence et le changement, la capacité de se renouveler sans mettre en cause l'unité.

La solidarité des bâtiments permet la substitution tout en maintenant les dispositions qui concernent le statut de la façade sur la rue, donc l'entrée et l'adresse, et les relations aux bâtiments et lots voisins généralement codifiées par les règlements d'urbanisme. Les caractères différenciés communs jouent sur l'opposition entre le devant (sur la rue) et l'arrière où les dispositions plus libres échappent aux conventions de l'espace public et accueillent les ajouts, les extensions, les croissances.

Une fois rappelées ces données de base, l'analyse parcellaire peut utiliser divers outils, ou si l'on préfère, divers points de vue, les uns mettent en évidence les régularités et les regroupements, les autres les fragmentations et les singularités.

Regroupement / Homogénéité / Hétérogénéité

L'observation d'une portion de territoire urbain fait apparaître un assemblage de parcelles desservies par des voies. Une première approche consiste à repérer des familles de parcelles, généralement regroupées et qui possèdent des dimensions voisines (les dimensions ne sont pas des superficies abstraites mais des ouvertures — ou largeur sur la rue — et des profondeurs qui conditionnent on l'a vu le bâti). À partir de ce premier repérage qui pourra utilement être rendu plus lisible par l'utilisation du crayon de couleur, plusieurs questions se posent :

— Existe-t-il une ou plusieurs familles de parcelles ?

— Les regroupements de parcelles semblables sont-ils liés à certaines voies et lesquelles, ou répartis dans le tissu ?

— Les différences de dimension entre les familles sont-elles faibles (de 1 à 2) ou importantes (de 1 à 5 voire 1 à 10 et plus) ?

À partir de ces questions se dessine une physionomie du secteur étudié plus riche que le simple plan des voies. Les voies anciennes se distinguent des lotissements, des vestiges de faubourgs alternent avec des rectifications ou des élargissements qui ont été l'occasion d'une redistribution parcellaire. La trame rurale ou maraîchère subsiste sous l'urbanisation. Le relief explique les déformations.

Tracés, contours, limites, enclos

Le parcellaire conserve la mémoire des états antérieurs, la marque de l'utilisation ancienne du sol. Ceci peut s'observer soit dans l'étendue du tissu, soit par certains contours seuls. Englobé dans l'enceinte du XVIIe siècle comme réserve foncière, le quartier du Jordaan à Amsterdam s'établit sur la maille du découpage agricole marqué par la régularité des canaux et des rigoles de drainages qui se transforment en rues et en ruelles. Les parcelles régulières et perpendiculaires aux voies restituent la géométrie des cultures maraîchères au voisinage de la ville. Au Caire, l'urbanisation non planifiée de la terre agricole utilise aujourd'hui les mêmes procédés. Le canal central du champ se transforme en rue et les lots à bâtir sont directement issus des découpages de l'irrigation. Même chose à Santiago où comme le montre Monserrat Trias Palmer[4] les beaux quartiers de Providencia conservent la géométrie des grandes propriétés agricoles organisées autour des canaux d'irrigation et de drainage.

L'observation du tissu (voies et parcellaire) dans l'étendue, c'est-à-dire avec des territoires plus vastes que l'ensemble formé par quelques rues, révèle souvent de grandes oppositions. La rencontre à Barcelone de la trame de Cerdá et de celle plus ténue du bourg de Gracia indique l'ancienne limite communale. À Rio c'est, dès que la pente devient trop forte pour des techniques d'urbanisme officielles, l'abandon des collines aux favelas. Aux Pays-Bas les changements de direction d'un parcellaire le plus souvent régulier marquent la limite d'un polder et révèlent les étapes de la construction d'un territoire dont chaque parcelle a été gagnée sur la mer.

L'analyse du parcellaire permet de saisir parfois avec une très grande précision ces limites. Invisibles depuis les rues, elles perdurent dans les fonds de parcelles solidifiées dans le bâti. Et l'on a quelquefois la surprise de découvrir derrière un appentis non seulement la trace, mais le mur même d'un enclos disparu depuis plusieurs siècles. Ainsi à Istanbul une grande partie de l'enceinte de Galata « portée disparue » par les archéologues existait encore il y a quelques années dans les fonds des cours et des ateliers qui bordaient la Corne d'Or.

4   Trias Palmer Monserrat, *La ciudad jardin como modelo de crecimiento urbano, Santiago 1935-1960*, Santiago de Chile, 1986.

Retours d'angle
et fonds de parcelles

Deux points méritent une attention particulière car ils révèlent même dans le cas de parcellaire hétérogène, des logiques constantes : le retour du parcellaire à l'angle et la limite des fonds de parcelles.

Le retour du parcellaire à l'angle de deux rues est un problème ancien. La parcelle d'angle même si elle a des dimensions semblables à ses voisines possède des propriétés différentes : elle a deux façades sur la rue. Cette singularité entraîne toute une série de solutions :
— le maintien d'une grande parcelle avec un grand bâtiment ;
— le redécoupage de la parcelle d'angle sur la rue secondaire ;
— la division en chevron du parcellaire jusqu'à la profondeur moyenne ;
— l'adoption d'un parcellaire biais ou rayonnant pour assurer le tournant.

L'observation systématique de ces dispositions donne souvent de précieuses indications sur le statut des voies et l'époque de leur urbanisation. Elle explique également les solutions architecturales particulières de certains bâtiments d'angle.

La limite des fonds de parcelles est elle aussi une ligne particulière car elle distingue l'ensemble des parcelles distribuées par une rue de celles distribuées par la rue suivante. Plus qu'une simple limite de propriété foncière c'est en fait la limite entre deux territoires. Droite et continue dans les lotissements, cette ligne se déforme dans les tissus anciens soit que les tracés aient perdu au cours des siècles leur rigueur d'origine, soit que le jeu des ajustements et des modifications de la propriété foncière l'ait estompée. Elle se maintient néanmoins parfois et frappe alors par sa netteté en traversant plusieurs îlots et en marquant une direction différente du reste du parcellaire. Il s'agit alors à coup sûr d'un ancien enclos d'un canal ou d'une limite de propriété agricole qui subsiste dans le tissu. La clôture du Temple à Paris est visible derrière la République. À Barcelone et malgré la régularité du plan de Cerdá, les anciennes limites des champs et des jardins persistent dans le tissu de l'Ensanche. À Santiago les petits canaux d'irrigation qui divisaient en deux parties la *manzana* d'origine orientent encore le tissu du centre ancien.

Le tissu urbain comme architecture

Les lectures que nous faisons après coup des villes anciennes et plus particulièrement des centres anciens, voire des centres historiques, sont souvent orientées, presque faussées par un point de vue qui privilégie le bâti. La ville entière devient architecture, œuvre d'art, artefact. C'est l'image qu'en donnent les plans coupés (à rez-de-chaussée) où toute la ville est représentée comme un bâtiment. Dans les versions les plus sophistiquées, à l'échelle 1/500e on distingue alors l'épaisseur des murs, la projection des voûtes, des portiques et des passages, le dessin des sols.

Secteur sauvegardé, *centro storico* ou *médina* sont ainsi figurés dans une étrange immobilité, dans une monumentalisation de tout

Fig. 26 a :   Tissu du quartier San Bartolomeo à Venise, début XVIe siècle.
(S. Muratori, *Studi per una operante storia de Venezia*, 1959).

Fig. 26 b :   Tissu du quartier San Bartolomeo à Venise, en 1950.
(S. Muratori, *Studi per una operante storia de Venezia*, 1959).

l'espace qui tend à gommer les différences. Et de fait il s'agit souvent de secteurs protégés, classés, soumis à des réglementations de monuments historiques qui, au nom du patrimoine, atténuent les distinctions juridiques et la représentation des limites de propriétés en même temps qu'elles restreignent ou contraignent l'action des habitants.

Mais si l'on peut émettre quelques réserves sur ce type de représentation et sur l'usage qui en est fréquemment fait en terme de projet (curetage des cours, suppression ou codification des ajouts, homogénéisation des quartiers « historiques »), le plan coupé n'en possède pas moins des qualités qui méritent d'être signalées.

Il permet d'abord de saisir dans un même regard l'intérieur et l'extérieur, et à partir de là de comparer les dimensions et les modes de composition qui s'appliquent aux espaces publics et au domaine privé. La largeur d'une cour s'évalue en relation à celle de la rue, l'intérieur d'une église, d'un palais ou d'une mosquée se compare à l'espace d'une place, et l'espace de la ville apparaît comme une savante modulation, une succession d'expansions et de passages plus étroits, de seuils et de salles, de péristyles et de jardins.

Une attention particulière peut être accordée aux transitions dont ce type de plan révèle le traitement architectural : porches et portiques, halls et galeries, escaliers, passages, cours et couloirs qui assurent la médiation du public au privé et au sujet desquels les sociologues ont inventé le joli couple semi-public/semi-privé.

Une autre exploitation du plan coupé consiste à repérer les régularités dimensionnelles et distributives qui caractérisent les unités, c'est-à-dire les parcelles bâties. En ce sens le plan coupé se prête à des lectures sélectives, il invite à la manipulation. Parmi celles-ci la mise en évidence du rapport entre l'espace public et les monuments telle que l'a proposé Nolli pour Rome. Le plan « à la Nolli » révèle en effet les structures monumentales de la ville. Les monuments y sont situés, inscrits dans un tissu ce qui permet d'en saisir l'échelle. Les irrégularités y apparaissent comme des réponses aux contraintes du tissu et non comme simple jeu formel. Et la compréhension des édifices y perd l'abstraction que la présentation des plans isolés sur les pages des manuels véhicule inconsciemment.

La troisième dimension

Le plan en ce qu'il représente la forme de la ville est essentiel, mais la fascination qu'il exerce peut reléguer voire estomper la prise en compte de la dimension verticale. Celle-ci se manifeste de deux manières, dans le site et dans les bâtiments.

L'appréhension du site et notamment du relief est chose délicate. Dès qu'elle est un peu grande, et si le modelé n'est pas très accusé, la ville « cache » le relief en surimposant la forme bâtie au site d'origine. Pourtant celui-ci n'est jamais complètement gommé et il suffit d'un gros orage, d'une crue, d'une chute de neige ou d'une tempête de sable pour le révéler.

L'analyse urbaine doit se donner les moyens d'appréhender le relief et d'en rendre compte. Le système usuel des courbes de niveau fournit

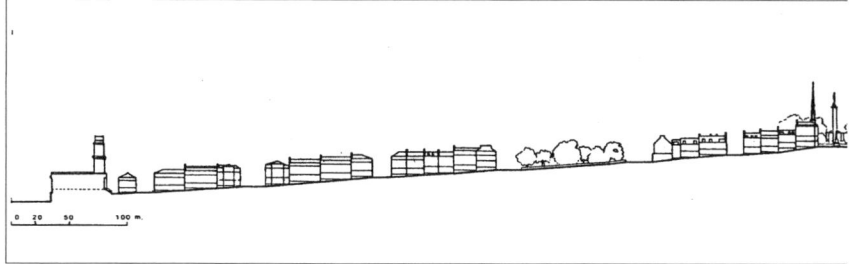

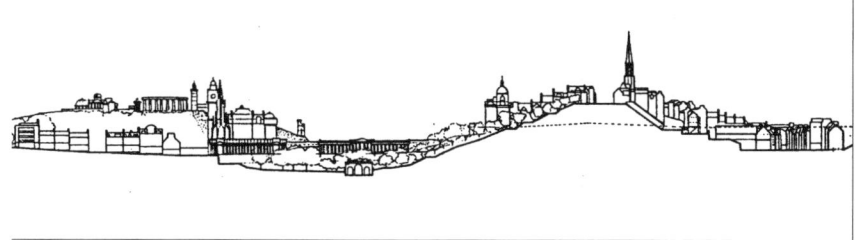

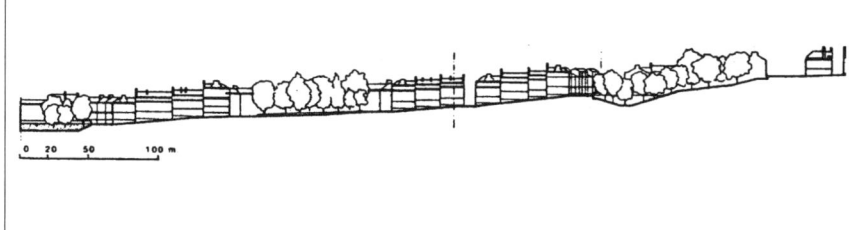

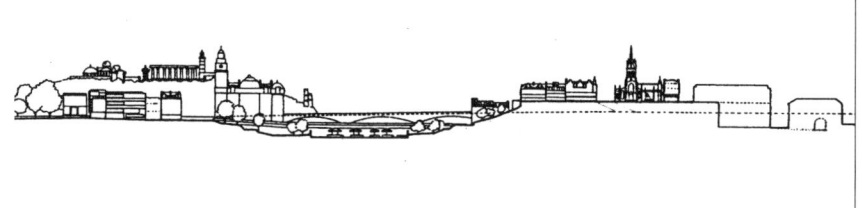

Fig. 27 : La coupe et la ville.
   Sections sur la ville d'Edimburg.
(F. Decoster, *Modèles urbains*, 1993).

une bonne base, mais il n'est pas disponible ou fiable sur toutes les villes. Encore faut-il, s'il existe, l'interpréter, c'est-à-dire sélectionner dans la multitude des informations qu'il donne celles qui sont significatives afin de les mettre en relation avec les tracés viaires et parcellaires.

Trois données semblent utiles : — les sommets et les lignes de crête ; — les thalwegs ; — les courbes de niveaux significatives (ruptures de pente, changement de nature géologique, limite de zones inondables, base des piémonts…).

La lecture de ces lignes et de ces points singuliers permet de mieux comprendre la relation de la ville à son site. À Santiago du Chili la ville se développe à plat sur les plaines alluviales et s'interrompt brutalement au contact des collines plus sollicitées par les secousses sismiques qui émergent telles des îles désertes de l'horizontale du bâti. À Istanbul, les grands complexes religieux et les mosquées impériales occupent les sommets et dialoguent au-dessus du tissu banal. Dans les extensions des villes hollandaises, les changements de direction du parcellaire qui bute sur un canal, une avenue ou une légère levée de terre révèlent les anciens polders. Telle rue descendait vers le port, telle autre franchit un col. On doit penser à des mouvements d'avant la mécanisation, attelages et lourds fardeaux, la pente supportable pour un coche, pour une charrette, pour un âne ou un chameau. Utiliser aujourd'hui le vélo qui révèle le moindre faux plat, le moindre changement de pente. Observer l'eau qui court dans les caniveaux et, en pleine ville, restitue des images de montagne.

Partant du relief on peut s'interroger sur les dispositions et les techniques de génie civil qui en permettent l'utilisation — soit qu'ils l'exaltent, soit qu'ils le nient, soit qu'ils l'aménagent pour la commodité, la sécurité ou la défense. Bâti qui n'est pas bâtiment, les villes comptent toutes sortes de murs, de quais, et de rampes, de ponts ou de tunnels, de bassins et de canaux qui donnent à l'espace public sa physionomie et réagissent sur le tissu. La restitution des profils à la manière de Stübben[5], voire la confection de vastes sections sur des quartiers entiers permet de quitter la représentation planimétrique et d'approcher le modelé urbain. Que signifieraient, si l'on s'en tenait seulement au plan, la place de la Canourgue à Montpellier, le Capitole à Rome, le Somerset Crescent de Bath ou la Praça da Sé de Bahia ?

Les bâtiments eux aussi introduisent la dimension verticale et l'étude du tissu ne peut l'ignorer. Le plan des hauteurs, avec des valeurs de plus en plus fortes à mesure que le nombre d'étages croît souligne des logiques volumétriques qui se superposent à la division parcellaire. Des zones homogènes s'opposent, des entités apparaissent.

À São Paulo les vieilles cités-jardins qui conservent leurs belles maisons parmi les arbres sont encadrées par des falaises de tours et ressemblent à Central Park vu depuis les gratte-ciel qui le bordent. Pourtant ces tours qui ont remplacé de grosses villas s'implantent sur des parcelles assez semblables à leurs voisines, seule la réglementation propre aux cités-jardins

---

[5] J. Stübben, *Der Städtebau (Handbuch der Architektur)* [1890], Wiesbaden, Fried Vieweg & Sohn, 1980.

a préservé ces dernières. Dans Paris, les percées haussmanniennes et les rues à loyer de la fin du XIXᵉ siècle tranchent par leur hauteur du bâti, sa compacité et la rigueur de ses alignements avec les tissus faubouriens dans lesquelles elles s'implantent.

L'analyse et la représentation de ces phénomènes supposent un travail de dessin qui permette de « décortiquer » le tissu. Antoine Grumbach et Bruno Fortier l'ont fait pour Paris en proposant des axonométries dont l'éclatement suggère la complexité des assemblages. L'îlot démontré par le dessin selon la formule de Nicola Ragno [6] perd son aspect monolithique pour se présenter comme un assemblage de fragments : parcelles de groupements de parcelles obéissant à des logiques diverses.

Charte d'Athènes et tissu urbain

Comme la Bible ou le Coran, la Charte d'Athènes se présente sous forme de versets — chaque verset assez bref porte un numéro et est suivi d'une explication. De nombreux versets, directement ou non, concernent le tissu urbain, ainsi le nº 27 : « l'alignement des habitations au long des voies de communication doit être interdit [7] ».

Et de fait la Charte d'Athènes consacre théoriquement l'éclatement du tissu urbain, la perte de cohésion de ses parties, l'autonomie du bâtiment et de la voirie. À partir de ce constat, la production urbanistique du mouvement moderne peut-elle encore s'analyser en terme de tissu urbain ? Ou à l'inverse, la notion de tissu urbain est-elle suffisamment extensive pour rendre compte de la production du mouvement moderne ?

La réponse ne saurait être unique. La production urbanistique de mouvement moderne n'a pas l'homogénéité que revendiquaient les CIAM et l'application de ses principes se fait selon les pays à des échelles très diverses. Si l'on retient la définition proposée au début de ce chapitre (le tissu urbain comme imbrication de trois ensembles : réseau des voies, découpages fonciers et constructions), l'analyse peut faire apparaître des tissus urbains modernes dans lesquels les relations entre ces trois ensembles présentent des traits caractéristiques. On y trouvera parfois des différences fortes avec les tissus anciens, lesquels faut-il le rappeler ne forment pas un ensemble homogène.

Quelques exemples limites permettront de souligner les particularités de ces tissus urbains modernes. Outre le modèle de la cité-radieuse, radicale mais jamais réalisée, Brasilia constitue sans aucun doute l'exemple le plus accompli d'application à grande échelle des principes du mouvement moderne. On y remarquera que dès l'origine de la ville, le contrôle absolu du sol a conduit ici à la suppression des découpages parcellaires remplacés par des affectations foncières liées à la programmation fonctionnelle (la « sectorisation »). L'un des termes de la relation voies/parcelles/bâti est supprimé et l'analyse du tissu peut se résumer à celle d'une confrontation

6   Nicola Ragno, *Un îlot démontré par le dessin*, Grenoble, 1990.
7   Le Corbusier, *La charte d'Athènes* [1943], Paris, Éditions de Minuit, 1958.

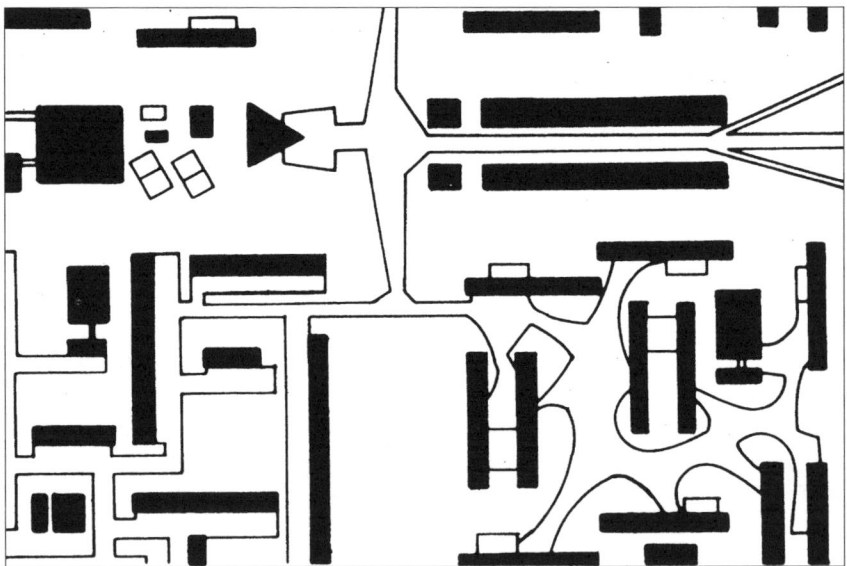

Fig. 28 : Comparaison des tissus de Parme en 1830 et Brasilia en 1960 dans une aire de 350 × 530.

(J. Holston, *A cidade modernista*, 1993).

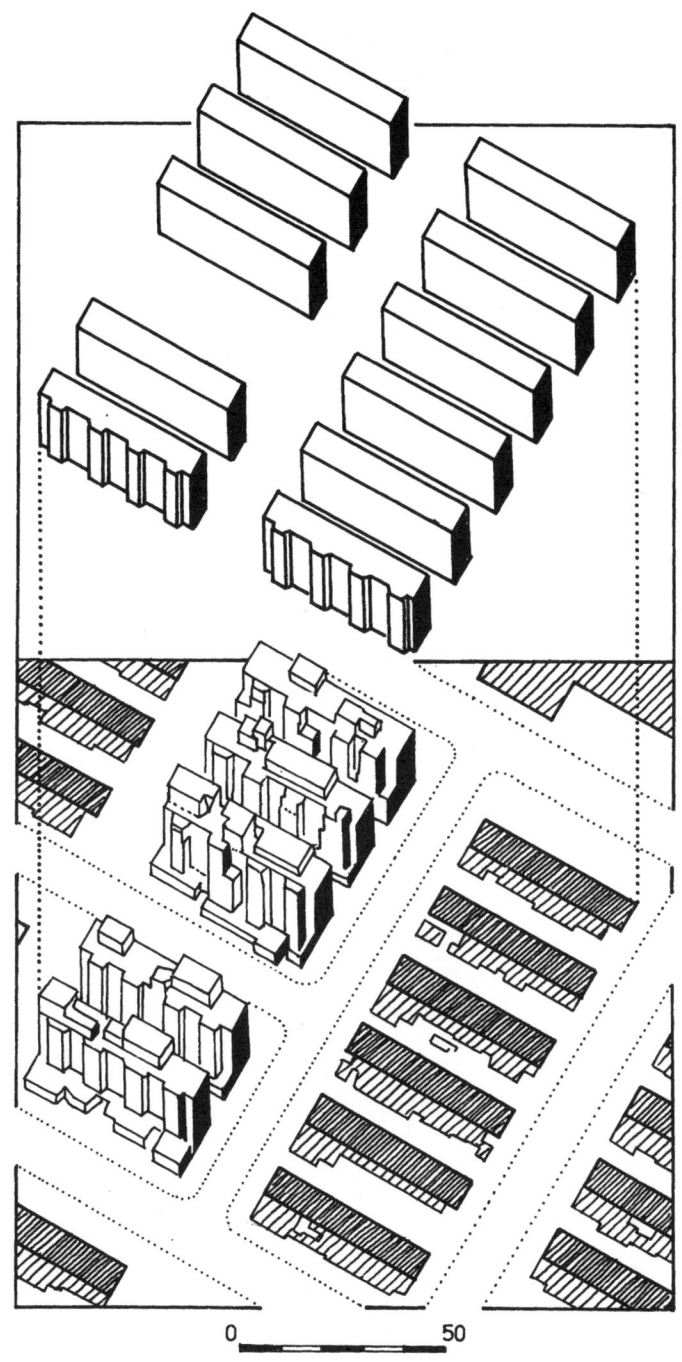

0 ▬▬▬ 50

Fig. 29 : La Charte d'Athènes et le tissu urbain : la ville en formation, Le Caire, Ain es Sirah.

(Dessin P. Panerai).

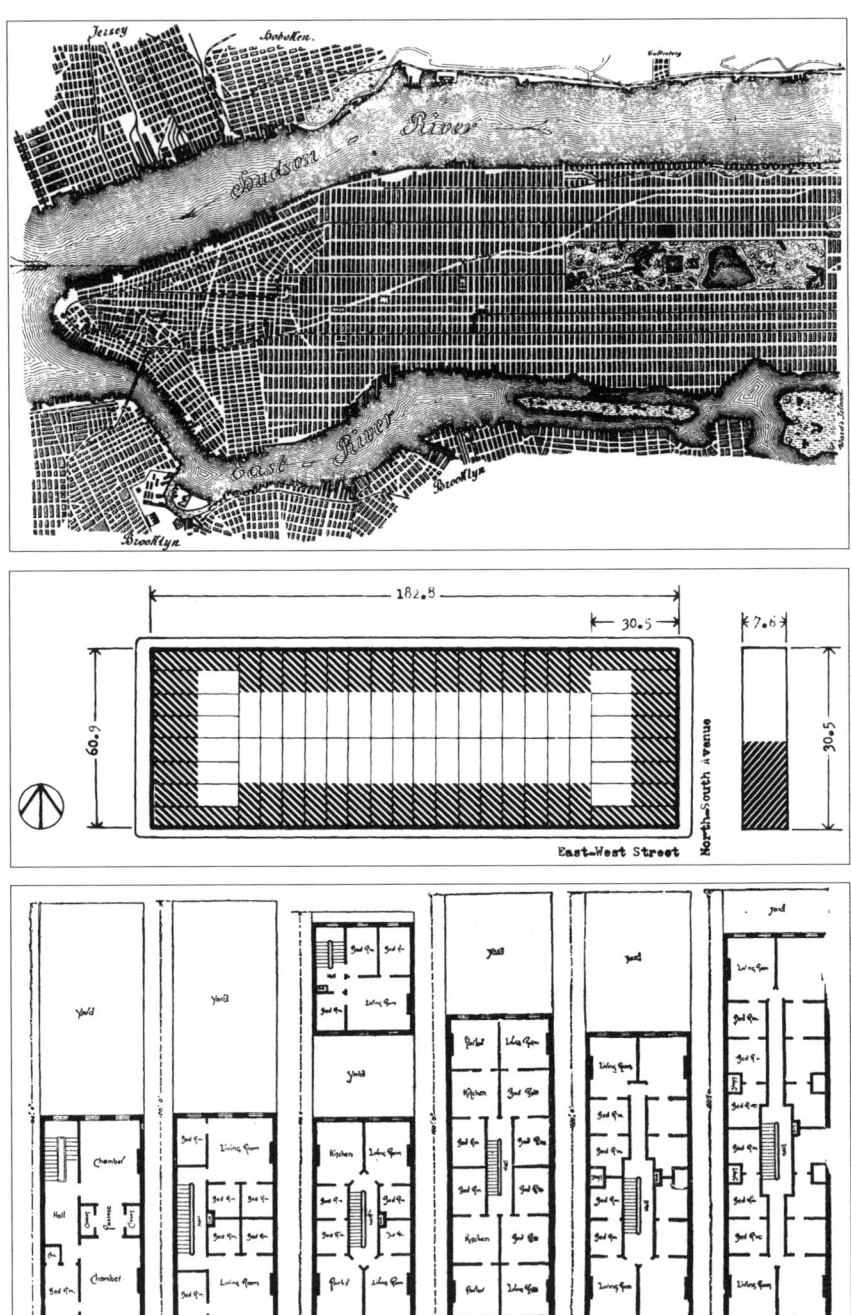

Fig. 30 : La grille et le tissu : substitution et densification

(R. Plunz, *Habiter New York, la forme institutionalisée de l'habitat new-yorkais, 1850-1950*; 1980).

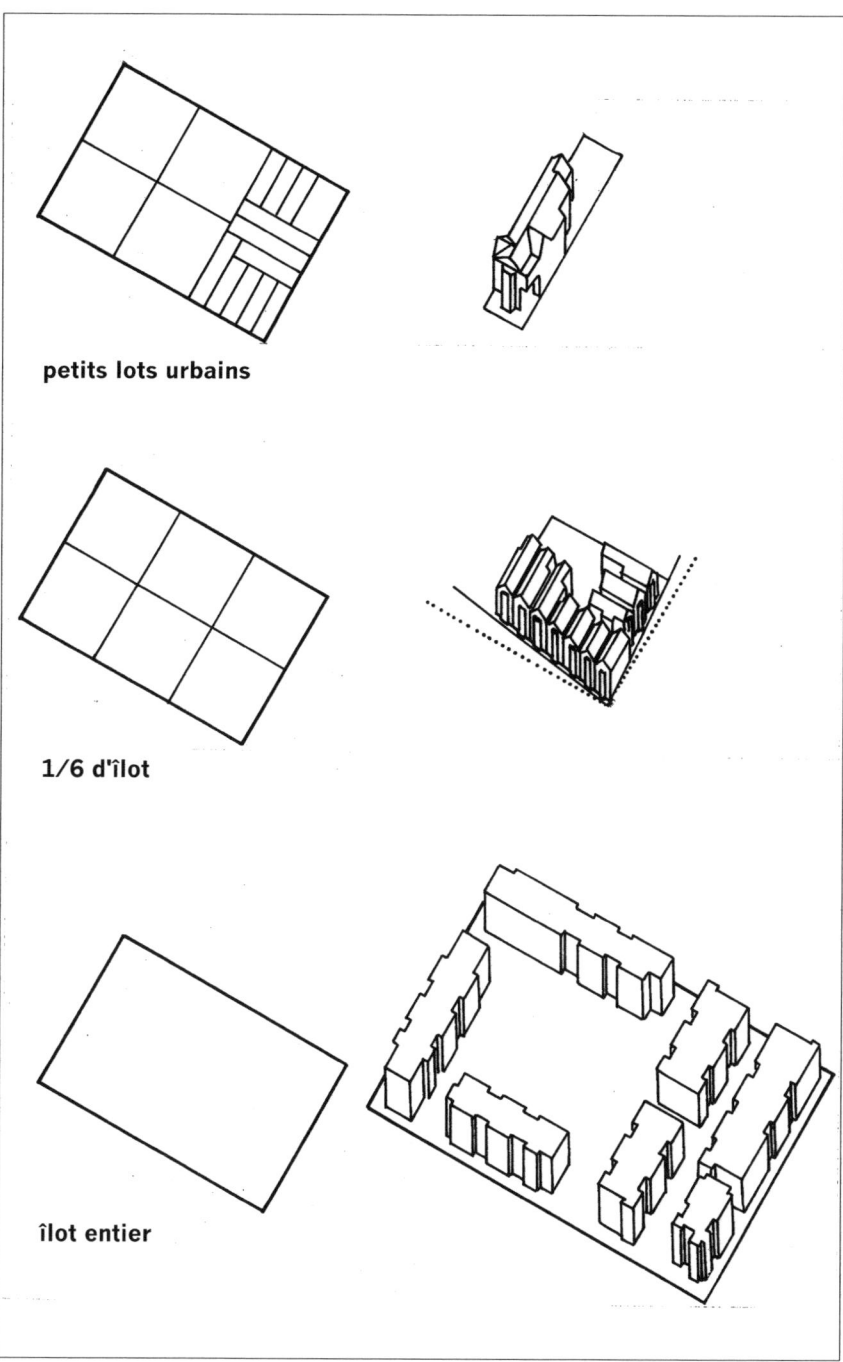

petits lots urbains

1/6 d'îlot

îlot entier

Fig. 31 : La grille américaine à San Francisco.
(A. Vernez-Moudon, *Built for changes...*, 1986).

voirie/bâtiments réglée par une ordonnance architecturale stricte. En effet, faute de propriété du sol, donc de découpages fonciers et d'alignements qui marquent la limite du domaine public, c'est la composition architecturale seule qui définit la relation du bâti avec la voie, un règlement en permettant l'application. Le tissu qui en résulte présente tous les caractères d'une monumentalité généralisée à l'ensemble de la ville. Rien n'est laissé au hasard, rien n'apparaît prévu pour une évolution, d'autant que dans les supercuadras l'utilisation systématique des pilotis rend encore plus abstraite la relation des bâtiments au sol.

Mais dès qu'on a quitté les supercuadras pour le quartier des maisons en rangée, la matérialisation de la parcelle (la maison plus son jardin) fournit un cadre à l'évolution du bâti et l'on assiste à d'importantes transformations. Hors du « Plan pilote », dans les cités satellites, les choses sont encore plus violentes. Sur le parcellaire d'origine, des immeubles hauts, alignés et mitoyens ont remplacé les maisons de bois basses et isolées, et une ville dense et continue s'installe progressivement sur le lotissement initial. Les activités se mêlent, des centres apparaissent que la spéculation identifie et consolide.

À quelques milliers de kilomètres de Brasilia, São Paulo invente un tissu moderne qui ne doit rien à la Charte d'Athènes et qui conjugue l'usage systématique des tours, le maintien des découpages fonciers et la stricte définition de l'espace public. Dans certains quartiers périphériques et pour des raisons qui tiennent plus aux préoccupations sécuritaires qu'à une remise en question théorique, les grands ensembles d'habitations sociales qui alignent sur les collines leurs doubles-barres identiques répétées jusqu'à l'infini font aujourd'hui l'objet d'un redécoupage. Chaque immeuble engendre une parcelle clôturée sur les quatre côtés. Les voies deviennent des rues limitées par des grilles dans lesquelles s'ouvrent des portes pour l'entrée des piétons et celle des véhicules. Les portes engendrent des petits édicules pour les gardiens qui en profitent pour faire un peu de commerce. Et sans que les bâtiments n'aient subi d'importantes transformations, le quartier a pris un petit air de ville.

Tout autre est l'évolution des ensembles d'habitation du Caire construits au début des années soixante dans l'application stricte d'une Charte d'Athènes version coopération soviétique. Ainsi au sud de la citadelle, la cité d'Ain es Sira compte 2 000 logements en blocs semblables de quatre niveaux, chaque « barre » comprenant quatre cages d'escalier distribuant chacune deux logements par palier. En quelques années, les transformations effectuées par les habitants ont progressivement restructuré la cité en apportant la variété formelle (quoique les solutions participent d'une logique commune) et la diversification fonctionnelle (introduction de commerces, d'activités, de services urbains : professions médicales et paramédicales…). Du plus simple au plus complexe quatre grandes familles de transformations apparaissent :

— La clôture des loggias dont la conséquence est l'extension du séjour et éventuellement la construction d'un balcon supplémentaire en porte-à-faux. Cette transformation qui touche progressivement tous les logements, montre comment les habitants entendent redéfinir leur rapport à l'extérieur en recadrant et re-dessinant une façade, en même temps qu'ils agrandissent leur logement.

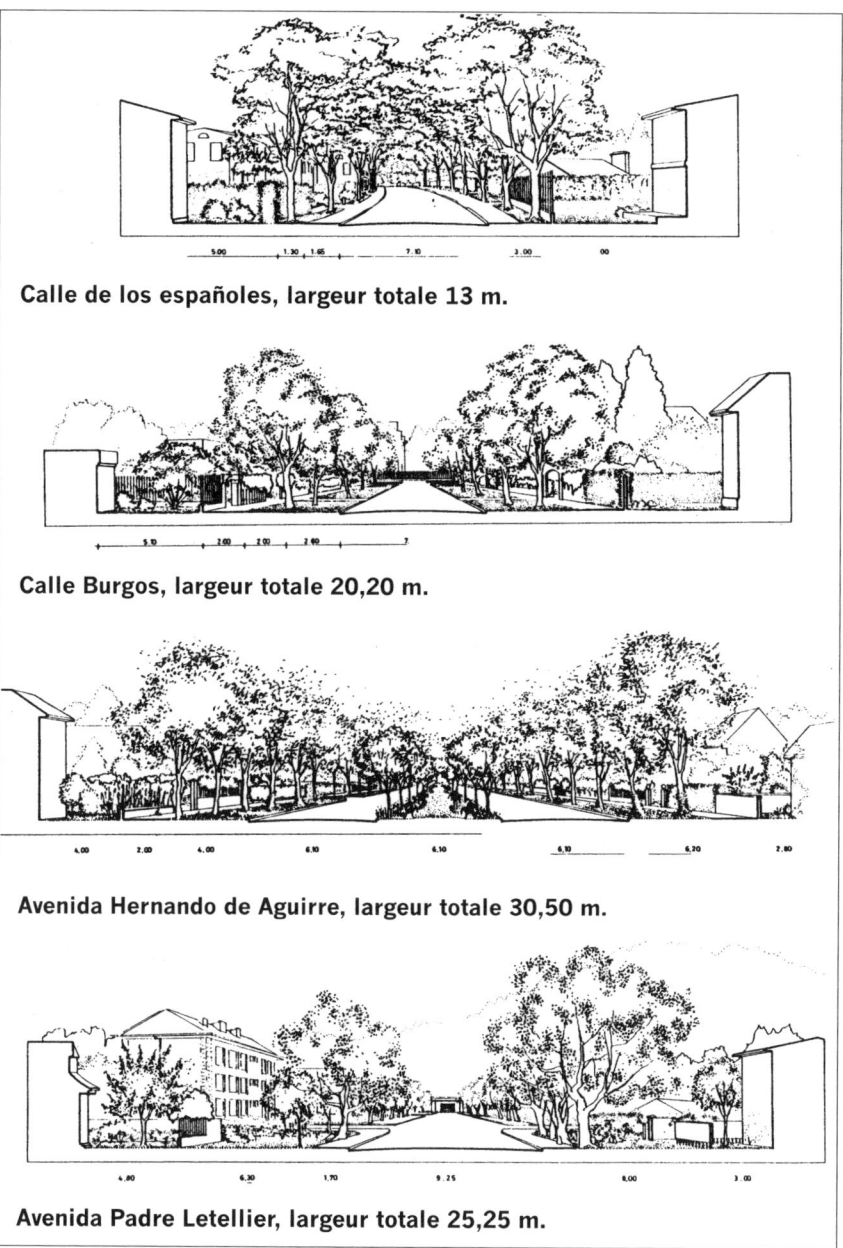

Calle de los españoles, largeur totale 13 m.

Calle Burgos, largeur totale 20,20 m.

Avenida Hernando de Aguirre, largeur totale 30,50 m.

Avenida Padre Letellier, largeur totale 25,25 m.

Fig. 32 : Gabarits de voies dans les cités-jardins de Santiago du Chili.
(M. Palmer-Trias, *La ciudad-jardin como modelo de crecimiento urbano, Santiago, 1935-1960*, 1987).

Fig. 33 : Villefranche-de-Rouergue : la place.
(F. Divorne, B. Gendre, B. Lavergne, P. Panerai, *Les bastides...*)

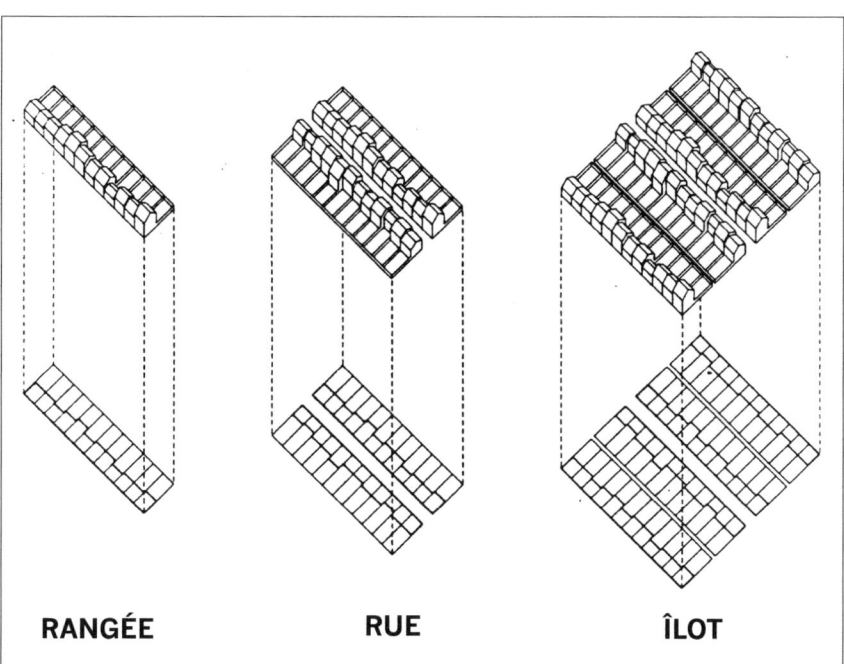

RANGÉE   RUE   ÎLOT

a

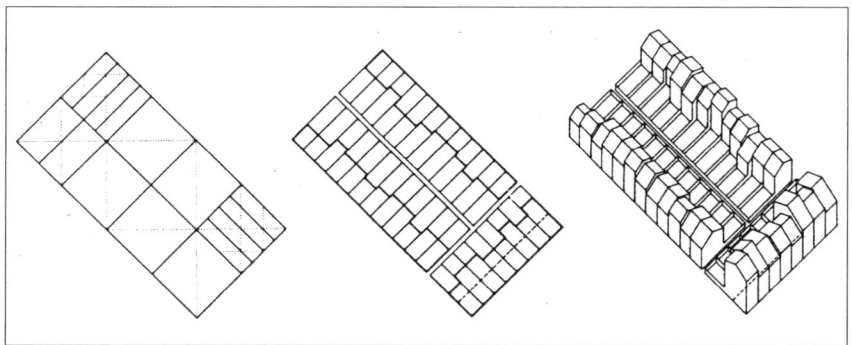

b

Fig. 34 : a. Les éléments du tissu.
       b. L'îlot rectangulaire complexe.
(F. Divorne, B. Gendre, B. Lavergne, P. Panerai, *Les bastides...*).

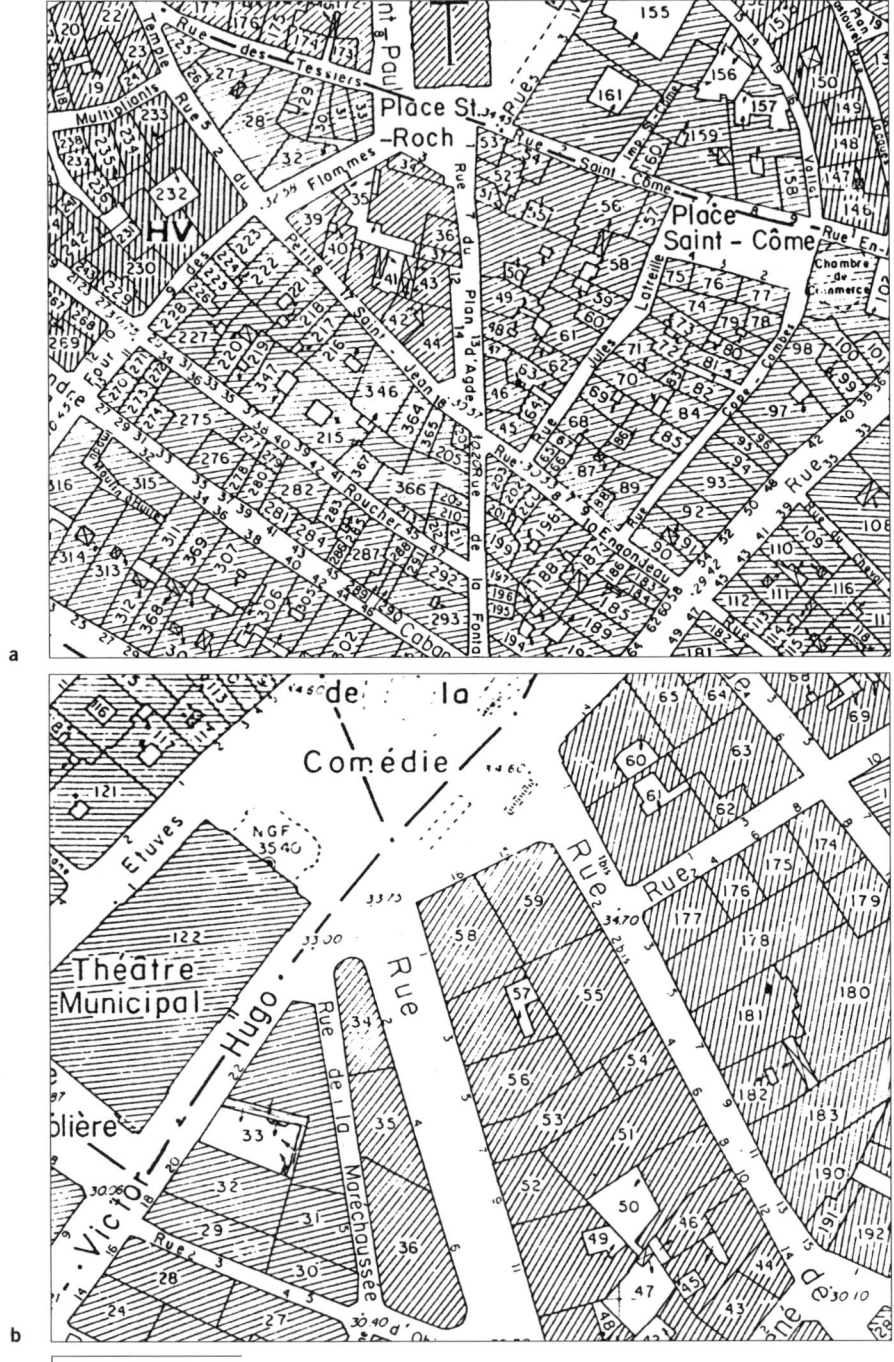

Fig. 35 : **a.** Montpellier, le tissu du centre ancien (cadastre, 1993)
b. Montpellier, les extensions du xixe (cadastre, 1993)
c. Montpellier, la banlieue du début xxe (cadastre, 1993)
d. Montpellier, les périphéries récentes (cadastre, 1993).

c

d

— L'extension des rez-de-chaussée : il s'agit d'agrandir le logement et éventuellement de lui adjoindre un «jardin» privé, ou d'y accoler une boutique ou un atelier. On voit ainsi se créer le long des parcours principaux de véritables continuités de commerces qui renouent avec la tradition commerçante du souk, tandis que les artères moins passantes accueillent ateliers et locaux professionnels.

— La surélévation des bâtiments se fait par la construction d'un ou deux étages supplémentaires sur la dalle de couverture. Elle contient des logements et des cabanes notamment pour l'élevage de volailles, en particulier de pigeons.

— Le doublement partiel ou total de l'épaisseur du bâtiment permet un accroissement de surface important ayant comme conséquence la redistribution complète des logements, et la transformation totale de la façade.

Jusqu'à présent ces modifications ne touchent qu'exceptionnellement la façade d'entrée des immeubles. Leur somme finit cependant par redimensionner et requalifier les espaces non bâtis qui deviennent ainsi des voies hiérarchisées et différenciées : avenues, rues commerçantes, rues artisanales, ruelles… Des placettes se forment aux carrefours, des distinctions s'opèrent, les marchés ambulants occupent la bordure nord, les taxis préfèrent telle grande rue, les cafés débordent sur la voie, la ville prend forme.

Depuis quelques années les habitants ont accédé à la propriété de leur logement ce qui accélère, en lui donnant une garantie de droit, les transformations.

Ainsi, sauf dispositions exceptionnelles renforcées par un appareil réglementaire tatillon, les tissus urbains modernes et planifiés semblent bien évoluer selon la même logique que ceux des siècles antérieurs à partir d'un répertoire d'opérations simples : croissance et densification du bâti, substitution des bâtiments, remodelage de l'espace public quand le statut parfois ambigu de celui-ci le permet.

Faut-il rappeler qu'à côté de ces tissus produits et contrôlés par l'urbanisme officiel qui est d'une manière presque universelle marqué par le mouvement moderne continuent également à se développer des tissus «informels» ou autoconstruits qui portent en eux malgré la pauvreté des constructions tous les caractères des tissus anciens. Les quartiers autoconstruits de Barcelone accrochés dans des pentes inaccessibles loin du plan Cerdá et des extensions planifiées reproduisent comme à Torre bajo les dispositions des villages de montagne de l'Andalousie dont sont originaires la majorité des habitants.

Chapitre 5

Typologies

Réintroduites en France à la suite des études italiennes, les notions de type et de typologie forment l'un des outils majeurs, parfois controversé, de l'analyse urbaine. Sans vouloir clore le débat, on reprendra quelques définitions, étant entendu que l'on ne saurait prétendre fixer le sens des mots ni ignorer l'usage qui en est fait dans d'autres disciplines[1].

Problèmes de classification

Le mot d'abord. Le *Robert* date son apparition de la fin du XVᵉ siècle. Issu du grec *typos*, empreinte, le type désigne d'abord le caractère d'imprimerie, le caractère « typographique » en plomb qui vient d'être inventé. De ce premier sens, retenons seulement que le type n'est pas l'objet ou la figure à imiter, mais le moyen concret de la reproduction, comme le modèle qui se confond à l'origine avec le moule, ou sous une forme plus savante, le module.

Outre une ancienne acception religieuse, son usage se précise comme concept exprimant l'essence d'un ensemble d'objets ou de personnes dans la période qui voit le développement des sciences de l'observation à la suite des travaux de Buffon, puis de Linné, dont les ouvrages proposent pour la première fois une classification systématique des plantes et des animaux à partir de leurs caractères naturels et de leur système de reproduction[2]. Botanique, zoologie, minéralogie, le type est d'abord lié à l'idée de classement. Il est l'« individu » animal ou végétal d'après lequel le naturaliste décrit l'espèce, en même temps que l'énoncé de ses caractéristiques. Objet exemplaire qui permet de rendre compte avec économie d'une population assez vaste. Opération abstraite, la typologie gomme les caractères particuliers des objets pour ne retenir que les traits généraux sur lesquels se fonde la taxinomie. Elle dépasse le simple classement pour proposer dans une vision universaliste, une articulation complète du domaine. Une classification à plusieurs niveaux qui rassemble les plantes ou les animaux en *espèces*, lesquelles n'apparaissent que comme différentes variations à l'intérieur du *genre* ou de la *famille*. Ceux-ci à leur tour regroupés en *ordres* pour définir un petit nombre de *classes*.

C'est cet arrière-plan qu'il faut garder en mémoire quand nous nous interrogeons sur l'application de la notion de type à l'architecture. Que ce soit le mot défini par Quatremère de Quincy[3], ou la tentative de classement opérée par Durand, les premières manifestations conscientes de la typologie se développent dans le climat scientifique de la première révolution industrielle et dans l'héritage des Encyclopédistes. Et ce n'est pas un hasard si, comme le remarque A. Vilder [4], l'architecture qui, depuis l'abbé Laugier [5] se donne pour « naturelle », emprunte justement ses outils aux « sciences naturelles » qui sont en train de se fonder.

Carlo Aymonino [6] y voit « une typologie indépendante qui cherche à classer, pour élaborer une méthode critique d'analyse, des phénomènes artistiques ». C'est Wittkower [7] réduisant les diverses formalisations des édifices à plans centrés de la Renaissance, ou des villas de Palladio, à quelques « schémas de base », ou Paul Frankl [8] constatant que les différents dessins d'une planche de croquis de Léonard de Vinci se présentent comme une suite de variations sur un même schéma et concluant que « la création des formes spatiales devient une sorte de combinaison scientifique ». C'est l'idée d'une analyse de l'architecture en terme d'éléments, d'opérations, de croissances qui rompt l'histoire de l'art traditionnelle.

Cette manière d'envisager la typologie tente de percer la logique du projet et d'expliciter après coup les mécanismes de la conception. Elle rend possibles des comparaisons avec d'autres formes de pensée sans s'encombrer inutilement de détails décoratifs, mais reste à un niveau assez abstrait. Enfin l'observation systématique, le classement, la comparaison, le rapprochement ne sont jamais seulement pur désir de connaissance ; explicitement ou non, les types fonctionnent comme proposition pour la (re)production.

Typologie analytique et typologie générative : l'exemple de J. N. L. Durand

La typologie proposée par J. N. L. Durand permet de saisir l'articulation entre analyse et projet au moment où s'introduisent dans l'architecture les signes avant-coureurs de la rupture due à la révolution industrielle. Lue rétrospectivement, l'œuvre de Durand présente une lucidité à laquelle ne prétendent généralement pas les ouvrages de la théorie de l'architecture.

[1] On a repris ici de larges extraits d'un article paru dans *Les Cahiers de la recherche architecturale* (Paris), n° 4, 1979.

[2] Carl von Linne, 1735, *Systema naturae*, et 1739, *Classes Plantarum*, diffère en cela des botanistes de l'Antiquité et de la Renaissance qui classent les plantes en fonction de leurs usages : médicinal, aromatique, ornemental, etc. Il annonce les travaux des Jussieu (*Genera Plantarum*, 1789) en botanique, et les classifications zoologiques de Cuvier et de Blainville de 1812.

[3] Antoine-Chrysostome Quatremère de Quincy, *Dictionnaire de l'Architecture*, 1795-1825. Son frère est physicien.

[4] Anthony Vilder, « La troisième typologie », in : M. Culot, L. Krier, *Architecture rationnelle*, Bruxelles, Archives d'Architecture moderne, 1978.

[5] P. Laugier, *Essai sur l'Architecture*, Paris, 1754.

[6] C. Aymonino, M. Brussati, G. Fabbri, M. Lens, P. Lovero, S. Lucianetti, A. Rossi, *La città di Padova, saggio di analisi urbana*, Roma, Officina, 1966.

[7] Rudolph Wittkower, *Les principes de l'architecture à la Renaissance* [1949, 1960], Paris, Éditions de la Passion, 1996.

[8] Paul Frankl, *Die Entwicklungsphasen der Neueren Baukunst*, Stuttgart, 1914 (*Principles of Architectural History*, Cambridge, MIT Press, 1968).

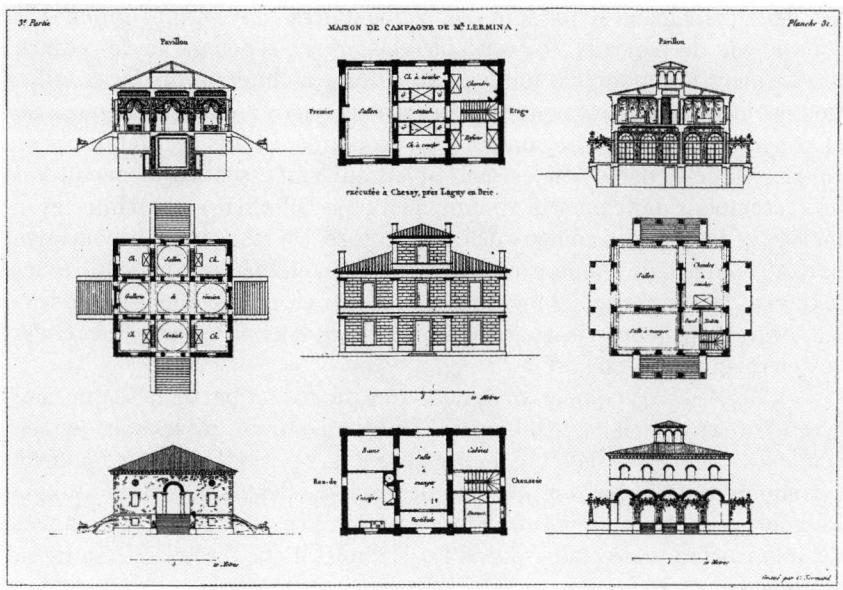

Fig. 36 : Le type opératoire chez Durand.

Dans la proximité des différents dessins, Durand, sans le mentionner dans le texte, donne la clé des manipulations possibles. Avec quelques modifications, la façade de la maison de droite peut être adaptée au plan de celle de gauche, voire même de celle du centre etc. Pour Durand le « type » est un schéma qui respecte les convenances et permet rapidement d'élaborer le projet (*Précis des Leçons d'Architecture*).

Ses deux principaux livres sont complémentaires[9]. Le *Grand Durand* offre, sous forme de tableaux, un véritable classement typologique des édifices qui forment à l'époque le fonds de la culture architecturale. La classification est justifiée par «le nombre infini d'objets que l'architecture embrasse» et la nécessité d'en rendre compte avec économie. «Dans cet état de choses, j'ai pensé que si, détachant les seuls objets qui sont essentiels à connaître, je les rassemblais dans un seul volume, [...] ce serait offrir aux architectes un tableau général et peu coûteux de l'architecture. Un tableau qu'ils pourraient parcourir en peu de temps, examiner sans peine, étudier avec fruit ; surtout si je classais les édifices et les monuments par genres, si je les rapprochais selon leur degré d'analogie, si je les assujettissais en outre à une même échelle et c'est ce que j'ai entrepris de faire.»

Typologie analytique qui procède à partir des propriétés géométriques des plans, met en parallèle les opérations qui les sous-tendent, révèle les schémas de base qui les organisent, la position de Durand pourrait à première vue sembler voisine de celle proposée depuis par Paul Frankl ou Rudolph Wittkower. Mais Durand n'est pas un historien d'art ; en architecte, il s'intéresse au passé pour y puiser les exemples d'une théorie opératoire sur laquelle il fonde son enseignement à l'École polytechnique et qu'il résume dans *Le Précis des leçons données à l'École polytechnique*.

Sa théorie part de l'intuition d'une double transformation, de la nature des programmes et des constructions, de celle des maîtres d'œuvre et du travail de conception architecturale. Pour Durand, la centralisation jacobine puis bonapartiste qui se manifeste par la création des départements et le développement de l'administration civile, et la réorganisation économique du pays, doivent susciter la construction rapide d'un grand nombre de bâtiments publics correspondant à des programmes nouveaux : préfectures, hôpitaux, lycées, prisons, marchés, manufactures.

Déterminé à s'affirmer, le nouveau régime ne saurait se contenter de réutiliser, en changeant leur affectation, les monuments de l'ancien, même si dans un premier temps l'économie ou l'urgence l'y contraignent. Les architectes, trop peu nombreux dans les provinces, souvent liés à l'ancienne aristocratie, et habitués à travailler pour des clients privés sur des types consacrés, n'ont pas la formation nécessaire pour répondre à cette nouvelle demande. Le corps des Ingénieurs des Ponts et chaussées dont la création récente qui va de pair avec celle de l'École polytechnique s'inscrit dans un projet de contrôle global du territoire. Évoquant aussi bien la formation des ingénieurs que leur future pratique professionnelle, Durand annonce son projet dans la préface de son cours : «On fera en peu de mois ce que jusqu'à présent on n'a pu faire que pendant un grand nombre d'années». Un mythe est né : l'efficacité.

---

[9]   Jacques Nicolas Louis Durand, *Recueil et Parallèle des Édifices de tout genre Anciens et Modernes, remarquables par leur beauté, par leur grandeur ou par leur singularité, et dessinés sur une même échelle*, Paris, An IX, 1801, dit «le Grand Durand» et *Précis des leçons d'architecture données à l'École polytechnique*, Paris, An X, 1802.

La typologie de Durand est efficace : un catalogue d'exemples hors de leur site et de leur histoire — le *Parallèle* — formes offertes à tous les contenus, et un mode d'emploi pour les réinterpréter — les *Leçons*. À Carpentras ou à Limoges, le jeune ingénieur peut sans angoisse concevoir et faire exécuter rapidement un tribunal, un lavoir public ou une caserne. À partir de «certaines idées peu nombreuses mais générales et dont toutes les idées particulières émaneraient nécessairement», la méthode infaillible de Durand se présente comme l'amorce d'une typologie générative qui par «une infinité de variations» permet de réaliser «une foule de variétés» accordées aux mœurs, aux usages, aux localités, aux matériaux.

Du type consacré au plan-type

La villa romaine, la cathédrale gothique, la mosquée ottomane, la maison bourgeoise ou l'immeuble de rapport constituent des *types consacrés*. C'est-à-dire qu'à une époque déterminée, et pour une société donnée, l'ensemble des architectes (ou plus largement des concepteurs) et des constructeurs d'une part, les maîtres d'œuvre et leurs clients d'autre part, se sont accordés sur la correspondance entre un ensemble de dispositions spatiales et d'éléments stylistiques et un usage (à la fois pratique concrète et pratique symbolique) qui intègre des conventions. Cet accord qui inclut des savoirs techniques a été assez stable pour être reconnu par la société [10]. Les pièces ont une forme et un nom, leur agencement obéit à des règles tacites et relève de la convenance.

Ces types stables, consacrés par l'histoire, ont longtemps constitué la structure implicite de la production de l'architecture : à la fois programme et schéma spatial sur lequel s'appuie le travail des maîtres d'œuvre. Si quelques grands exemples, œuvres d'architectes de renom, en offrent une codification qui peut servir de modèle, ces types, au moins jusqu'au XIXe siècle, sont autant véhiculés par la connaissance directe et par l'apprentissage que par des recueils. Profondément ancrés dans une culture et dans une région, ils sont susceptibles de multiples réinterprétations. Les types consacrés, en effet, n'appartiennent pas seulement à une architecture savante et monumentale due à l'intervention de spécialistes et médiatisée par le projet, ils apparaissent également dans la construction banale.

L'architecture urbaine est le plus souvent anonyme, procédant par types transmis par «voisinage» qui dépendent des savoir-faire traditionnels des entrepreneurs et des artisans, du respect d'une réglementation simple, et du consensus qui s'est établi sur des dispositions banales : alignement, mitoyenneté, rôle de la cour, etc. L'analyse typologique nous permet après coup de retrouver ces types ; elle en offre une articulation logique (une typologie). C'est-à-dire qu'au lieu de considérer des objets isolés, elle les saisit comme un ensemble et met en évidence le fait que l'élaboration du domaine bâti s'appuie sur une structure profonde.

---

[10]   Christian Devillers, «Typologie de l'habitat et morphologie urbaine», in : *L'Architecture d'Aujourd'hui* (Paris), n° 174, 1974.

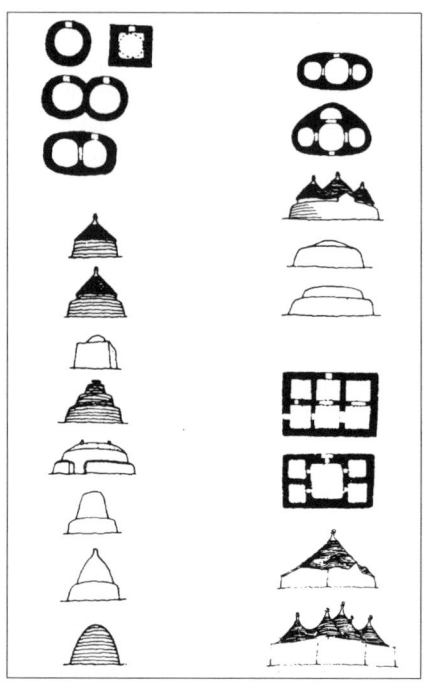

a

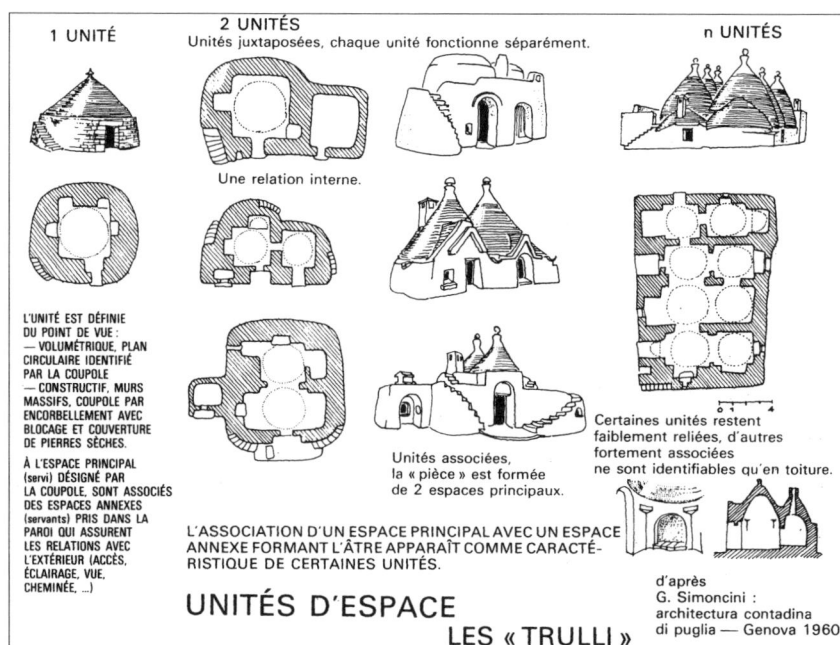

b

Fig. 37 : Unités d'espace : les *trulli*.

    a. Classification sommaire des *caselle* et des *trulli* proposée par G. Simoncini.

    b. Essai d'interprétation mettant en évidence les relations spatiales.

(J. Castex, P. Panerai, « Fiche d'analyses architecturales », 1969-1970).

Avec la révolution industrielle, vont se transformer radicalement les conditions de travail, les modes de vie, la configuration des villes et la conception de l'espace urbain et finalement le rôle et le statut des architectes. Ces transformations ne se font pas d'un seul coup, et tout au long du XIXe siècle on peut voir simultanément la persistance des types anciens et l'avènement de nouveaux types, ou plutôt d'une nouvelle conception des types, non plus implicites comme dans les époques précédentes, mais explicitement proposés comme *outils de la production* du domaine bâti.

C'est, comme on l'a vu, le travail de Durand sur les édifices publics et l'idée d'une typologie générative qui ne prend plus en compte, ou si peu, les conditions locales de l'architecture et la diversité des cultures, mais à l'image de la création du système métrique, de l'organisation départementale et du Code Napoléon, prône, au nom d'une rationalisation centralisatrice, l'abolition des particularismes hérités de l'ancien régime.

L'Angleterre, où l'industrialisation s'effectue plus tôt et où la non-division de la propriété foncière permet des opérations de grande envergure, peut apparaître dès le XVIIIe siècle comme le pays où la rationalisation de l'architecture domestique a atteint son apogée. À Londres, la construction en série amorcée avec les premiers squares du XVIIe siècle [11] se généralise avec le lotissement des grands *estates*. L'unité d'intervention, tant du point de vue de la conception et du financement de l'opération que du projet et de la réalisation, n'est plus le bâtiment, la maison, mais la rangée (*terrace*), la rue ou le groupement de rues. « Les vertus de ce type de maison ne sont pas à chercher dans l'expression de leurs façades, mais dans l'utilisation ingénieusement économique d'un terrain étroit » commente Rasmussen à propos de ces rangées qui vont dorénavant imprimer leur marque au paysage urbain anglais. Les maisons, éléments typifiés produits par répétition du même plan-type, réalisées en série par un seul constructeur, utilisant des portes et des fenêtres standardisées, entrent dans la composition d'unités plus vastes : les rangées, qui elles-mêmes s'associent pour constituer des fragments urbains relevant d'une autre typologie, ou plutôt d'une typologie qui opère à un autre niveau du découpage urbain. Rues et *mews*, squares, crescents, circus sont maintenant les unités signifiantes.

Pour Carlo Aymonino, ce « changement d'échelle typologique » est la marque d'une inversion du rapport entre les types bâtis et la forme urbaine : « Dans le cas de la maison en rangée, c'est le type d'édifice qui détermine la parcelle, assez indépendamment donc de la forme urbaine, comme le démontre la périphérie de tant de villes anglaises ; ce qui est l'inverse de la parcelle gothique [malgré des dimensions voisines] qui n'existe pas en dehors d'une localisation urbaine [12]. »

En France où le secteur du bâtiment reste longtemps dans une situation anachronique vis-à-vis du développement industriel, on continue pendant tout le XIXe siècle et la première moitié du XXe à hésiter entre différents

---

[11] Leicester square, 1635, puis, après le « Great Fire » de 1666, Soho square, 1681, Grosvenor square, 1695. Cf. S. E. Rasmussen, *London, the Unique City* [1934], Cambridge, MIT Press, 1967 et John Summerson, *Georgian London*, London, 1945.

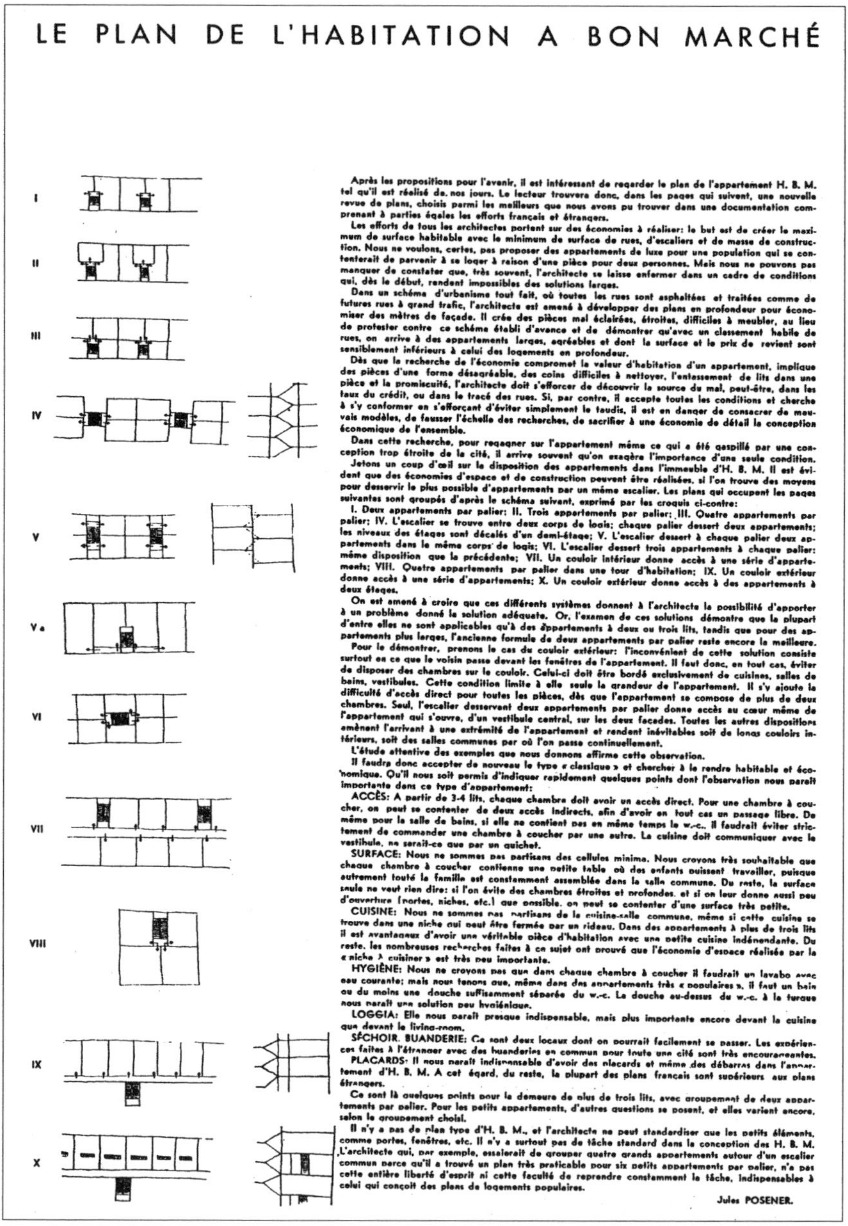

LE PLAN DE L'HABITATION A BON MARCHÉ

Après les propositions pour l'avenir, il est intéressant de regarder le plan de l'appartement H. B. M. tel qu'il est réalisé de nos jours. Le lecteur trouvera donc, dans les pages qui suivent, une nouvelle revue de plans, choisis parmi les meilleurs que nous avons pu trouver dans une documentation comprenant à parties égales les efforts français et étrangers.

Les efforts de tous les architectes portent sur des économies à réaliser: le but est de créer le maximum de surface habitable avec le minimum de surface de rues, d'escaliers et de masse de construction. Nous ne voulons, certes, pas proposer des appartements de luxe pour une population qui se contenterait de parvenir à se loger à raison d'une pièce pour deux personnes. Mais nous ne pouvons pas manquer de constater que, très souvent, l'architecte se laisse enfermer dans un cadre de conditions qui, dès le début, rendent impossibles des solutions larges.

Dans un schéma d'urbanisme tout fait, où toutes les rues sont asphaltées et traitées comme de futures rues à grand trafic, l'architecte est amené à développer des plans en profondeur pour économiser des mètres de façade. Il crée des pièces mal éclairées, étroites, difficiles à meubler, au lieu de protester contre ce schéma établi d'avance et de démontrer qu'avec un classement habile de rues, on arrive à des appartements larges, agréables et dont la surface et le prix de revient sont sensiblement inférieurs à celui des logements en profondeur.

Dès que la recherche de l'économie compromet la valeur d'habitation d'un appartement, implique des pièces d'une forme désagréable, des coins difficiles à nettoyer, l'entassement de lits dans une pièce et la promiscuité, l'architecte doit s'efforcer de découvrir la source du mal, peut-être, dans les taux du crédit, ou dans le tracé des rues. Si, par contre, il accepte toutes les conditions et cherche à s'y conformer en s'efforçant d'éviter simplement le taudis, il est en danger de consacrer de mauvais modèles, de fausser l'échelle des recherches, de sacrifier à une économie de détail la conception économique de l'ensemble.

Dans cette recherche, pour regagner sur l'appartement même ce qui a été gaspillé par une conception trop étroite de la cité, il arrive souvent qu'on exagère l'importance d'une seule condition.

Jetons un coup d'œil sur la disposition des appartements dans l'immeuble d'H. B. M. Il est évident que des économies d'espace et de construction peuvent être réalisées, si l'on trouve des moyens pour desservir le plus possible d'appartements par un même escalier. Les plans qui occupent les pages suivantes sont groupés d'après le schéma suivant, exprimé par les croquis ci-contre:

I. Deux appartements par palier; II. Trois appartements par palier; III. Quatre appartements par palier; IV. L'escalier se trouve entre deux corps de logis; chaque palier dessert deux appartements; les niveaux des étages sont décalés d'un demi-étage; V. L'escalier dessert à chaque palier deux appartements dans le même corps de logis; VI. L'escalier dessert trois appartements à chaque palier: même disposition que la précédente; VII. Un couloir intérieur donne accès à une série d'appartements; VIII. Quatre appartements par palier dans une tour d'habitation; IX. Un couloir extérieur donne accès à une série d'appartements; X. Un couloir extérieur donne accès à des appartements à deux étages.

On est amené à croire que ces différents systèmes donnent à l'architecte la possibilité d'apporter à un problème donné la solution adéquate. Or, l'examen de ces solutions démontre que la plupart d'entre elles ne sont applicables qu'à des appartements à deux ou trois lits, tandis que pour des appartements plus larges, l'ancienne formule de deux appartements par palier reste encore la meilleure.

Pour le démontrer, prenons le cas du couloir extérieur: l'inconvénient de cette solution consiste surtout en ce que le voisin passe devant les fenêtres de l'appartement. Il faut donc, en tout cas, éviter de disposer des chambres sur le couloir. Celui-ci doit être bordé exclusivement de cuisines, salles de bains, vestibules. Cette condition limite à elle seule la grandeur de l'appartement. Il s'y ajoute la difficulté d'accès direct pour toutes les pièces, dès que l'appartement se compose de plus de deux chambres. Seul, l'escalier desservant deux appartements par palier donne accès au cœur même de l'appartement qui s'ouvre, d'un vestibule central, sur les deux façades. Toutes les autres dispositions amènent l'arrivant à une extrémité de l'appartement et rendent inévitables soit de longs couloirs intérieurs, soit des salles communes par où l'on passe continuellement.

L'étude attentive des exemples que nous donnons affirme cette observation.

Il faudra donc accepter de nouveau le type « classique » et chercher à le rendre habitable et économique. Qu'il nous soit permis d'indiquer rapidement quelques points dont l'observation nous paraît importante dans ce type d'appartement:

ACCÈS: A partir de 3-4 lits, chaque chambre doit avoir un accès direct. Pour une chambre à coucher, on peut se contenter de deux accès indirects, afin d'avoir en tout cas un passage libre. De même pour la salle de bains, si elle ne contient pas en même temps le w.-c.. Il faudrait éviter strictement de commander une chambre à coucher par une autre. La cuisine doit communiquer avec le vestibule, ne serait-ce que par un guichet.

SURFACE: Nous ne sommes pas partisans des cellules minima. Nous croyons très souhaitable que chaque chambre à coucher contienne une petite table où des enfants puissent travailler, puisque autrement toute la famille est constamment assemblée dans la salle commune. Du reste, la surface seule ne veut rien dire: si l'on évite des chambres étroites et profondes, et si on leur donne aussi peu d'ouverture (portes, niches, etc.) que possible, on peut se contenter d'une surface très petite.

CUISINE: Nous ne sommes pas partisans de la cuisine-salle commune, même si cette cuisine se trouve dans une niche qui peut être fermée par un rideau. Dans des appartements à plus de trois lits il est avantageux d'avoir une véritable pièce d'habitation avec une petite cuisine indépendante. Du reste, les nombreuses recherches faites à ce sujet ont prouvé que l'économie d'espace réalisée par la « niche à cuisiner » est très peu importante.

HYGIÈNE: Nous ne croyons pas que dans chaque chambre à coucher il faudrait un lavabo avec eau courante; mais nous tenons que, même dans des appartements très « populaires », il faut un bain ou du moins une douche suffisamment séparée du w.-c. La douche au-dessus du w.-c. à la turque nous paraît une solution peu hygiénique.

LOGGIA: Elle nous paraît presque indispensable, mais plus importante encore devant la cuisine que devant le living-room.

SÉCHOIR, BUANDERIE: Ce sont deux locaux dont on pourrait facilement se passer. Les expériences faites à l'étranger avec des buanderies en commun pour toute une cité sont très encourageantes.

PLACARDS: Il nous paraît indispensable d'avoir des placards et même des débarras dans l'appartement d'H. B. M. A cet égard, du reste, la plupart des plans français sont supérieurs aux plans étrangers.

Ce sont là quelques points pour la demeure de plus de trois lits, avec groupement de deux appartements par palier. Pour les petits appartements, d'autres questions se posent, et elles varient encore, selon le groupement choisi.

Il n'y a pas de plan type d'H. B. M., et l'architecte ne peut standardiser que les petits éléments, comme portes, fenêtres, etc. Il n'y a surtout pas de tâche standard dans la conception des H. B. M. L'architecte qui, par exemple, essaierait de grouper quatre grands appartements autour d'un escalier commun parce qu'il a trouvé un plan très praticable pour six petits appartements par palier, n'a pas cette entière liberté d'esprit ni cette faculté de reprendre constamment la tâche, indispensables à celui qui conçoit des plans de logements populaires.

Jules POSENER.

Fig. 38 : Typologies distributives dans les HBM.
(J. Posener, *L'Architecture d'Aujourd'hui*, no7, 1935).

types possibles : immeuble de rapport, maison bourgeoise, cité ouvrière, Habitations à Bon Marché, cité-jardin, pavillon, Habitations à Loyer Modéré.

L'Allemagne qui s'industrialise plus tardivement reprend et poursuit le travail de typification de l'habitat amorcé en Angleterre. Mais alors que les Guildes anglaises et l'Art Nouveau voyaient dans l'union artiste-artisan, dont l'architecte devait être le symbole, un moyen d'échapper aux conséquences de l'industrialisation ou de les atténuer, la Werkbund part de l'industrialisation de la société pour assigner à l'architecte un nouveau rôle. Que ce soit dans le dessin des objets industriels (Behrens pour AEG) ou dans la conception des bâtiments, il ne s'agit plus de penser par objets isolés, chaque fois différents, auxquels l'artisan imprime sa « façon », mais par *prototypes* et par séries indéfiniment reproductibles. La réorganisation fonctionnelle de la ville — la *grosstadt* — pour répondre aux exigences du capitalisme industriel, se pare d'une image de modernité qui n'est pas sans rappeler, mais à une autre échelle, l'action d'Haussmann sur Paris. Après les soubresauts de la guerre, de la révolution d'Octobre et de la crise des années vingt, les jeunes architectes du mouvement moderne reprennent à leur compte le mythe du progrès technique, de l'industrialisation du bâtiment, de la série et du standard.

Les types implicites que l'on pouvait reconnaître dans les productions préindustrielles où la similitude des bâtiments, conséquence d'une longue sédimentation des usages et des techniques, n'empêche pas l'infinie variété des objets, et qui restaient toujours inscrits dans une localisation précise, dans un rapport déterminé avec la ville, servent alors de caution à une production typifiée, standardisée, normalisée. « Maschinenstil », « machine à habiter », « cellule type », « existenzminimum », « standard », « contrôle », les mots clés du mouvement moderne sont une litanie à l'abstraction, à la réduction, l'abolition des différences favorise la diminution des surfaces, l'urgence excuse le schématisme des implantations, la démocratie justifie l'uniformisation des modes de vie : « Le Siedlung suppose que l'on s'adresse, non à une famille donnée, mais à une famille-type[13] ». « Le type physique (le corps humain) est unique, standard, variant entre des limites suffisamment généralisées pour qu'il soit possible d'établir un outillage standard, type et unique, lui convenant parfaitement (wagon, auto, lit, chaise, fauteuil, verre, bouteille,

[12] C. Aymonino, et al., *op. cit.* Aymonino fait une différence entre les squares londoniens ou les crescents de Bath « solutions urbaines précises avec un rapport particulier à la ville » et les lotissements des banlieues périphériques. Nous serions tentés de voir dans les rangées des faubourgs populaires ou dans les closes des cités-jardins l'aboutissement logique d'un processus largement engagé à Londres dès le XVIIIe siècle, et qui puise ses racines dans un « rationalisme médiéval » expérimenté à grande échelle lors de la création des bastides. Alors qu'à Versailles la tentative de Louis XIV d'imposer en même temps un nouveau type de bâtiment — le pavillon —, et un nouveau rapport à la ville — les figures et le fragment —, se solde par un échec. Cf. J. Castex, P. Celeste, Ph. Panerai, *Lecture d'une ville : Versailles*, Paris, Éditions du Moniteur, 1980. L'exemple de Bath, du Queen's Square, 1727, au King's Circus, 1754, et au Royal Crescent, 1767, servent de référence et les nouveaux types expérimentés hors de la ville pour les plaisirs d'une station thermale à la mode seront rapidement réutilisés pour la construction du Londres géorgien.

[13] Henry-Russell Hitchcock et Philip Johnson, *Le style international* [1932], Marseille, Parenthèses, 2000.

etc.). Suivant les mêmes règles, suffisamment générales, on établira pour ce type physique un outillage d'habitation standard [14]. »

La typification extrême du logement qui devient ainsi, au moins dans l'esprit des architectes, un produit industriel comme un autre, abstraitement défini en dehors d'une localisation précise, donc en dehors d'un rapport précis à la ville, est justifiée par l'urgence, la nécessité d'une construction rapide, économique, hygiénique, sociale. Préfabrication, montage à sec, rapidité de l'exécution, amélioration des conditions de travail sur les chantiers, baisse des coûts de construction, amélioration du confort et de l'hygiène, facilité de l'entretien domestique sont les arguments invoqués. Les réalisations de J. J. P. Oud à Rotterdam, celles de Bruno Taut, d'Ernst May, de Gropius en Allemagne sont les chefs-d'œuvre de la période héroïque. Le Corbusier par ses écrits divulgue les mêmes principes. Le type équivaut au standard, il ne renvoie plus aux propriétés caractéristiques d'une famille d'objets (de bâtiments), il reflète encore moins un accord entre maîtres d'œuvre et habitants, mais comme dans les nomenclatures de catalogues, il désigne un modèle particulier que l'on propose à la reproduction ou à l'acquisition.

Utilisé de manière fétiche, le mot est un signe de modernité : « Classer, typifier, fixer la cellule et ses éléments. Économie. Efficacité. Architecture [15] » proclame Le Corbusier. Le Weissenhof est l'occasion de construire ce catalogue de maisons, ce premier « Villagexpo » du mouvement moderne. Et Le Corbusier, toujours, de reprendre l'antienne : « Stuttgart, c'est l'occasion enfin ! On présente là un type : un type de structure, un type de disposition intérieure… maison de série Citrohan ».

Mais la notion de type reste confuse. Vidée de son sens d'origine, elle ne désigne plus que des objets normés, à des échelles diverses : « la fenêtre est l'élément mécanique-type de la maison », « gratte-ciel, lotissements à redans, à alvéoles, des quantités de types nouveaux d'architecture ». On est, à la veille de la Charte d'Athènes, déjà entré dans le monde d'objets isolés qui caractérisera la production urbaine de l'après-guerre : « pour l'habitation : a) type redan ; b) type en Y ; c) type frontal ; d) type épine ; e) type gradin. Et pour les affaires : b) type Y ; f) type lentille [16] ». Le grand ensemble n'aura plus qu'à restreindre encore ces catégories.

[14]   Le Corbusier [1927], *Urbanisme*, Paris, 1980.

[15]   Le Corbusier et Pierre Jeanneret, *Œuvres complètes 1910-1929*, Zurich, Artemis, 1946. Les citations qui suivent sont issues du même ouvrage. Sur l'utilisation du type dans la production du mouvement moderne, et notamment en matière de logement social, on s'est appuyé principalement d'une part sur les articles d'Ernst May dans la revue *Das neue Frankfurt* : « Grundlagen der Frankfurter Wohnungsbaupolitik », in *Das Neue Frankfurt* (Francfort), n° 7/8, 1928 et « Funf Jahre Wohnungsbautatigkeit », in *Das neue Frankfurt* (Francfort), n° 7/8, 1930, et d'autre part sur : Carlo Aymonino, *L'Abitazione razionale : atti dei congressi CIAM 1929-1930*, Venise, Marsilio, 1971 ; Giuseppe Samona, *Le case populare degli anni 30* [1935], Venise, Marsilio, 1972 ; Aldo Rossi, *Neues Bauen in Deutschland, Wohnungs und Siedlungen der 20er und 30er Jahre in Stuttgart, Francfort, Karlsruhe*, Zurich, ETH, 1972, multig. ; J. Gantner, G. Grassi, M. Steinman, *Neues Bauen in Deutschland*, Zurich, ETH, 1972, multig.

[16]   Le Corbusier, *Les trois établissements humains* [1945], Paris, Éditions de Minuit, 1959.

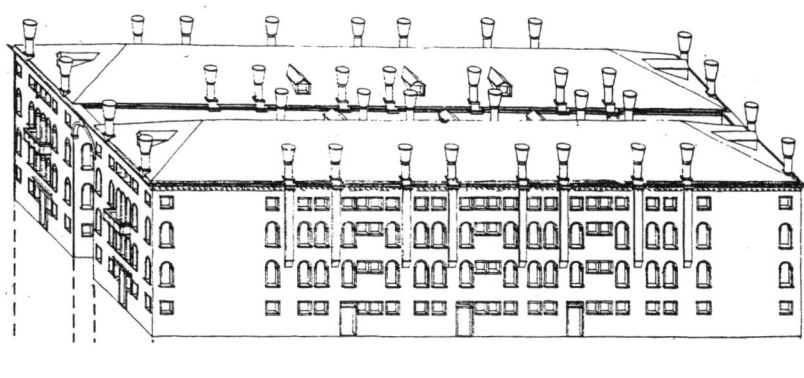

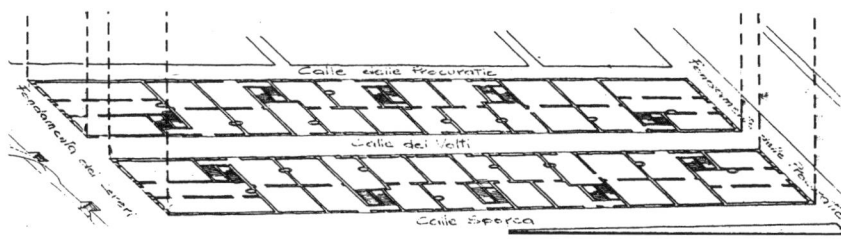

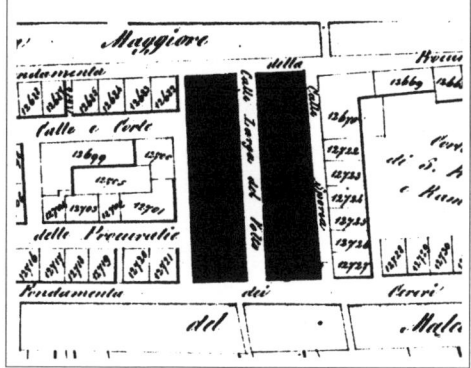

Fig. 39 : Le tissu et le type.

a. Venise : le tissu "a calle"

(G. Gianighian, P. Pavanini, *Dietro i palazzi*, 1984).

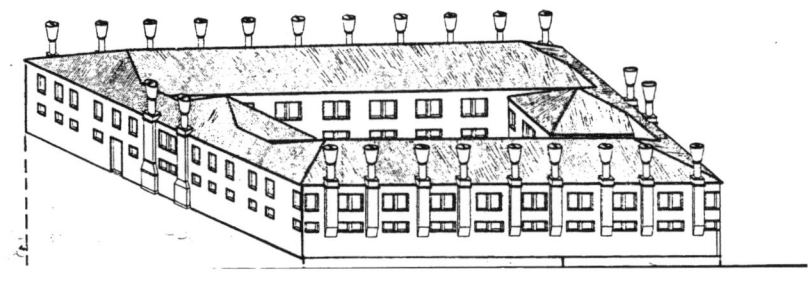

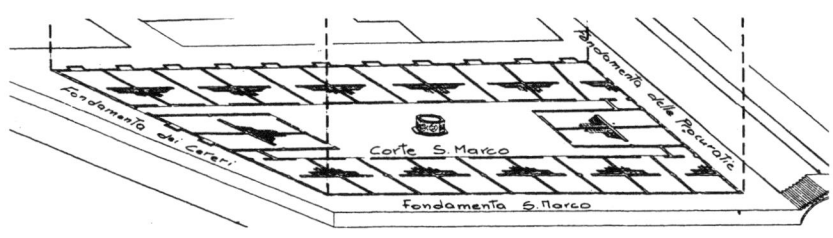

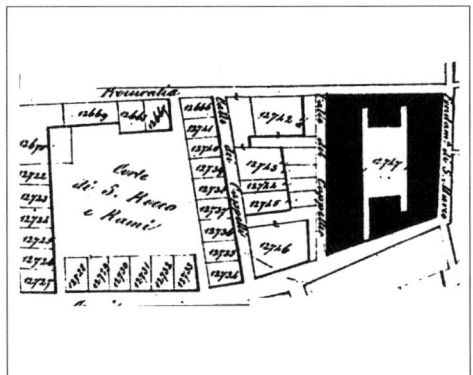

b.   Venise : le tissu "a corte"

(G. Gianighian, P. Pavanini, *Dietro i palazzi*, 1984).

Typologie du bâti / Morphologie urbaine : l'acquis italien

Dans les années cinquante, la critique du mouvement moderne donne lieu à quelques tentatives spectaculaires pour redéfinir les bases du travail des architectes : contestations et suppression des CIAM, création de Team X, congrès d'Oterloo. La rangée est remplacée par la grappe, le *cluster* ; la distribution orthogonale par une maille hexagonale ; la ségrégation horizontale des circulations par une séparation verticale. En France, l'équipe Candilis-Josic-Woods marque avec Toulouse-le-Mirail l'espoir, puis la désillusion d'arriver à recréer une structure urbaine à partir des éléments « classiques » de l'architecture moderne. Malgré les déclarations chaleureuses, la rue reste une galerie vide ; le forum une dalle déserte que bacs à fleurs, lampadaires et petits équipements ne parviennent pas à « animer ».

À Venise se développe pendant ce temps un travail patient qui va poser en termes nouveaux le rapport de l'architecture à la ville. L'ouvrage de Saverio Muratori, publié en 1959, est le premier d'une série d'études et de recherches qui marque le retour d'une réflexion sur la forme de la ville[17]. Nommé en 1950 à la chaire des « Caractères distributifs des édifices », puis en 1954 à celle de « Composition architecturale », Muratori oriente son enseignement vers le double objectif d'éviter la coupure entre les disciplines techniques et les disciplines historiques et théoriques, et de replacer l'architecture (et la crise de l'architecture) dans la crise urbaine. Pendant dix ans, il mène à l'Institut d'architecture une étude du tissu urbain de la ville basée sur la méthode typologique. Cours et travaux pratiques forment un tout qui intègre l'étude historique, l'analyse architecturale, le relevé constructif et qui se définit comme une histoire du bâti. De cette étude largement documentée par le relevé et l'analyse précise d'échantillons importants du tissu urbain, l'auteur tire trois leçons fondamentales :

— « le type ne se caractérise pas en dehors de son application concrète, c'est-à-dire en dehors d'un tissu construit » ;

— « le tissu urbain à son tour ne se caractérise pas en dehors de son cadre, c'est-à-dire en dehors de l'étude de l'ensemble de la structure urbaine » ;

— « l'étude d'une structure urbaine ne se conçoit que dans sa dimension historique, car sa réalité se fonde dans le temps par une succession de réactions et de croissances à partir d'un état antérieur ».

Appréhendée par « une analyse typologique qui tente d'éviter de tomber dans la classification purement abstraite et refuse d'autre part de se cantonner dans une contemplation purement esthétique », le tissu urbain est saisi comme un tout dont les bâtiments ne constituent que les éléments. D'où l'expression de *tipologia edilizia* que reprendra Aymonino[18], c'est-à-dire d'une

---

[17] Muratori S., *Studi per una operante storia urbana di Venezia*, Rome, IPS, 2 vol., 1959.

typologie qui englobe « non seulement les bâtiments, mais les murs, les rues, les jardins, le bâti de la ville, afin de les classer par rapport à la forme urbaine d'une période historique donnée ».

Dans le travail de Muratori apparaissent également d'autres aspects qui, pour n'en être pas formulés de manière didactique, n'en constituent pas moins de précieuses indications sur la pratique de l'analyse urbaine. C'est d'abord la nécessité de caractériser la forme urbaine à la fois comme structure globale et comme ensemble de dispositions précises, locales. C'est l'idée d'appréhender la ville à partir de l'étude de sa croissance. C'est enfin, en dépassant la notion de bâtiment envisagé comme un objet isolé, sortir d'une conception de la typologie fondée sur la reconnaissance d'archétypes pour plonger dans une *analyse concrète du tissu*. L'étude sur Venise démontre l'intérêt d'utiliser la notion de type à plusieurs niveaux de la lecture de l'espace urbain :

— Le *bâtiment* ou plutôt la *parcelle bâtie*, c'est-à-dire l'édifice ancré dans le sol, intégrant des espaces ouverts — cours, jardins, etc. —, caractérisé par une relation précise aux espaces urbains — rues, placettes ou canaux.

— Le *groupement de parcelles* qui révèle l'organisation élémentaire du tissu et, selon la période de formation, la localisation dans la ville, est caractérisé par le rôle structurant des espaces publics, la position des monuments, la logique de la densification et de la croissance interne, les possibilités d'association avec d'autres formes de tissus.

L'étude de ces deux niveaux permet d'apprécier un premier aspect des relations entre les types bâtis et la forme urbaine. Ainsi à Venise, on relève le lien qui existe entre le tissu *a calle* relevé dans le quartier San Lio, et le type des petites maisons d'ouvriers et d'artisans qui, de la période tardo-byzantine jusqu'au xixe siècle, perpétuent des dispositions semblables.

Carlo Aymonino qui enseigne à Venise à partir de 1963 va s'appuyer sur cet acquis pour mener un double travail. D'une part systématiser les concepts de forme urbaine, de type, de croissance proposés par Muratori, en les expérimentant sur d'autres villes. C'est l'ensemble des travaux menés avec Aldo Rossi dans les années soixante, dont la publication en 1966 de *La città di Padova* constitue l'aboutissement. D'autre part, étudier la formation de la ville moderne et contemporaine comme ensemble d'édifices radicalement différents de ceux qui les ont précédés. C'est le sens des études sur *Le città capitali del xix secolo* dont le premier tome paraît en 1975.

L'importante introduction de *La città di Padova* tente, sous forme d'hypothèse, de généraliser les moyens théoriques de l'étude des phénomènes urbains [19] en même temps qu'elle en offre une description valable pour l'ensemble des villes européennes. Au fil de ces soixante pages vont apparaître tous les thèmes qui reviennent immanquablement dès qu'est abordé le problème de la ville. Et tout d'abord le « rapport dialectique et non causal entre la typologie des édifices et la forme urbaine » dont Aymonino tente de cerner le déplacement au cours de l'histoire. À lire Aymonino, les choses

---

[18]   Carlo Aymonino, *Aspetti e problemi della tipologia edilizia*, cours à l'Institut d'Architecture de Venise, 1964-1966 et également : *La città di Padova, op. cit.*

[19]   Titre de l'introduction d'Aymonino, les citations qui suivent sont extraites de ce texte.

semblent simples et tout à l'opposé de l'interprétation mystique qui accompagne parfois l'évocation du couple morpho/typo. Les mots débarrassés de la redondance qui entoure certains textes italiens, évoquent des observations concrètes, des images que chacun, pour peu qu'il ait déjà porté quelque intérêt aux villes, peut comprendre. *Tipologia edilizia*, la typologie des édifices, ou mieux, du bâti, l'ensemble des types qui, dans une ville ou un quartier permettent de caractériser le tissu construit ; *forma urbana*, la forme urbaine (le mot morphologie apparaît également, mais peu), ce qui permet de caractériser la ville comme ensemble, comme totalité : le contour, le tracé de l'enceinte, celui des voies principales, la position des places, des monuments, la localisation des gros équipements.

La typologie, l'étude des types (ce n'est que par extension que le mot désigne parfois l'ensemble des types étudiés), est présentée comme « un instrument et non une catégorie, [...] c'est un des instruments qui permettent de conduire l'étude des phénomènes urbains ». Outil de travail, « il ne faut donc pas s'attendre à une définition unique de la typologie, mais à des redéfinitions constantes en fonction des recherches ». Et Aymonino invite à engager des études analogues sur d'autres villes afin de recueillir un matériel pour la connaissance des villes européennes permettant de vérifier ou contredire ses hypothèses et de vérifier ou d'amender les concepts utilisés.

L'étude du rapport entre les types construits et la forme urbaine est « le moyen de comprendre la structure de la ville à la fois comme continuité historique d'un processus et comme phénomène partiel d'une telle continuité » ; elle ne constitue pas une fin en soi et s'accompagne d'une analyse des « éléments de la structure urbaine » et des « processus de croissance ». Car il ne s'agit pas seulement de fixer une image à un instant donné et pour une localisation précise, mais par une attention particulière aux modifications qui affectent la ville dans le temps et dans l'espace, de saisir les ruptures qui sont à l'origine de « la formation de la ville contemporaine » (on rejoint ici la problématique qui sera développée dans *Le città capitali*).

Une de ces ruptures est « le moment où la ville englobe l'enceinte dans sa propre forme en abandonnant sa forme précédente caractérisée architecturalement par la présence du mur ». C'est le moment où il n'y a plus un *dedans et un dehors*, mais un *centre et une périphérie* au sens actuel. Une autre rupture, le *changement d'échelle typologique* qui se produit au moment où l'unité d'intervention n'est plus la maison ou la parcelle bâtie, mais la rangée, le bloc ou le lotissement.

Puis à ces déplacements relativement modestes, à ces changements du rapport type/forme urbaine, succède « un retournement total,

---

[20] Dépassant les hypothèses de *La città di Padova* (*op. cit.*), Aymonino note son objectif d'« identifier quelques lois générales de la croissance des villes dans la phase du capitalisme bourgeois, mais aussi préciser par des comparaisons les caractères particuliers que ces lois ont revêtus peu à peu dans la réalité physique (à la fois historique et empirique) de chaque structure urbaine ». Et citant Togliatti : « les transformations communes à l'ensemble du monde capitaliste ne s'accomplissent pas partout de la même manière, elles n'y entraînent pas partout les mêmes conséquences pratiques, elles ne créent pas partout des problèmes identiques » (C. Aymonino, G. Fabbri, et al., *Le città capitali del XIX siècle, Parigi e Vienna*, Rome, Officina, 1975).

voire même sa disparition, du moins si l'on utilise les mêmes critères que pour les exemples du passé ». « Le rapport entre le type d'édifice et la forme urbaine est complètement bouleversé, celle-ci dérive mécaniquement de la quantité des bâtiments sans déterminer en retour leur qualité. La forme urbaine, si l'on peut dire, enregistre les accroissements sous l'aspect d'extensions successives sans ordonner à l'avance leurs caractères et leurs relations. Donc il n'y plus de forme urbaine, mais seulement des phénomènes urbains. »

Selon les lieux, ces ruptures interviennent à des époques et sous des formes différentes. Ainsi le changement d'échelle typologique se produit au XVIIIe siècle à Londres où il engendre le lotissement des *estates* par des séries de *terraces* ; au milieu du XIXe siècle à Vienne ou à Paris, avec la construction du Ring ou les travaux d'Haussmann [20], où se codifient et se généralisent de nouveaux types de voies, de nouveaux types d'immeubles et de logements ; après 1918 pour de nombreuses villes plus modestes où les pressions économiques et démographiques sont moins vives que dans les capitales.

Mais ce qui compte, ce n'est pas la simultanéité des phénomènes, mais la similitude de leur succession. Ainsi, selon Aymonino, est-il possible de définir les caractères généraux des villes occidentales sachant que « rapidement le phénomène se diffuse et tend à être semblable dans toutes les villes où il se manifeste ».

Méthode de l'analyse typologique

Depuis les recherches de Muratori ou d'Aymonino se précise la nécessité d'une connaissance de l'objet avant de passer à son interprétation [21]. La nécessité d'un travail préliminaire d'élaboration des types qui requiert de la méthode et du temps et constitue la seule garantie possible contre le schématisme et l'abstraction. Si la réalité résiste parfois fortement à l'analyse, le questionnement systématique du terrain reste le point essentiel du travail.

Le type *est* l'ensemble des caractères organisés en un tout, constituant un instrument de connaissance par « abstraction rationnelle » et permettant de distinguer des catégories d'objets ou de faits [22]. Autrement dit, un type est un objet abstrait, construit par l'analyse, qui rassemble les propriétés essentielles d'une catégorie d'objets réels et permet d'en rendre compte avec économie. L'analyse typologique peut s'appliquer à des ensembles d'objets très variés au sein de la même ville. On pourra mesurer comment chaque objet concret procède par variation sur le type, éventuellement par croisement de deux types, et ayant ordonné l'ensemble, comprendre la logique des variations, les lois de passage d'un type à l'autre, bref établir une *typologie*.

L'analyse typologique peut se situer à plusieurs niveaux ; une typologie aboutie devrait mettre en évidence leur articulation : comment

---

[21] Se référant à Claude Lévi-Strauss, Aymonino précise : « Nous disons qu'il est impossible de discuter d'un objet et de reconstruire l'histoire de ses origines sans savoir d'abord ce qu'il est, [...] sans avoir épuisé l'inventaire de ses déterminations internes » (*La città di Padova, op. cit.*).

[22] Robert, *Dictionnaire de la langue française*.

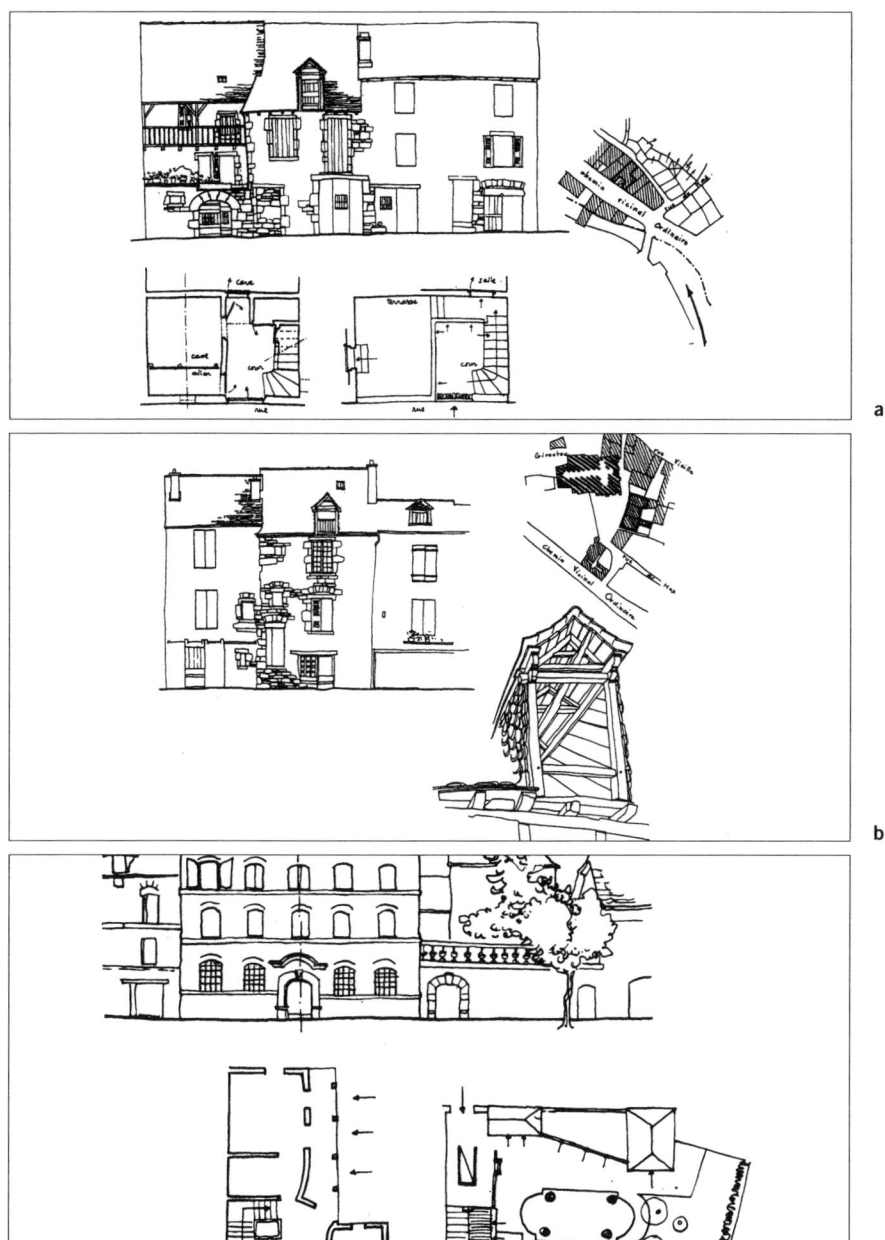

Fig. 40 : Types et codification : les façades (Marcillac, Aveyron).

Les maisons courantes du bourg constituent des variations sur le même type. Elles reflètent les conditions de la production artisanale, la similitude des modes de vie et des références au sein de la société rurale de l'époque, et l'identité des localisations : parcellaire étroit du centre ancien hérité du Moyen Âge. Tout au plus, peut-on distinguer une maison de vigneron, **a**, des maisons de cultivateurs ou d'artisans, **b**.

La maison du notable, **c**, construite au-delà de l'enceinte sur une parcelle plus vaste s'identifie sans hésitation : façade ordonnancée, modénature, balustrade de la terrasse.

la logique d'un niveau influe-t-elle sur un autre, quels sont les traits caracté-ristiques d'un niveau qui restent pertinents à un autre ?

S'il n'est pas question de donner les règles absolues, ni de définir toutes les typologies possibles, encore peut-on fournir quelques indica-tions assez générales pour s'appliquer à différents niveaux, mais assez précises pour permettre une pratique réelle de l'analyse. Pour cela, on distinguera quatre phases : la définition du corpus ; le classement préalable ; l'élaboration des types ; la typologie.

Définition du corpus

Beaucoup d'essais de typologie restent infructueux parce que l'on n'a pas pris le soin de définir clairement au départ ce que l'on étudiait. La définition du corpus est évidemment liée aux questions que l'on pose, mais deux aspects interviennent : le choix des niveaux et la détermination de la zone d'étude.

Le choix des niveaux. — La typologie commençant par un classement, il est préférable de classer des objets appartenant au même niveau de lecture du tissu urbain.

Se pose ici la question du découpage et de sa pertinence. Un découpage extérieur à l'observateur et antérieur à l'analyse, le parcellaire par exemple, fournit une certaine sécurité. Mais tôt ou tard, il se montre inca-pable de rendre compte de l'organisation complexe du tissu. Certaines grandes parcelles avec cours allongées distribuant des bâtiments fonctionnent comme de petites impasses (qui ne sont souvent d'ailleurs que des découpages de grandes parcelles) ; tel passage n'est qu'une parcelle, tel autre en regroupe une vingtaine ; un équipement inscrit dans le tissu occupe l'équivalent de quelques parcelles, un autre un îlot entier, voire un ensemble d'îlots. L'analyse typolo-gique suppose la mise en évidence de ces équivalences afin d'en proposer en fin de compte une articulation.

La parcelle bâtie semble constituer le niveau dont l'analyse est la plus fructueuse parce qu'on y saisit d'emblée la relation du bâtiment avec la portion de territoire urbain qui le supporte. En privilégiant ce niveau, on recoupe évidemment bien des questions posées par l'analyse parcellaire. Mais il s'agit de dépasser la lecture cadastrale plane, pour voir dans l'épaisseur du bâti comment se constitue le tissu.

Le groupement de parcelles forme un autre niveau. Parmi ceux-ci l'*îlot* constitue un objet commode notamment par l'évidence de son découpage. Mais sa pertinence n'est pas absolue, et d'autres fragments permet-tent des analyses plus subtiles notamment celles qui permettent de saisir le vis-à-vis des rangées de parcelles et leur rapport avec l'espace public.

Plutôt que de partir du bâti, au sens du bâtiment, on peut aussi choisir comme unités les espaces publics : rues et places, avenues et boulevards, squares et jardins, quais et canaux, et relier alors dans une même analyse leur tracé avec celui des monuments et des ordonnances monumen-tales. On pourra aussi tenter de « définir plus globalement les tissus », comme l'a fait Muratori pour Venise.

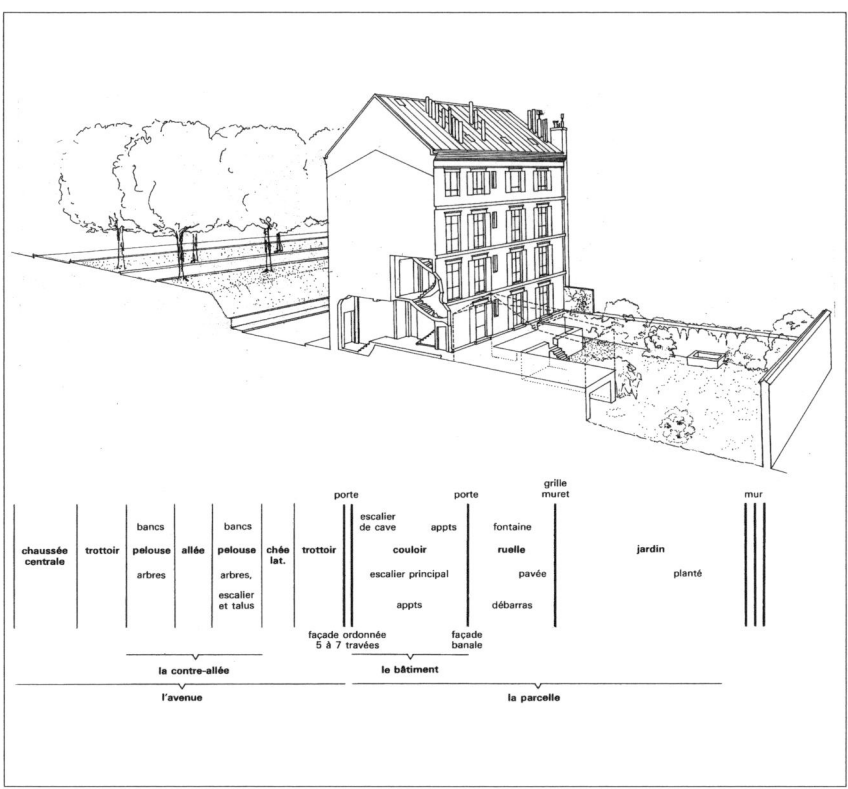

Fig. 41 : Les séquences, une parcelle (Versailles, avenue de Saint-Cloud).

L'analyse typologique suppose des descriptions détaillées. La représentation par le dessin participe à cette description. La coupe-perspective montre la pénétration dans la parcelle depuis l'avenue.

(J. Castex, P. Celeste, P. Panerai, *Lecture d'une ville, Versailles*, 1980, dessin B. Rombauts).

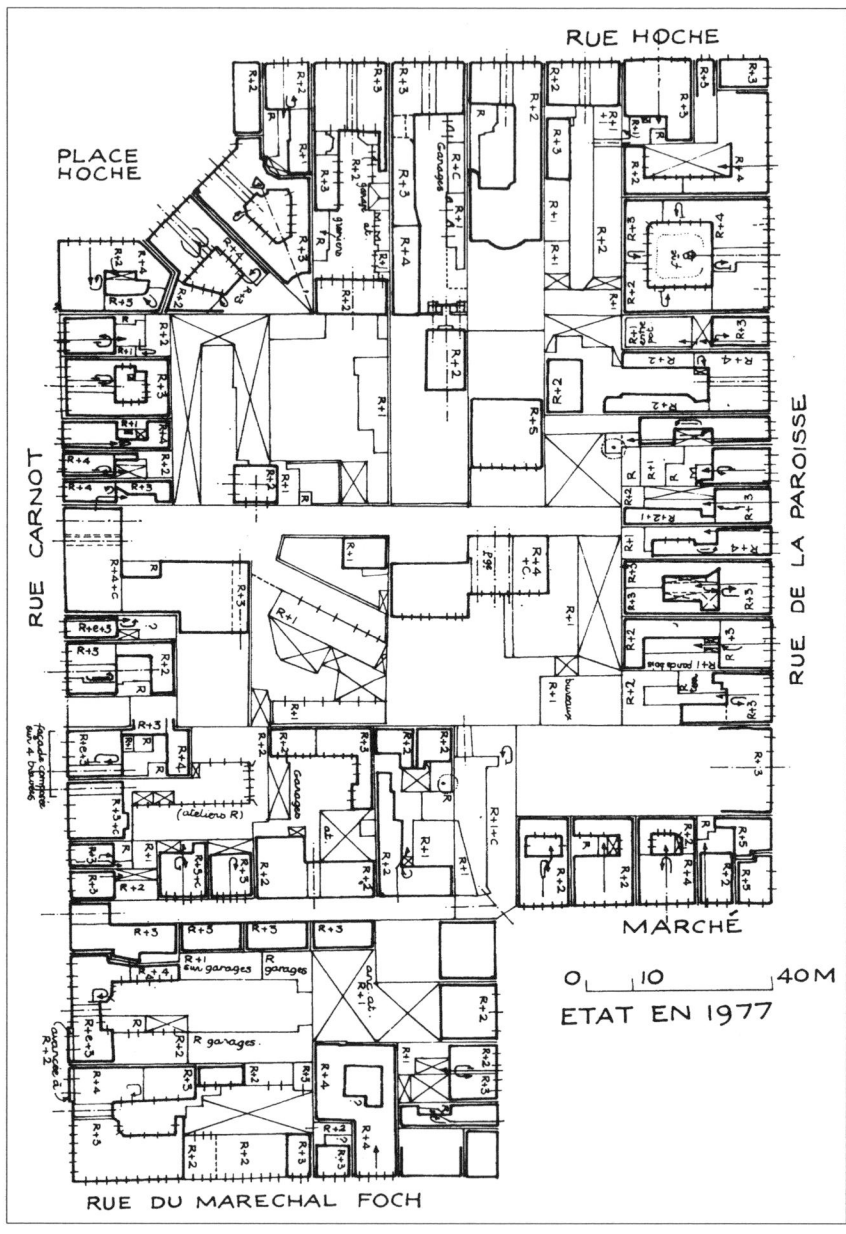

Fig. 42 : Typologie concrète : un îlot, formation de l'îlot de Toulouse
à Versailles.

Le plan cadastral fournit une base de travail commode pour reporter la hauteur des bâtiments, la position des entrées, des passages, des vestibules et des escaliers, l'ordonnancement des façades, etc. (relevé J. Castex).

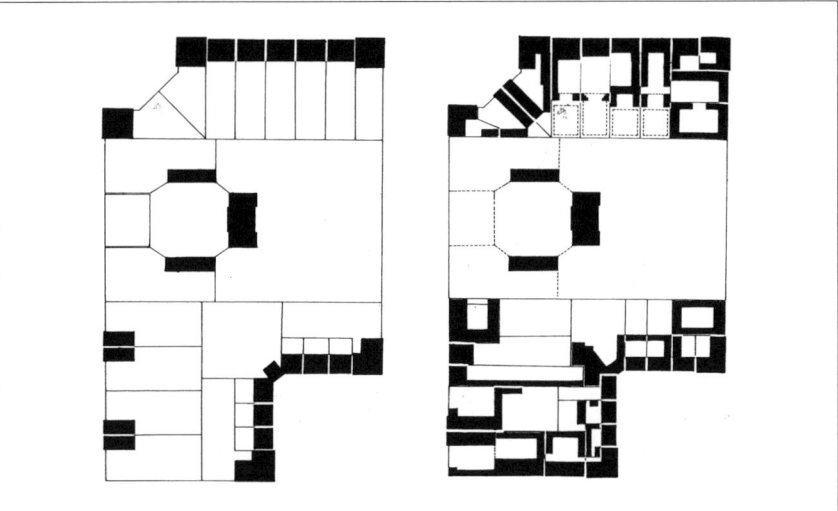

Projet entre 1670 et 1675 d'après un plan conservé à Stockholm : il n'y a pas d'îlot, mais un espacement entre les figures de la rue Dauphine et du marché.

Relevé de 1685 (plan de Chalcographie) La netteté géométrique des figures n'a pas résisté à la réalisation. Seul un des pavillons de l'avenue de Saint-Cloud a été fait : L'hôtel double de Livry et du Plessis, au centre, a pris place l'hôtel de Montansier ou de Toulouse.

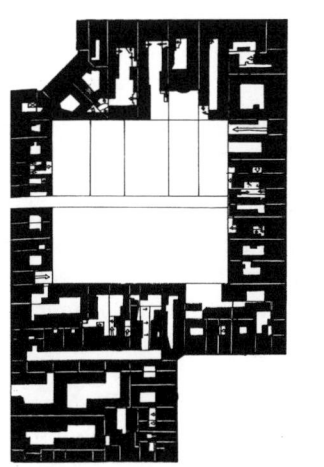

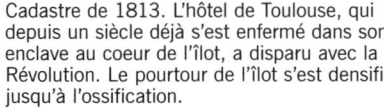

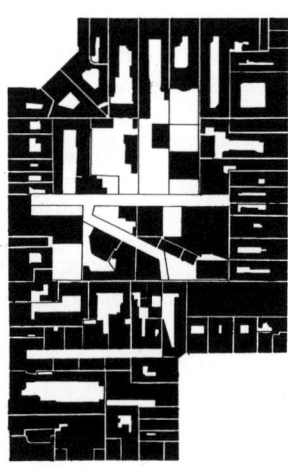

Cadastre de 1813. L'hôtel de Toulouse, qui depuis un siècle déjà s'est enfermé dans son enclave au cœur de l'îlot, a disparu avec la Révolution. Le pourtour de l'îlot s'est densifié jusqu'à l'ossification.

Cadastre actualisé pour 1975. La périphérie de l'îlot a peu varié. Seul le centre s'est bâti autour des passages ; mais le petit monde protégé des hangars et des villas, morceau de banlieue dans la ville, vient de céder devant quelques réalisations tout à fait désordonnées.

(J. Castex, P. Celeste, P. Panerai, *Lecture d'une ville, Versailles*, 1980).

À la campagne, comme le suggère Placide Rambaud, ce n'est pas la parcelle qui importe mais « l'ensemble de l'espace cultivé dont la famille tire sa subsistance[23] ». Cours et jardins, potagers et vergers enclos de murs ou limités par des haies, sentes et chemins qui accèdent aux champs, allées et bois, canaux et ponts sont aussi construits que les bâtiments, et leur assemblage forme le paysage.

Délimitation de la zone d'étude. — Elle dépend de la question posée et des moyens disponibles (temps, personnel), mais il est important de déterminer si l'on fait une analyse exhaustive, où l'on considérera tous les objets en détail, ou une analyse représentative (à la manière d'un sondage) où il faudra déterminer des échantillons, puis vérifier, après avoir élaboré les types, que l'on rend bien compte de toute la zone.

Si l'agglomération a quelque importance, l'analyse d'un quartier, même restreint, suppose la deuxième solution. Une bonne connaissance de la ville en question et des « phénomènes urbains » plus généraux permettra, avec un peu d'intuition, de déterminer les échantillons pertinents.

Classement préalable

Une certaine expérience pratique de la typologie permet d'alléger cette phase ; nous envisageons ici, au risque d'être un peu long, le cas où toutes les opérations sont explicitées.

On commencera par un inventaire.

C'est une phase d'observation minutieuse des objets, où l'on cherche à les décrire, puis à mettre en évidence les propriétés qui les distinguent, à établir des critères.

Cette description, aussi complète que possible, peut sembler fastidieuse. À quoi bon s'astreindre à noter systématiquement le nombre d'étages et le nombre de travées, à pénétrer dans les cours, à repérer les escaliers, à répertorier les matériaux, à inventorier les signes d'appropriation, à consigner les activités. Surtout quand on a l'impression que la même chose se répète d'une maison à l'autre, d'une parcelle à la parcelle voisine et encore après.

« Il faut y aller plus doucement, presque bêtement. Se forcer à écrire ce qui n'a pas d'intérêt, ce qui est le plus évident, le plus commun, le plus terne » rappelait Georges Perec[24].

Dès que le nombre d'objets est un peu élevé, cet inventaire a toute chance de devenir systématique : on posera chaque fois les mêmes interrogations et, selon les réponses, on verra apparaître des ressemblances, des parentés ou des différences. Sans y avoir pris garde, on manipule déjà des critères même si leur détermination reste encore empirique.

À partir des réponses à ces différents critères, on peut procéder à un premier classement, c'est-à-dire regrouper par famille les objets qui offrent la même réponse à une série de critères. La manière la plus efficace consiste à procéder en commençant par les cas les plus clairs, c'est-à-dire en

[23] P. Rambaud, *Société rurale et urbanisation*, Paris, Le Seuil, 1968.
[24] G. Perec, *Espèces d'espaces* [1967], Paris, Galilée, 1992.

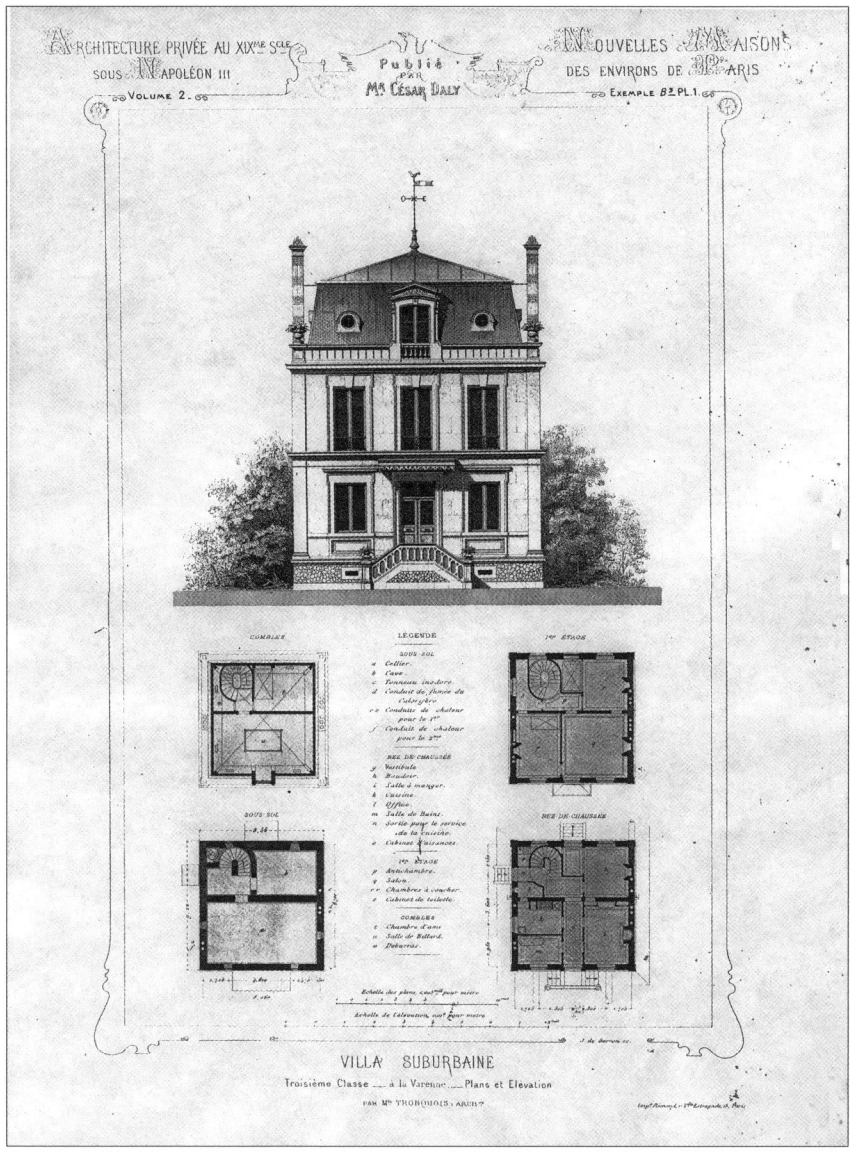

Fig. 43 : La codification du type chez César Daly.

L'ensemble des recueils de l'architecture privée au XIXe siècle, se présente comme un inventaire de différents bâtiments : immeubles urbains, villas suburbaines, classées par coût (la troisième classe à laquelle appartient cette maison est réservée à la petite bourgeoisie). Par l'importance de la diffusion, Daly procède à une véritable codification des types bâtis qui abstraits de leur localisation précise, deviennent libres pour tout réemploi. La voie du « plan-type » ouverte par Durand se précise avec la coupure de plus en plus nette entre l'architecture et le sol.

128

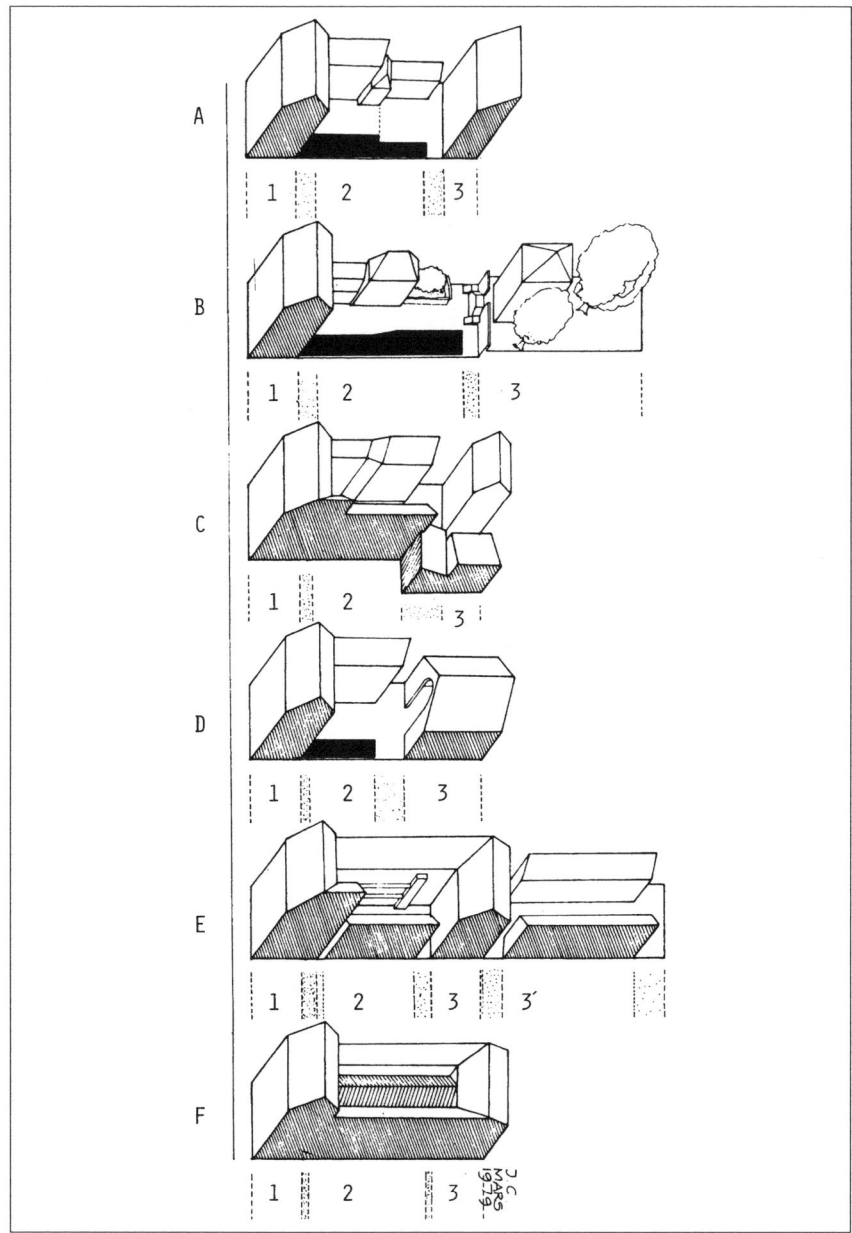

Fig. 44 : L'immeuble urbain et l'utilisation de la parcelle.

Capacités d'adaptation des types bâtis sur parcelles profondes dans le centre de Versailles.
La logique de l'utilisation définit trois parties qui se succèdent : un immeuble principal sur rue (1)
avec une porte cochère dans l'axe de la façade ; une cour-ruelle allongée (2) distribuant de part et
d'autre des bâtiment secondaires (écuries, réserves, artisanat et logements populaires) à simple
orientation, accolés aux mitoyens ; un bâtiment de fond de parcelle (3).
Entre ces trois parties, des fractures plus ou moins épaisses (indiquées ici en pointillé) témoignent
de la non-homogénéité du tissu, qualité qui sera gommée avec Haussmann. Dans deux cas (B et E),
la grande profondeur permet une redondance en fond de parcelle.

écartant provisoirement les objets que l'on serait tenté de placer dans deux familles à la fois et ceux qui semblent n'appartenir à aucune famille.

Une fois un premier classement effectué, il faut vérifier qu'il y a plus de différences entre deux objets appartenant à deux familles différentes qu'entre deux objets appartenant à la même famille ; éventuellement recommencer le classement et revoir les critères pour arriver à ce résultat.

De même que les familles ne sont pas encore les types, ce classement n'est pas une typologie, il constitue simplement un premier regroupement qui va permettre d'élaborer les types.

Élaboration des types

Le type se construit. Cette construction par abstraction rationnelle peut se faire en deux temps. D'abord dans chaque famille donnée, on explicitera les propriétés des objets qui la composent. Puis on réunira les propriétés communes des objets d'une famille pour définir le type ; l'ensemble des propriétés non communes marque les différentes variations sur le type.

Il arrive qu'un objet réel réunisse les propriétés du type et les illustre de façon éloquente ; on parlera alors d'*exemple-type*. Tel est le cas notamment des architectures savantes codifiées par les traités et diffusées par les recueils. Mais l'analyse des architectures vernaculaires permet aussi de pointer des bâtiments particulièrement exemplaires en qui se concrétisent toutes les propriétés d'une catégorie plus vaste.

Typologie

Ces types isolés ne présentent pas un grand intérêt. Ils ne prennent leur sens que replacés dans un système global. C'est ce système, c'est-à-dire l'ensemble des types et de leurs relations que nous nommerons typologie.

On cherchera alors à expliquer comment certains types se déduisent d'autres par croisements, ajouts ou modifications, comment les types se déforment, jusqu'où peut aller le jeu des variations sans altérer le type, etc. On pourra également s'interroger sur les éléments qui fondent la reconnaissance sociale du type, qui lui confèrent cette évidence qui est à la base du consensus, ou au contraire constater leur disparition.

Une typologie assez élaborée mettra en évidence, outre les variations possibles sur chaque type, les équivalences et les hiérarchies qui structurent la forme urbaine. On a déjà noté comment l'association de plusieurs petites parcelles en rangée «fonctionnait» comme une grande parcelle.

La typologie conduit à une compréhension de l'architecture dans un tissu. Les types bâtis apparaissent doublement déterminés par une culture et par une localisation, mais cette détermination n'a rien d'un déterminisme : en un lieu donné et pour une époque précise, plusieurs solutions sont possibles, l'histoire du projet s'inscrit dans cette ouverture.

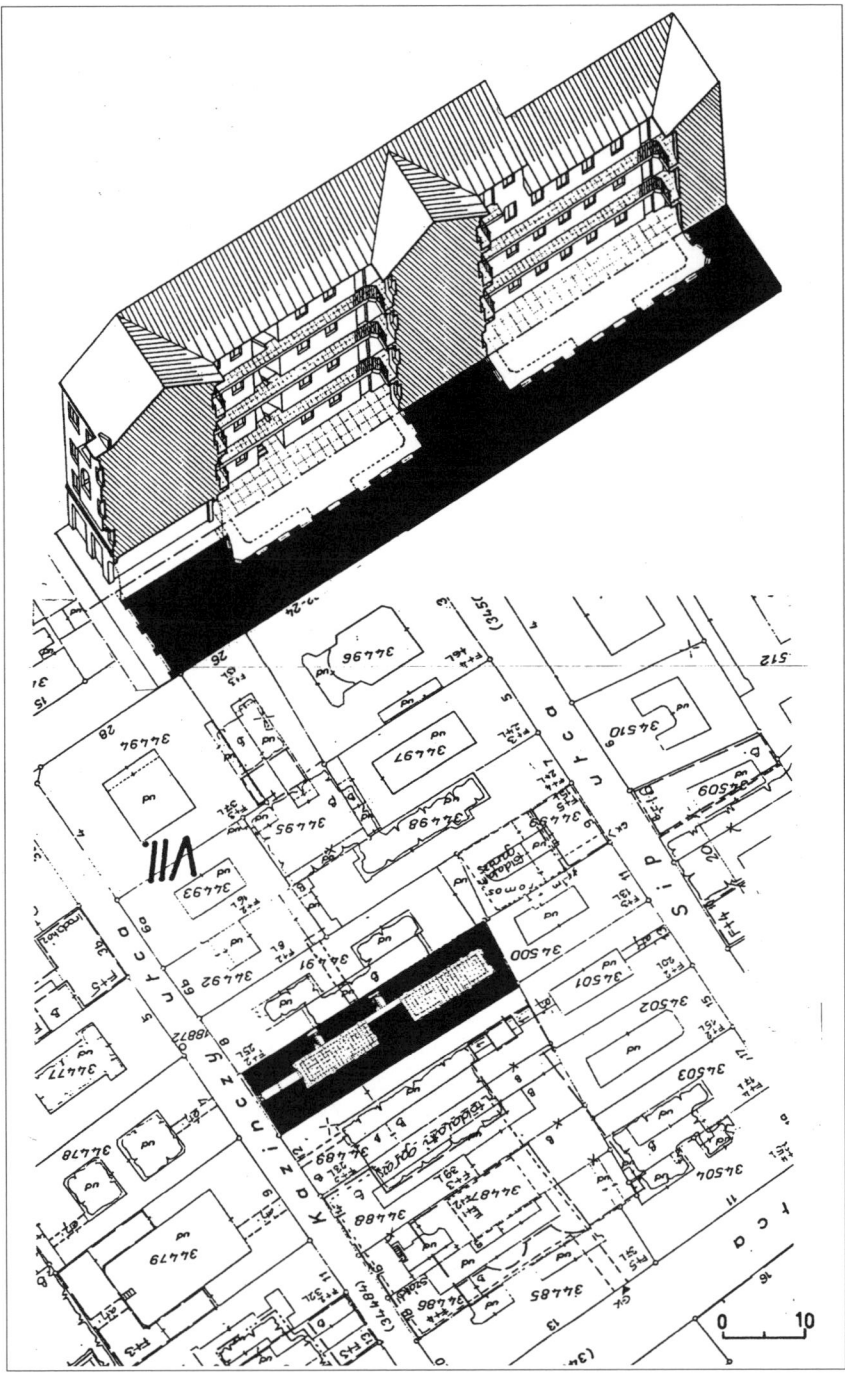

Fig. 45 : Immeuble et tissu urbain à Budapest.

(G. Sensini, *La ville de Budapest et les immeubles à loyer du XIXᵉ siècle*, 1992).

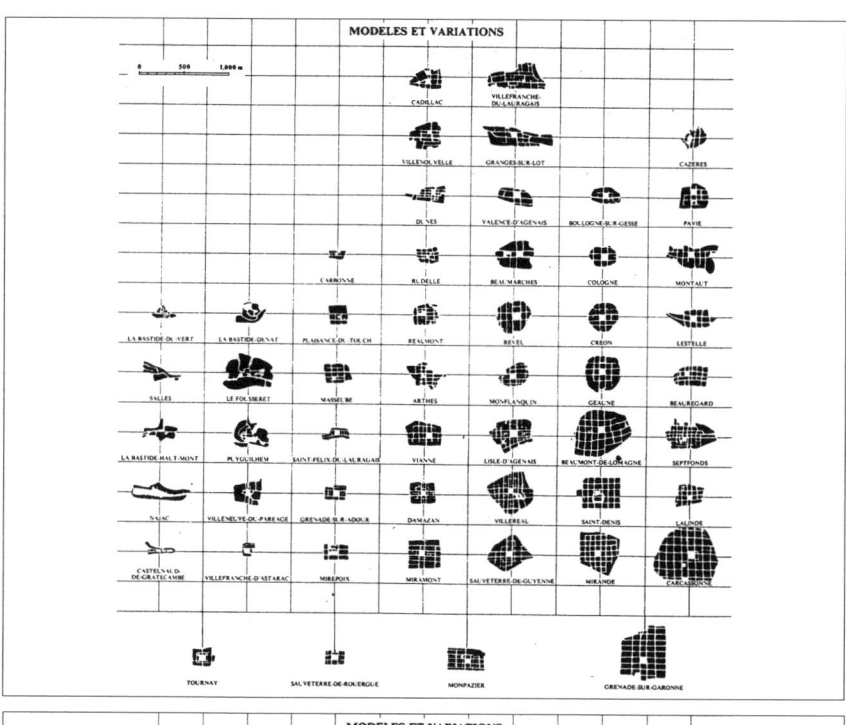

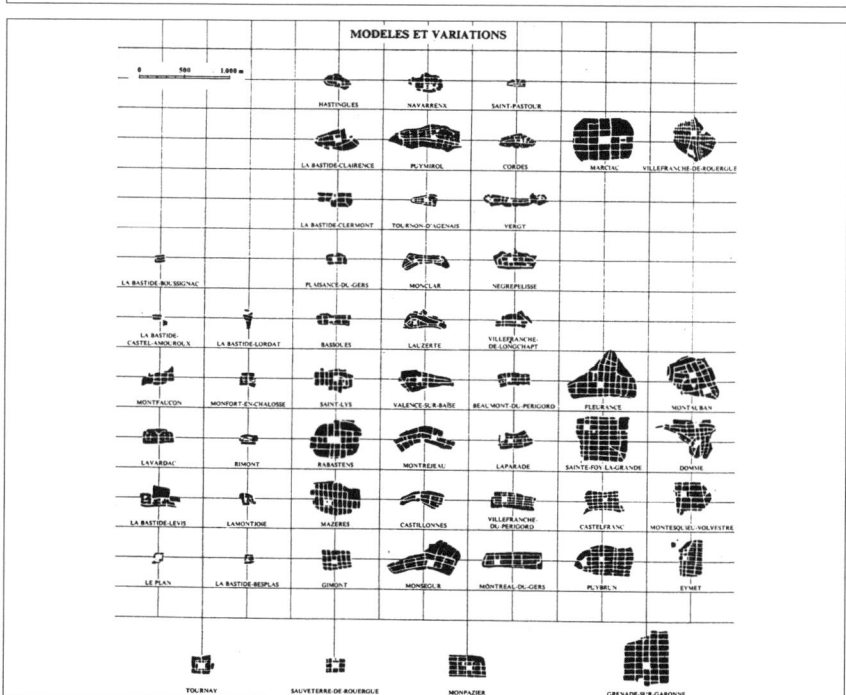

Fig. 46 : Les bastides, modèles et variations.
(F. Divorne, B. Gendre, B. Lavergne, P. Panerai, *Les bastides...*, 1985).

Chapitre 6

L'espace de la ville : tracés et hiérarchies

La question du centre

La comparaison d'un guide du début du siècle, comme le Baedeker ou le Joanne, d'un guide des années cinquante, bleu, vert ou rouge et d'un guide actuel est riche d'enseignements sur la manière dont se sont transformées les représentations de la ville à l'usage des non-initiés. Le guide en effet constitue une tentative non savante (même si certains sont réalisés sous la direction de spécialistes éminents) de représenter les villes. Tenu par un format de poche, de voyage ou de voiture il doit décrire de manière efficace en utilisant des plans schématiques l'essentiel de la ville et permettre de s'y repérer. Dans la sélection des informations qu'il opère se dessine une hiérarchie qui à sa façon témoigne d'une «lecture» de la ville par le corps social même si le point de vue touristique lui imprime une marque particulière.

On pourrait dans un premier temps s'intéresser au cadrage. Au début du siècle, à l'exception des très grandes métropoles (Paris, Londres, Berlin), le plan de la ville coïncide avec celui de l'agglomération, et un dessin de format réduit mais soigné permet d'en rendre compte. La ville existe alors dans une forme globale identifiable, mémorable. Le centre se confond avec la partie la plus ancienne éventuellement augmentée de quelques faubourgs importants du point de vue fonctionnel (les gares) ou symbolique (les institutions nouvelles et certaines parties des beaux quartiers).

À la fin des années cinquante il est peu de grandes villes dont on ne soit pas obligé de donner un extrait agrandi du centre ancien en même temps qu'un plan d'ensemble. Le premier décrit encore la ville de manière précise, les voies y ont leur importance relative, les monuments apparaissent. Le second procède par sélection, il ne représente que les voies principales, insiste sur celles qui jouent un rôle dans le trafic automobile, signale des édifices qui forment des repères et les services à l'échelle de l'agglomération notamment les garages. Celle-ci toutefois dépasse les limites du cadre et la forme de la ville ne peut plus se décrire par son contour. Force est pour qui veut en garder une image, de partir du centre et de la construire à partir de quelques éléments.

Aujourd'hui toutes les villes ont éclaté et les guides sont souvent conduits à ajouter une carte schématique de l'agglomération où les grandes données géographiques — rivières, forêts, montagnes — se combinent avec les tracés d'autoroutes, les gares et l'aéroport pour permettre un repérage à l'échelle territoriale dans lequel les détails de la ville n'ont plus d'importance.

La variation du cadrage met en relief une des caractéristiques majeures de la ville moderne : l'inversion du rapport centre/périphérie, conséquence d'une accélération sans précédent de la croissance urbaine au cours du XXᵉ siècle. Au début du siècle le « tissu consolidé », parfois encore enserré dans une enceinte, occupe l'essentiel du territoire urbanisé. Quelques faubourgs le long des voies d'accès s'y ajoutent mais leur importance tant démographique que spatiale est faible. Aujourd'hui la majeure partie de la population et la quasi-totalité de la surface urbanisée sont en dehors du centre ancien et de la ville mère. Les constructions déferlant sur des territoires peu ou pas préparés, encerclent des villages et des domaines agricoles, des usines et des forêts.

Curieusement cette situation ne se limite pas aux pays ou aux régions à forte expansion démographique ; elle se retrouve également dans des agglomérations dont la population est stabilisée. Les changements de modes de vie, les nouvelles exigences en matière de confort, les nouvelles formes de consommation et de loisirs entraînent une extension de la surface urbanisée alors même que souvent le centre ancien perd des habitants. Cette situation touche aujourd'hui aussi bien les grandes villes que les petites, aussi bien les villes anciennes que de plus récentes, aussi bien les pays pauvres que les pays riches. Les centres historiques de Rio ou du Caire ne sont qu'un point par rapport à l'aire métropolitaine, Paris intra-muros ne représente qu'une très faible superficie dans l'ensemble de l'agglomération, l'agglomération d'Orléans a vu en quinze ans sa superficie doubler alors que la population ne s'est accrue que de 15 % dans la même période.

Ce constat a deux conséquences : la notion de centre s'est fortement modifiée en quelques décennies ; les grandes agglomérations ont plusieurs pôles.

La modification de la notion de centre peut s'interpréter comme un réajustement historique : ce qui était nouveau hier est devenu ancien. Mais le double éclatement de la forme d'ensemble et du tissu urbain dans l'urbanisation des trente dernières années ajoute à cette distinction chronologique une rupture morphologique presque irréductible. Par rapport aux fragments isolés et séparés des nouvelles périphéries, tout ensemble de tissus constitués qui présentent à la fois un minimum de compacité et d'homogénéité, d'ordonnancement des espaces publics et de mixité des fonctions fait figure de centre. Par rapport au paysage dominant de l'agglomération, le centre est devenu une singularité, presque l'exception. Ainsi le centre aujourd'hui a largement dépassé le centre historique d'hier, et en même temps sa place dans l'agglomération se trouve réduite par l'explosion de celle-ci.

Quel est ce centre, et comment est-il perçu, reconnu, vécu ? La réponse ne peut pas être unique, et la question oblige à distinguer des catégories non pas tant par aires culturelles ou par typologies de villes que selon le fait que le processus de reconquête des centres anciens est plus ou moins avancé.

Mais tout d'abord quel est ce centre ? S'agissant des grandes villes, capitales ou métropoles, on peut avancer l'idée d'un agglomérat qui rassemble le centre historique et les faubourgs anciens, les beaux quartiers du XIXᵉ siècle, les extensions ordonnées de la première partie de ce siècle, quelques secteurs de rénovation, une partie des nouveaux quartiers venus remplacer d'anciennes zones industrielles ou portuaires...

Le tout est marqué par la présence d'un bâti où l'ancienneté, la variété et la diversité coexistent, par une évidence des espaces publics et une générosité de leur traitement, par la forte concentration d'équipements publics et d'institutions, par la présence importante des activités commerciales, par la complexité des fonctions. Enfin la concentration des moyens de transport et la superposition de leurs différentes échelles, est un indice sans équivoque de la centralité : chemins de fer et gares d'échelles nationale et internationale voisinent avec les lignes de banlieues, les terminaux des compagnies aériennes et des bus à longues distances, le métro et l'autobus métropolitains. C'est aussi le cadre d'une consommation mêlant tourisme et loisirs qui regroupe les salles de spectacles et les musées, les monuments et les quartiers pittoresques, les cafés, bars, restaurants et autres lieux de restauration rapide, les boutiques de souvenirs et de produits locaux, les music-halls et les clubs (même si certains se développent dans des quartiers excentriques).

Avec les ajustements que requiert la prise en compte des conditions géographiques économiques et culturelles propres à chaque ville ou à chaque pays, une telle définition peut convenir pour Paris ou Milan, Le Caire ou Istanbul, Montréal ou Montevideo.

L'élargissement du centre peut utiliser plusieurs modes. Paris avec sa structure radioconcentrique maintient une hiérarchie qui conserve au centre historique une position centrale. C'est autour de lui et à la faveur des enceintes successives que la ville s'est constituée, l'élargissement du centre à l'échelle de l'agglomération reflète la croissance progressive de la ville. Aujourd'hui encore les caractères de la centralité ne couvrent pas entièrement la couronne des faubourgs annexés par Haussmann et ne dépasse guère l'ancienne enceinte de Thiers. Au-delà du périphérique, les villes même anciennes comme Saint-Denis ou Argenteuil restent des centres locaux. Et la décentralisation massive des équipements scientifiques et universitaires engagée dès les années cinquante (Saclay, Orsay, Nanterre) et poursuivie inexorablement depuis n'a pas créé les pôles attendus.

À Barcelone, le centre moderne formé autour du Paseo de Gracia s'est juxtaposé au centre historique. L'ensemble forme un tout assez compact à partir duquel les caractères de la centralité décroissent de manière progressive dans le cadre homogène de l'Ensanche pour resurgir sous forme de centres secondaires, dans les noyaux des anciens villages : Gracia, Sarria, Clots, Sants. Certains faubourgs anciens comme Poble Nou voient leur statut changer et participent à cet élargissement/dispersion de la centralité.

À Vienne le maintien jusqu'au milieu du XIXᵉ siècle d'une enceinte entourée d'un glacis inconstructible a isolé le centre historique des faubourgs. Ceux-ci se sont développés avec leurs propres centralités comme autant de quartiers autonomes fournissant un exemple avant la lettre du

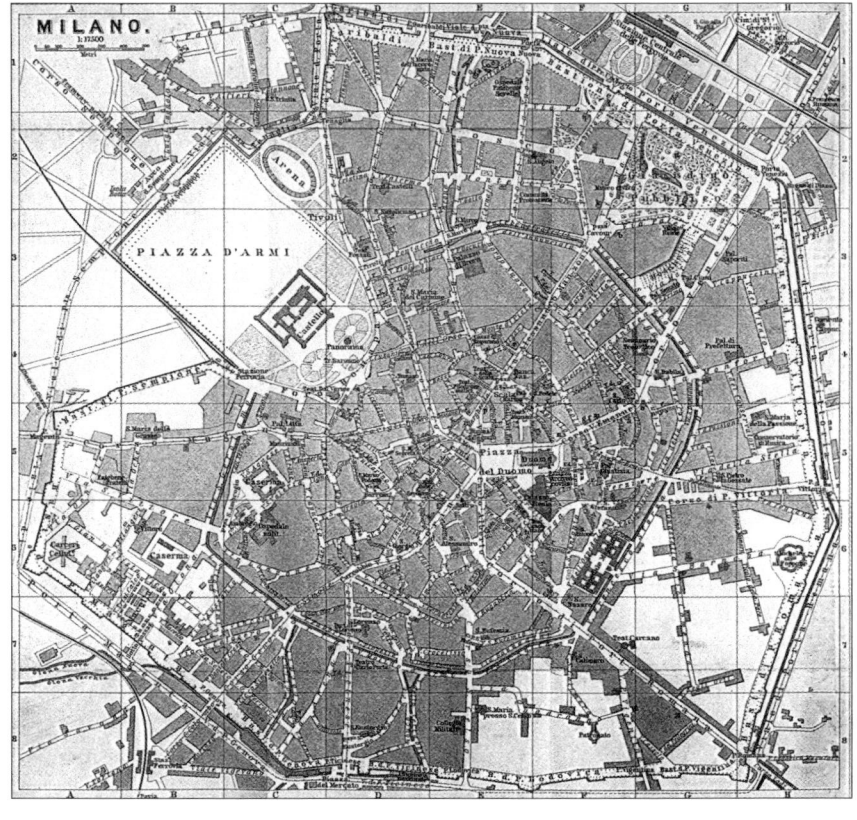

Fig. 47 a :   Plan de Milan.

(K. Baedeker, *Manuel du voyageur, Italie septentrionale*, Leipzig, 1886).

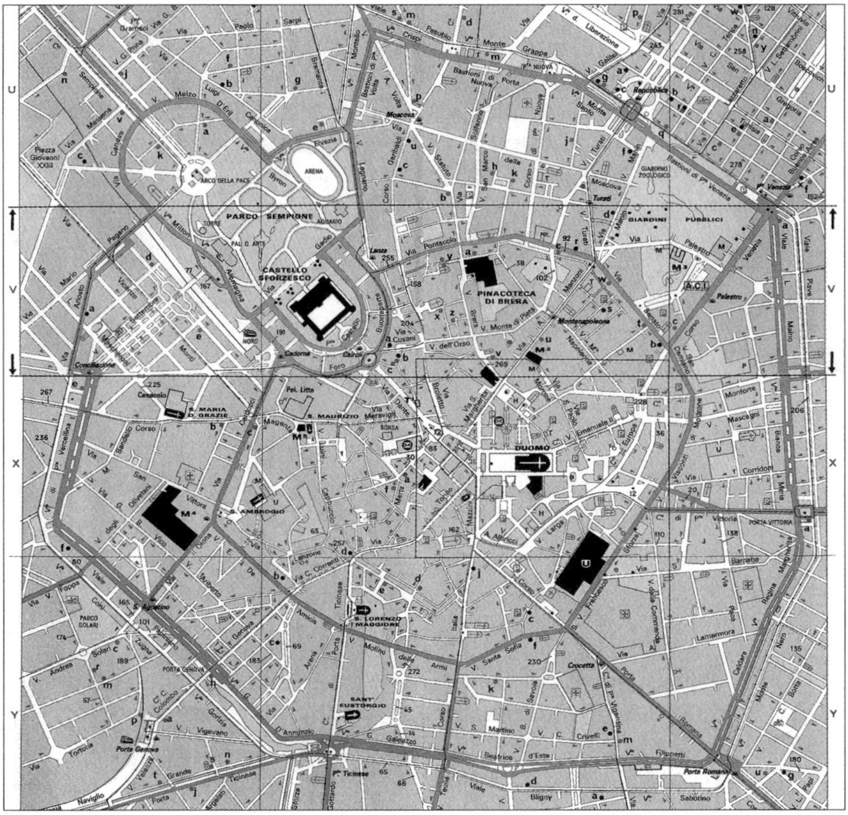

Fig. 47 b : Plan de Milan.
(Guide Michelin, *Italie*, Michelin et Cie, 1993).

trabantenprinzip, le développement éclaté cher aux tenants du mouvement moderne. L'affaiblissement de l'Empire ottoman et le renforcement économique et militaire de l'Europe ayant rendu caduque le maintien d'une ligne de défense contre les Turcs, la construction du *ring* permet à partir de 1848 de réaliser un centre moderne doté de toutes les institutions de la Ville et de l'Empire qui « s'enroule » autour du centre ancien et vient faire la soudure avec les faubourgs.

Dans cet élargissement des centres apparaissent des complémentarités et des modulations, des rivalités et des concurrences. La coexistence de plusieurs centres dont la réunion forme LE centre à l'échelle de l'agglomération peut s'accommoder du déclin de certains. Cela a été le cas assez général des centres historiques ou d'une partie d'entre eux avant que la redécouverte de leur valeur et des potentialités immobilières qui s'y attachent n'en fasse l'objet d'une reconquête systématique. Cela reste le cas d'une ville comme Londres où la mobilité des centres — ou du moins de certains d'entre eux — est liée aux particularités du système foncier. À côté de centres fixes fortement marqués par des activités spécifiques : les affaires dans la City, le pouvoir politique à Westminster, le commerce à Mayfair, les variations de la valeur immobilière qui est la conséquence des baux emphytéotiques favorise l'émergence des lieux à la mode pour des durées éphémères. Carnaby Street n'est plus qu'un souvenir de l'époque des Beatles, les pubs de Hampstead rivalisent avec ceux de Chelsea, les Docklands tentent un rééquilibrage à l'Est. Au-delà subsiste la nébuleuse des centres secondaires, vieux villages ou nouveaux centres noyés dans les *suburbs*.

Mais devant l'étendue nouvelle des agglomérations, les quartiers anciens même paupérisés conservent un caractère central.

Aussi dégradé qu'il soit, le centre historique du Caire, déserté par la bourgeoisie depuis les années quarante, reste sur le plan du commerce international (coton, épices, or et argent), de la vie intellectuelle (avec l'université d'Al Azhar), de la consommation touristique (avec les boutiques du Khan el Khalili), du tourisme populaire (avec les grandes fêtes de la mosquée d'Al Hussein) et du patrimoine culturel (avec les monuments), une composante importante de l'identité de la ville et de son rôle de métropole du monde arabe. Même si une partie des fonctions liées au pouvoir politique, aux affaires et au commerce, et aux formes modernes de la consommation et de la culture se développent depuis plus de cent ans dans d'autres quartiers. En d'autres termes, la désaffection du centre historique et la dégradation de son cadre bâti ne remettent pas en cause son rôle dans la définition de la ville et de son centre élargi dont il reste une des composantes essentielles. Mais d'autres centres sont venus s'ajouter. D'abord le « centre ville » du XIXᵉ siècle avec les institutions et les équipements modernes, suivi des beaux quartiers sur les îles de Zamalek et de Rhoda. Puis de l'autre côté du Nil avec un nouveau déplacement des institutions (l'université du Caire, certains ministères, les ambassades) et la création des quartiers des années cinquante autour des clubs et des grandes avenues où se concentrent les lieux de consommation de la bourgeoisie aisée : importation d'automobiles, habillement, ameublement aux « enseignes » occidentales.

L'inversion du rapport centre/périphérie se traduit, on le voit, par des phénomènes contradictoires. Le centre s'agrandit en même temps que sa part dans l'aire urbanisée s'amenuise. Le centre historique continue de jouer un rôle non négligeable et connaît même souvent une revalorisation mais il est concurrencé par d'autres. Des centres secondaires se confirment sans pour autant que leur importance dépasse le niveau local.

Réseaux et polarités

Ainsi la ville moderne semble bien caractérisée par l'élargissement de la notion de centre. Avec, selon les cas, une complémentarité ou une concurrence des différents pôles qui le composent. Ce constat ou si l'on préfère cette hypothèse suscite plusieurs remarques.

La diversité du centre n'est pas un phénomène nouveau. Le mythe du centre unique regroupant l'autorité politique, le lieu du commerce, les symboles de la religion et offrant un espace — généralement une place : agora ou forum — à la réunion des habitants et au débat des affaires de la cité appartient à une époque révolue. Depuis longtemps déjà, le centre est multiple c'est-à-dire formé par la somme des centres correspondant aux différents groupes sociaux, ou aux différents usages qui diffèrent dans le temps d'un même groupe. Le centre des lycéens n'est pas le même que celui des retraités, celui des cadres supérieurs n'est pas celui des employés municipaux. Le jour n'a pas le même centre que la nuit. Les lieux du travail, de la consommation et des loisirs, les dépendances administratives, les appartenances religieuses et les préférences culturelles dessinent pour chaque groupe un centre particulier.

Mais dans les villes du XIXe siècle ces centres se composent sur un territoire aux dimensions relativement limitées. La proximité des lieux favorise la fusion des images ou des représentations de chacun dans une identité partagée par tous. Qu'il habite la ville même où vienne des bourgs voisins, chacun connaît, et reconnaît, même s'il ne les fréquente pas, le théâtre ou le palais de justice, les grands magasins et la sous-préfecture. Chaque quartier est marqué par une institution ou une activité dominante, des chaînes s'établissent : instruments de musique et partitions près du théâtre lyrique, librairies autour des facultés. Mais ces quartiers s'imbriquent et le réseau des espaces publics les relie dans un tout évident. Les faubourgs sont proches et les activités exclues du centre : tanneries, abattoirs, casernes, prisons restent aisément accessibles.

La situation aujourd'hui n'est plus la même. Les éléments constitutifs du centre ont essaimé mais leur éclatement souvent dicté par les opportunités foncières ne s'est pas, ou presque, accompagné d'une réorganisation du réseau. L'université décentralisée dans son «campus» est à la rigueur desservie par une ligne de bus aux heures de pointe mais elle n'est pas raccordée à la structure visible des espaces publics. L'hypermarché est placé près d'un nœud routier pour drainer la plus vaste zone de chalandise mais il reste inaccessible aux piétons. Les théâtres de banlieue ne suscitent pas un seul café ou restaurant pour dîner après le spectacle, les cinémas se concentrent en quelques points. Au centre constitué où les diverses fonctions s'organisent

1 CENTRE ANCIEN
2 CENTRE VILLE C.1860
3 ABBASSIYA C. 1880
4 HELIOPOLIS C. 1905
5 HELWAN C. 1905
6 DOKKI-PYRAMIDES C. 1920
7 MAADI C. 1920
8 MOHANDESSIN C. 1950
9 NASR CITY

N

0   5 km

Fig. 48 a :   Le Caire : le centre ancien et les nouveaux pôles urbains.

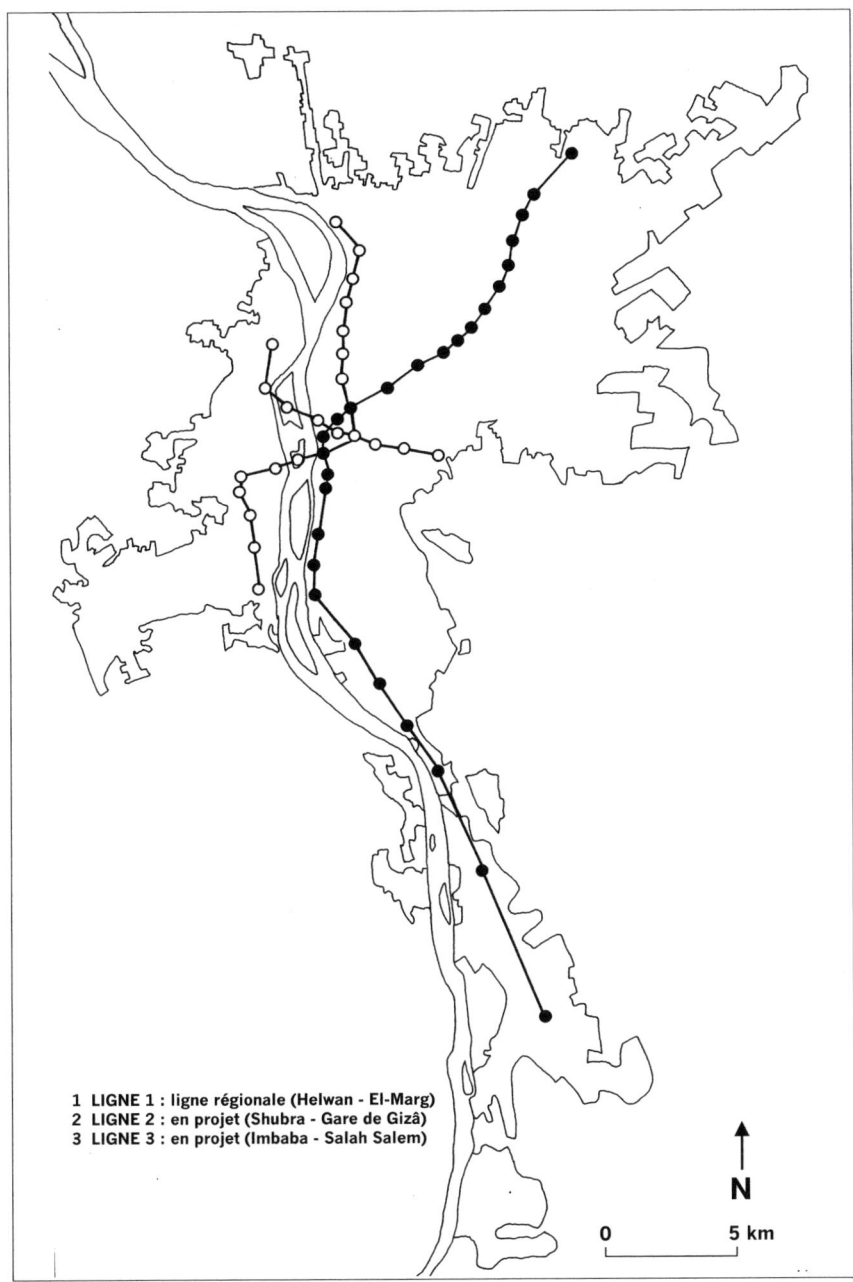

1 **LIGNE 1 : ligne régionale (Helwan - El-Marg)**
2 **LIGNE 2 : en projet (Shubra - Gare de Gizâ)**
3 **LIGNE 3 : en projet (Imbaba - Salah Salem)**

N

0   5 km

Fig. 48 b :   Le métro du Caire

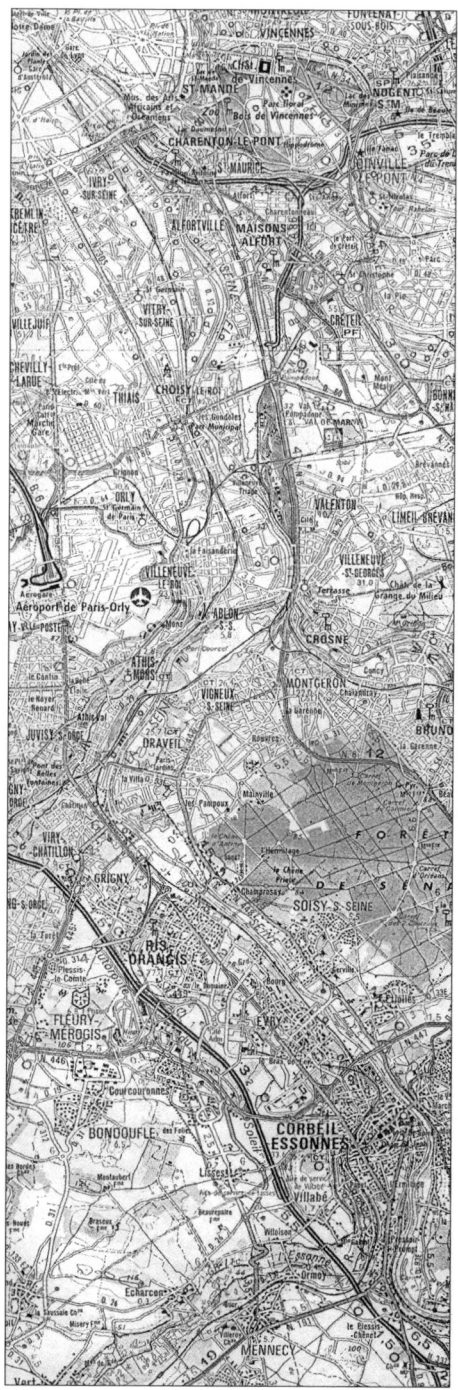

Fig. 49 : Centre-périphérie ; Paris-Corbeil.
(Carte IGN au 1/25 000).

sur un réseau d'espaces publics qui témoignent de la ville comme totalité s'est ajoutée une somme de polarités mal raccordées qui révèlent les hiatus et les ruptures d'échelle de l'agglomération actuelle.

Si le centre lui-même a changé de nature, il reste, même élargi, relativement restreint à l'échelle de l'agglomération tandis que les périphéries ne connaissent pour la plupart que des polarités inexploitées.

La reconnaissance de ces potentialités constitue l'un des enjeux majeurs d'aujourd'hui. Elle suppose un déplacement, un changement de point de vue : ne plus considérer l'agglomération à partir de son centre historique, accepter les visions fragmentaires et partielles, lire la ville en train de se faire. Et en même temps — pourquoi ne resterions-nous pas capables de dialectique — conserver une vision d'ensemble et affirmer la capacité de la ville à l'unité. Une unité qui ne se confond pas avec l'homogénéisation du territoire urbanisée ni avec un placage des images du centre ancien sur l'ensemble de l'agglomération.

Barcelone avec la théorie des nouvelles centralités (*Arees de nova centralitat*) élaborée à la fin des années quatre-vingt constitue un des exemples les plus éclairants d'une telle démarche : la réinterprétation en termes de projet urbain de la capacité de la ville à apporter les caractères de la centralité dans les périphéries jusque-là délaissées. Mais cette proposition qui a déjà connu un début de mise en œuvre ne peut pas être isolée d'un travail antérieur qui repose à partir de l'examen des problèmes de voirie et de trafic, la question de l'armature d'ensemble de la ville. Le séminaire «Les voies de Barcelone» tenu en mai 1984 marque en effet un virage. C'est le moment où les architectes du service d'urbanisme et les ingénieurs du service de la circulation dépassent leurs visions sectorielles et les rivalités de corps qui les sous-tendent pour mener une réflexion conjointe sur le rôle de la voirie dans la structure de la ville. Deux conclusions ressortent de ce travail :

— la nécessité de rééquilibrer l'ensemble du réseau des voies à l'échelle de la ville, ce qui a pour conséquence la réintégration des périphéries dans le système urbain global ;

— la nécessité de requalifier les voies (profil en travers, aménagement, plantations) en fonction de leur rôle urbain autant que des besoins du trafic.

Différents projets aussi divers que la recomposition du front de mer (Paseo Colon, Môll de la Fustat), la création de la Via Julia (Nou Barri) ou l'achèvement de deuxième *cinturon* et le paseo du Val d'Helbron ne prennent leur sens que dans cette vision globale.

Le cas de Barcelone est sans doute particulier. L'ampleur de l'Ensanche d'Ildefonso Cerdá qui a guidé la croissance de la ville pendant presque un siècle a permis de créer un cadre à l'échelle d'une métropole que beaucoup de villes de la même importance (160 000 habitants en 1850) n'ont pas connu. Le site marqué par le cirque des montagnes qui s'opposent à la mer favorise l'identité. La réflexion urbanistique enfin, aiguisée par l'opposition au franquisme y a été plus vive qu'ailleurs. Reste que l'extension de l'aire métropolitaine et le développement de nouveaux pôles à l'extérieur du site initial entraînent de nouveaux problèmes. Ceux-ci sont révélateurs d'une situation

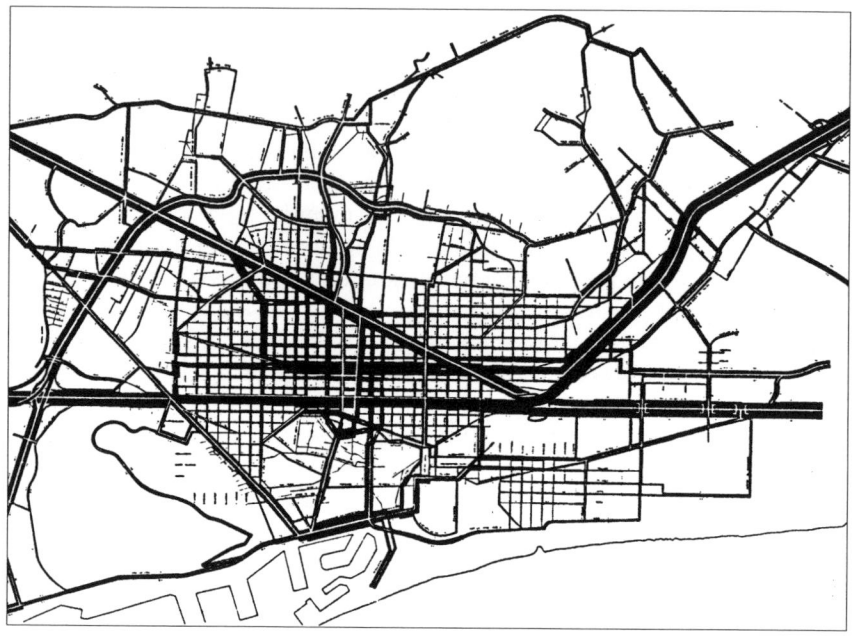

Fig. 50 : Barcelone, les voies et leur trafic.
(*Les vies de Barcelona*, Ajuntament/corporacio Metropolitana, 1984).

commune à toutes les grandes villes et la dimension, exceptionnelle ici, du centre constitué ne les supprime pas.

Trois questions peuvent être mises en avant, leur portée dépasse l'exemple de la capitale catalane :

— Quels sont les types de liaisons retenus pour relier les nouveaux pôles à la ville centre ?

— Quels sont les modèles de forme urbaine retenus pour l'organisation des nouveaux pôles et l'extension des villes et bourgs existants ?

— Quelle autorité politico-administrative a compétence pour gérer l'ensemble ?

Les liaisons sont d'abord routières. Des chemins, des routes anciennes existent, supports d'une urbanité confuse où se mêlent les vestiges d'un monde rural, l'existence de banlieues anciennes résidentielles ou ouvrières longtemps maintenues à l'écart, la présence d'activités nouvelles qui profitent de la desserte et du trafic : dépôts et entrepôts, fabriques et hypermarchés. L'urbanisation est rarement continue ou homogène mais modulée, scandée par les *centres-routes*, interrompue par des parties agricoles, des enclos industriels ou militaires, des zones boisées et des reliefs. Le site s'y révèle plus qu'en ville. Vis-à-vis de ces voies l'aménagement contemporain semble osciller entre deux attitudes : le statu quo avec comme conséquence l'engorgement de l'espace et la saturation du trafic, ou la transformation des caractéristiques de la voie selon les seuls critères de la circulation ce qui se traduit le plus souvent par la perte de son identité. Quand ce n'est pas, car les compétences techniques et administratives et les financements sont également morcelés, la succession des deux qui cumule alors les deux sortes d'inconvénients. Le « massacre » de la RN 20 entre Paris et Longjumeau peut en fournir une illustration.

L'autoroute urbaine apparaît comme un recours. Elle décharge les routes existantes qui peuvent continuer à jouer leur rôle de centre-route, assurer les déplacements de proche en proche et structurer l'agglomération. Elle permet de gagner de la vitesse et de relier plus efficacement les différents pôles. Selon les villes et selon les contextes géographiques elle prend la forme d'un parkway où un écran de verdure, même minimum, donne l'illusion de quitter la ville avant de retomber quelque part (voir l'A 13 entre Paris et Orgeval). Ou elle survole la banlieue dans une relative indifférence à la vie qui se déroule à ses pieds (voir à Londres la M4 de Kensinghton à Slough, l'arrivée de la *meridiana* à Barcelone, ou la nouvelle liaison rapide centre ville-aéroport à Rio de Janeiro). Mais l'autoroute urbaine a des effets pervers. Moins par les nuisances sonores qu'elle produit et qui ne dépassent guère en fait celles d'un boulevard urbain un peu chargé, que parce qu'elle cisaille le territoire. L'économie en effet incite à réduire le nombre d'ouvrages d'art et à rabattre la circulation locale sur quelques points de passage ce qui a pour effet d'interrompre les itinéraires anciens et contribue à la mise à l'écart des quartiers. Paradoxalement en même temps qu'elle relie, elle isole.

De plus l'autoroute suscite des implantations. Hypermarchés et ensembles de bureaux convoitent les échangeurs, les activités cherchent à se donner une façade ou simplement une enseigne visible depuis cette nouvelle voie (voir le grignotage des secteurs forestiers au long de l'A 86). Le paysage

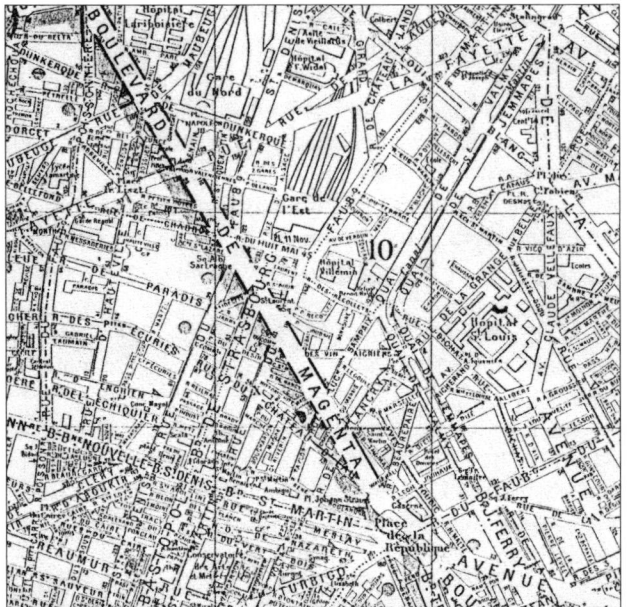

a

b

Fig. 51 : Boulevard et autoroute urbaine
a. Le boulevard Magenta à Paris.
(Plan de Paris, Leconte, 1/25000).

b. La RN 118 à Orsay.
(Carte IGN, 1/25000).

chaotique qui en résulte tout chargé soit-il du dynamisme de la métropole moderne, témoigne de notre impuissance à «inventer» le véritable statut de l'autoroute urbaine, à assumer sa coexistence avec les tissus existants et à construire à partir de quelques idées simples (redistribution parcellaire et maillage des voies locales) sa riveraineté. Quelques exemples comme les grandes radiales au sortir de Madrid, certaines parties de la RN 10 et des voies rapides dans la ville nouvelle de Saint-Quentin-en-Yvelines, le départ de la route Salah Salem au Caire laissent pourtant entrevoir une réconciliation possible entre l'autoroute et la ville. Encore faudrait-il accepter cette réalité.

Outre les liaisons routières se pose également la question des différents réseaux techniques et surtout des transports en commun. Ceux-ci peuvent utiliser le mode automobile : cars, bus et taxis collectifs, et se confondre donc avec la circulation générale ou se voir attribuer des sites propres qui matérialisent leur existence de façon permanente dans l'espace urbain. Dans ce cas ils se rapprochent d'autres modes de transport comme le tramway ou le chemin de fer métropolitain. Mais dans tous les cas le réseau des transports en commun est significatif de l'organisation de la ville et de la valeur que l'on accorde aux différents pôles. La localisation sur un centre principal : centre historique ou hypercentre élargi se lit dans le plan des transports de nombreuses villes, de même que la mise à l'écart de la périphérie qui en est la conséquence directe. On pourrait en ce qui concerne la région parisienne repérer les centralités et mesurer leur importance relative à partir du seul indicateur des transports publics. Le centre historique sensiblement limité par la ligne des grands boulevards se caractérise par l'entrecroisement des lignes (de métro et d'autobus), la proximité des stations, la fréquence des trains ou des voitures, l'étendue des horaires et la superposition des échelles (transports urbains et suburbains voisinent avec les départs de grandes lignes vers la province ou l'étranger). Il apparaît comme le lieu où se concentrent le maximum de choix dans les directions et dans les distances et le minimum de rupture de charge. On peut à partir de l'Opéra, de la République ou du Châtelet atteindre avec à peine deux changements (correspondance ou changement de réseaux) n'importe quel point de Paris même, une grande partie de la banlieue, plusieurs villes de province ou capitales étrangères.

Moins dense dans les arrondissements périphériques le réseau se dilue dès la première couronne pour s'étioler au-delà. Malgré le prolongement de plusieurs lignes du métro au-delà de la limite de la ville, celui-ci ne dépasse guère les communes de la première couronne. Un siècle et demi après son édification et trois quart de siècle après son démantèlement, l'enceinte de Thiers continue de marquer le territoire parisien d'une manière qui n'est pas seulement symbolique. Le boulevard périphérique s'y est logé, les taxis y changent leur tarif et les autobus de banlieue que leurs trois chiffres distinguent de ceux de l'intérieur y ont leur terminus. La focalisation de réseaux sur l'hypercentre n'est pas seulement le cas des villes anciennes à développement radioconcentrique. Le plan des transports de Chicago où le *loop* répond en écho au métro aérien parisien vient contredire l'apparente égalité de la grille américaine. Même chose à Petrograd ou à Moscou où soixante-dix ans de gestion socialiste n'ont pas décentralisé la structure de la ville.

Les périphéries pourtant connaissent de nouveaux pôles, notamment en matière de transport où les aérogares, les gares des trains à grande vitesse avec les interconnexions qui les accompagnent, les nouveaux périphériques et leurs échangeurs créent des situations comparables à celles que connurent les villes à l'arrivée du chemin de fer au siècle dernier. Mais ces polarités envisagées d'abord d'un point de vue fonctionnel ne sont pas encore parvenues à constituer des centres malgré les enjeux que révèlent les implantations commerciales et les concentrations de bureaux. Outre sa relative jeunesse, deux raisons peuvent expliquer ce phénomène.

On retiendra d'abord le fait que malgré quelques efforts de politique volontariste pour inverser la tendance à la centralisation, l'implantation des réseaux et leur gestion reste marquée par un objectif de rentabilité qui accentue la situation existante. L'amélioration des lignes ou des routes existantes ne remet guère en cause les grands flux et leur dépendance vis-à-vis du centre. Les liaisons transversales restent d'autant plus faibles que l'absence d'une demande formalisée dissuade d'y consacrer des investissements publics fortement sollicités par ailleurs. Tout au plus réouvre-t-on quelques lignes anciennes créées il y a un siècle pour des raisons techniques ou stratégiques, que l'on reconvertit à l'usage des transports publics.

Mais la seconde raison pour laquelle les potentialités de la périphérie deviennent rarement des centres tient aux modèles des formes urbaines choisis pour organiser les nouveaux pôles ou développer ceux qui existent déjà. À la lente sédimentation des centres anciens qui a favorisé l'intégration des formes et la mixité des fonctions sur des territoires relativement restreints a succédé l'éclatement des périphéries. Les opérations sont venues les unes après les autres occuper un territoire ouvert. Chacune porte la marque de l'époque de sa réalisation et ne renvoie souvent qu'à un seul usage. D'où une série de juxtapositions parfois conflictuelles qui ne sont le plus souvent reliées que pour les grands tracés préexistants marqués par les objectifs de circulation rapide. Les articulations restent faibles et les fragments coexistent avec indifférence. Le grand ensemble avoisine le vieux bourg, l'hypermarché se branche sur les voies rapides, les activités sont dans des « zones ». Le débat sur la forme reste un débat stylistique : toitures contre terrasses pour faire régional, mais la pensée dominante réussit difficilement à sortir d'un fonctionnalisme étroit où l'animation tant recherchée est interdite dans les faits par la mono-fonctionalité des programmes, l'idéologie de la sécurité et la multiplication des distances.

La réflexion sur les périphéries enfin ne peut faire l'économie d'un questionnement sur l'autorité qui en a la charge. Les villes même moyennes ont largement dépassé leurs limites communales pour se fondre dans des agglomérations où coexistent une multitude de pouvoirs, où se mêlent rivalités politiques (et électorales) et superpositions de juridictions administratives. L'+le-de-France compte 1 300 communes dont plus du quart dans l'agglomération parisienne où l'autorité se partage en 8 départements, le grand Caire intéresse trois gouvernorats, São Paulo rassemble 25 communes. La tutelle de l'État ou de la Région apparaît souvent comme la seule solution pour gérer les grandes agglomérations. Mais les découpages administratifs et politiques reflètent eux aussi des hiérarchies. Le poids politique et les moyens dont dispose le maire de la ville centre est sans commune mesure avec ceux dont disposent les élus des autres localités, et les décisions en matière d'aménagement n'échappent guère à cette prééminence qui conforte le centre principal. La complexité des problèmes incite souvent à créer des structures technico-administratives particulières cantonnées dans un rôle d'étude et de proposition (IAURIF pour Paris, Corporacio Metropolitana à Barcelone) ou assumant de plus une part de la gestion en matière de transport, d'éducation, de santé publique (Greater London Council). Mais la réduction des dépenses publiques tend depuis quelques années à en réduire les compétences voire à les supprimer.

L'intercommunalité s'exprime d'une manière plus démocratique dans les organisations issues d'une volonté de coopération réunissant les collectivités concernées. Communautés urbaines ou districts urbains en sont pour la France la traduction politique. Ils marquent une tentative de dépasser l'émiettement des responsabilités en matière d'urbanisme dans un pays où le découpage territorial largement marqué par l'héritage d'un XIXe siècle agricole ne répond plus à la situation actuelle. L'extrême et ancienne centralisation française ne s'est pas ou peu accompagnée d'un regroupement des communes qui restent en nombre particulièrement élevé : plus de 30 000 pour une population totale qui ne dépasse pas 60 millions d'habitants. Soit une moyenne de 2 000 habitants par commune qui compte tenu de l'importance de quelques villes se traduit par un grand nombre de communes de 500 habitants semblables aux « bourgs pourris » de l'Angleterre géorgienne. Certaines de ces communes encore rurales mais proches de la ville mère voient leur territoire progressivement occupé par des activités ou des logements dont la logique leur échappe et qu'elles n'ont pas les moyens de maîtriser ou de gérer. L'idée de district urbain permet alors de réunir sous une même autorité ces territoires différents et de partager d'une manière plus équilibrée responsabilités et moyens. Ainsi peuvent se constituer des pôles urbains d'une importance supérieure à la ville mère susceptibles de dépasser la masse-critique, d'atteindre un rayonnement régional ou national et de prendre leur place dans le réseau des villes qui se recompose aujourd'hui.

Ainsi une ville comme Rodez a-t-elle pu en s'appuyant sur un district urbain créé en 1963 former une entité regroupant 8 communes et doublant la population de la ville mère. Elle accède avec 60 000 habitants au rang de ville moyenne qui lui permet de peser dans les décisions d'aménagement à l'échelle de la région et de quitter l'anonymat des villes de moindre importance. En même temps ce regroupement évite que les transferts de population à l'intérieur de l'agglomération ne se traduisent par des déséquilibres en matière de gestion et d'investissements.

À une autre échelle, Toulouse, Strasbourg ou Grenoble ne peuvent « exister » face aux grandes villes des pays voisins qu'en mobilisant l'ensemble de l'aire métropolitaine. Mais le transfert des compétences reste délicat et lent, il ne supprime pas les prérogatives locales ni les superpositions de juridiction, ni la difficulté de rassembler un grand nombre d'élus dont la carrière politique reste en grande partie attachée à leurs circonscriptions.

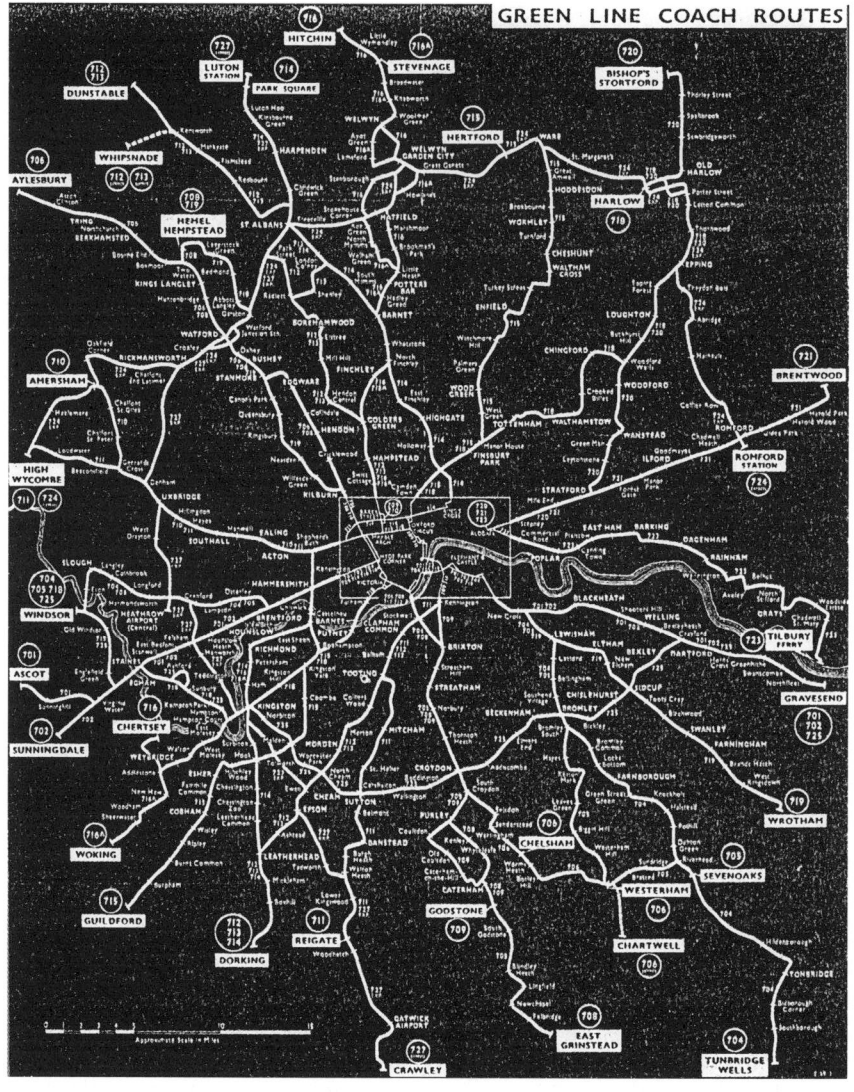

Fig. 52 : Londres, la ville radioconcentrique : plan des lignes des autobus verts

La ville comme structure stable

Une des conséquences les plus inattendues des mutations accélérées qui sont à l'œuvre aujourd'hui dans l'économie mondiale est d'avoir révélé la force des villes. Contredisant les propos apocalyptiques des hérauts du mouvement moderne — qu'on se rappelle le « Can our cities survive ? » de José Luis Sert (1943), les villes et notamment les grandes villes s'affirment, rivalisent ou dialoguent à l'échelle internationale en même temps que leur poids compte davantage dans l'économie.

Plusieurs raisons peuvent être invoquées pour expliquer ce phénomène. On retiendra d'abord la définition de plus en plus fréquente aujourd'hui de la ville comme bassin d'emploi. C'est-à-dire comme réservoir de main d'œuvre de compétence et de qualification variées. Cette offre rencontre la demande d'un libéralisme débridé qui se traduit par des délocalisations massives faisant fi des politiques nationales et de leur planification. À l'aspiration de la main d'œuvre rurale vers les centres industriels et vers les villes avec en contrepartie le souci de l'aménagement du territoire et, notamment en France, l'idéologie de la décentralisation, succède aujourd'hui un autre mouvement rendu possible par les progrès techniques et les nouvelles formes du travail : rapprocher la production, la transformation et une partie de la gestion des bassins d'emploi les plus rentables, au besoin en jouant la concurrence.

Cette stratégie redonne aux villes des atouts. Les villes se présentent comme des territoires équipés et desservis et le coût élevé du foncier ou de l'immobilier est largement compensé par la réduction des investissements initiaux. Implanter loin d'une ville un grand nombre d'emplois suppose en effet de réaliser en même temps que les lieux de travail toute une infrastructure de desserte et de logements pour le personnel. Toutes choses que l'implantation dans une agglomération rend inutile. La question ne concerne pas seulement les grands groupes industriels et les grosses unités de production. À l'échelle de quelques dizaines d'emplois le tissu urbain traditionnel est redevenu compétitif vis-à-vis de la zone d'activité isolée ou excentrée. La facilité de transport et la présence d'équipements urbains évitent en effet la création d'un restaurant d'entreprise, l'organisation d'un système de ramassage du personnel, etc.

À cela s'ajoutent pour les branches ou les entreprises à main-d'œuvre hautement qualifiée d'autres facteurs qui jouent en faveur des villes. L'existence d'un milieu scientifique mêlant écoles, universités et centres de recherche favorise les synergies et les transferts. Le temps n'est plus où les étudiants fauteurs de troubles et contestataires étaient admis à contrecœur et exilés dans des campus isolés. Toute ville aujourd'hui rêve d'afficher une population estudiantine et de la rendre visible. C'est à la fois offrir directement aux employeurs potentiels un choix plus vaste parmi les techniciens et les cadres qualifiés et plus largement créer un climat intellectuel et culturel propice. De plus en plus la présence de l'université permet d'assurer la formation continue et de répondre aux soucis des cadres désireux de travailler et d'habiter dans des lieux où la scolarité, les loisirs et l'éveil culturel de leurs enfants peuvent être assurés sans problème.

Mais l'attrait de la ville ne s'exerce pas seulement en direction des entreprises et des cadres supérieurs. La grande ville et plus particulièrement le tissu ancien sont aussi investis par des populations à faible revenu, notamment immigrées. Le phénomène n'est pas propre à l'Europe et les immigrés ne sont pas tous des étrangers. São Paulo continue d'attirer les paysans pauvres du Nordeste, le Caire concentre le quart de la population égyptienne, Barcelone connaît des quartiers andalous... Quête du travail, espoir de profiter des retombées des riches et de s'insérer dans la chaîne des petits emplois qui permettent la survie.

Pour justes qu'elles soient, ces raisons fonctionnelles et économistes ne suffisent pas à expliquer le regain de la ville et le retour vers les tissus constitués. Il faut risquer quelques hypothèses pour saisir la part des données morphologiques dans cette redécouverte des valeurs de la ville. Et comprendre du même coup les conflits qui s'y déploient à la faveur des intérêts antagonistes des différentes fractions de la société. Comprendre par exemple pourquoi après les avoir désertés, une partie de la bourgeoisie aisée dont les intellectuels et les artistes constituent en ce domaine l'avant-garde, récupère les centres villes y compris les anciens quartiers ouvriers ou populaires qu'elle transforme en expulsant inexorablement, même si l'on préfère parfois la manière douce, les plus pauvres, les vieux et les étrangers.

Première hypothèse : le regain de valeur de la ville sous le double aspect de la grande ville vis-à-vis des territoires faiblement urbanisés et des centres anciens vis-à-vis des périphéries est lié aux qualités des tissus urbains constitués. Le retour vers la ville constitue de fait une critique de la planification de ces dernières décennies. Que ce soit à l'échelle de l'aménagement du territoire ou à l'échelle urbaine, la planification et la programmation semblent avoir atteint leurs limites. L'idée d'opposer une vision prospective et volontariste et un contrôle de la part de la collectivité au simple jeu des forces économiques ne saurait a priori constituer le plus mauvais moyen de gérer l'évolution des villes et des territoires. Et l'on peut voir les désastres sociaux et urbanistiques engendrés par les politiques du laisser-aller. Mais la planification moderne reste largement fondée sur une logique fonctionnelle, voire fonctionnaliste et quantitative. On déplace des emplois, on finance des m² de logements ou d'équipements, on prévoit des flux de circulation. Malgré le discours sur la ville devenu aujourd'hui officiel en France, les catégories de la pensée, de la programmation, du financement et de la réglementation sont encore fonctionnelles. Elles sont également marquées par une volonté morale et hygiéniste datant d'un autre siècle. Ainsi à l'heure où les drogues dures se vendent aux portes des lycées, on continue à interdire l'implantation des cafés à proximité des écoles de même que l'on continue à penser les voies de circulation comme une nuisance et la verdure comme une nécessité. C'est-à-dire que nous prétendons faire la ville tout en perpétuant un arsenal conceptuel et réglementaire qui a conduit précisément à réaliser ce que nous voulons éviter.

Face à cette planification logique mais erronée les tissus anciens constituent la seule alternative. Ils sont les seuls en effet à accueillir le non programmé et à s'adapter de manière rapide. La qualité du tissu ancien (qui devrait être en fait la qualité de tout tissu urbain pour peu qu'on l'y autorise) tient à sa capacité d'assurer simultanément la stabilité et le changement. D'un côté la permanence des tracés, l'existence de monuments — on se rappellera que le monument est littéralement ce qui demeure, ce qui perdure —, la convention qui régit l'espace public, la persistance des activités et des symboles. De l'autre la malléabilité des constructions, le changement des usages, la reconversion des bâtiments, la substitution de certains d'entre eux.

La qualité du tissu urbain ancien tient d'abord à sa capacité à accepter l'histoire, à en maintenir les traces. Albert Levy dans une recherche consacrée à la qualité de la forme urbaine insiste sur « les conditions d'historicité » absentes ou négligées dans la majeure partie des urbanisations nouvelles :

« Nous postulons que le sentiment de chaos, l'impression de désordre et d'illisibilité, et surtout, l'absence d'identité qui caractérisent les villes nouvelles, découlent aussi, en bonne partie, de la non prise en compte, dans le processus de planification urbaine et de conception de la ville, de l'histoire du lieu d'implantation sinon en termes de mise à l'écart de certains ensembles bâtis ou de certains espaces naturels à des fins de protection. La conservation n'est jamais envisagée d'une manière active et dynamique, c'est-à-dire dans une perspective de continuité urbaine, sinon pour quelques édifices anciens, isolés, convertis et transformés dans des usages nouveaux.

L'absence de cette dimension historique active que traduit la rupture de la continuité de la nouvelle urbanisation avec le territoire d'accueil considéré comme une table rase serait ainsi, selon nous, pour une bonne part, directement responsable du manque de qualité urbaine des villes nouvelles : le caractère de non-lieu, d'a-topie qui s'en dégage, résulterait de l'absence de tout ancrage spatio-temporel de la ville nouvelle dans l'histoire du lieu.

C'est donc la pratique urbanistique de la *table rase*, liée à la doctrine du mouvement moderne et à son idéologie qui prônait une rupture totale avec le passé et exaltait le culte de la nouveauté à tout prix, qui est ici mise en cause. On n'a pas fini de dénoncer cette pratique et ses effets ravageurs, qui poursuit toujours tranquillement sa carrière, faute d'alternatives crédibles [1]. »

La dialectique entre la permanence des tracés, voire d'une partie des bâtiments, et l'évolution des usages constitue dans les faits la meilleure critique du fonctionnalisme. L'espace de la ville s'il répond à des fonctions n'est pas fonctionnalisé. Sa logique est autre et c'est ce qui lui permet d'accueillir les changements tout en restant lui-même. Ceci s'observe aux différentes échelles. Celle des grands tracés et des espaces publics qui conçus ou organisés pour des raisons diverses (l'agriculture, la défense, l'embellissement) se sont finalement assez bien adaptés aux conditions nouvelles de la circulation automobile et de la vie moderne. Celle des découpages parcellaires et du bâti qui prouvent à chaque instant leur capacité à accueillir de nouveaux programmes et de nouvelles pratiques. Mais cette non-fonctionnalisation de

---

[1] Albert Levy, *La qualité de la forme urbaine, problématique et enjeux*, recherche Plan urbain, laboratoire TMU, Institut français d'urbanisme, université de Paris VIII, 1992.

l'espace urbain ne se confond pas avec la « polyvalence » tant prônée dans les années soixante-dix. La capacité d'un espace à accueillir successivement plusieurs usages ne se traduit pas par la disparition de ses qualités formelles. Contrairement à l'espace polyvalent dont la forme se dilue généralement dans l'incertitude de son statut, les espaces de la ville ont une forme précise qui les distingue des espaces voisins et qui leur confère une identité. On peut utiliser une place pour y installer un marché, s'en servir de parking ou y dresser le chapiteau d'une fête foraine, elle reste une place ou plutôt elle reste cette place que personne ne confond avec la rue qui y mène, le boulevard ou le jardin public. De même on peut organiser un concert dans une église, un bal dans la salle des mariages de la mairie ou un bureau de vote dans une école sans que les bâtiments perdent leur caractère et cessent de témoigner de l'institution qu'ils représentent. Et quand sa destination vient à changer de manière durable le monument continue de jouer son rôle dans la hiérarchie des échelles qui composent la ville. Les palais et les hôtels aristocratiques sont devenus ministères, préfectures ou hôtels de ville, les couvents, collèges ou hôpitaux, les entrepôts ou les gares deviennent des musées, les garages des écoles d'architectures ou le siège d'un quotidien.

Les pratiques récentes de la reconversion ont permis de renouer avec des habitudes anciennes et de mesurer la valeur d'un bâtiment autrement que comme réponse à une seule fonction. C'est d'ailleurs et depuis longtemps ce que les habitants avaient compris sans avoir besoin de le théoriser et accomplissaient tranquillement dans la pratique du tissu courant. Comment expliquer sinon la facilité avec laquelle les bureaux se sont installés dans des appartements, la rapidité avec laquelle des commerces se transforment et s'étendent, l'engouement pour les lofts…

La malléabilité du tissu banal s'explique par quelques dispositions simples qui tiennent à l'organisation du parcellaire et à l'orientation du bâti qui en découle. Elle est, dans les tissus anciens, facilitée par les modes constructifs qui se prêtent aux transformations. Ainsi les cours servent de réserve, elles acceptent les extensions, d'abord de manière précaire, à moindres frais, puis de façon plus durable jusqu'à parfois être entièrement accaparées par l'activité du rez-de-chaussée. Qui n'a en tête ces grandes brasseries ou ces restaurants que l'on trouve aussi bien à Paris qu'à Barcelone, à Vienne ou à Milan et qui reflètent dans la géométrie de leurs salles successives l'organisation du bâti sur la parcelle.

La mitoyenneté favorise la réunion, la jonction, comme ces hôtels de Londres ou d'Amsterdam établis dans deux maisons bourgeoises qui, avec un minimum de transformations, offrent des dispositions pratiques et une souplesse d'usage étonnante. Partout les grands appartements se redivisent, les petits se regroupent, les anciennes « chambres de bonnes » et les greniers aménagés deviennent des studios recherchés, les ateliers des bureaux chics.

Quitte à paraître insistant, il faut redire que la ville a généralement résolu tous les problèmes que nous nous posons avec un sérieux théorique qui révèle notre désarroi pour gérer l'héritage de l'urbanisme récent.

Deuxième hypothèse : le regain de valeur de la ville tient à la qualité de son plan. Le plan de la ville, notamment dans des parties anciennes, est marqué par la permanence des tracés à laquelle s'ajoute celle des monuments. Cette stabilité n'est pas seulement une donnée historique intéressant les érudits et les curieux. Paradoxalement la stabilité apparaît sans doute d'autant plus nécessaire que l'avenir semble incertain. Les mutations économiques ne se font pas sans violence mais celle-ci est moins dure à supporter dans un cadre connu. L'espace forme un système de repères dont la permanence possède un caractère rassurant. L'identification de la ville, de ses parties et des itinéraires qui permettent de s'y déplacer dépasse la « lisibilité » version Kevin Lynch. Elle passe par une somme de détails banals qui facilitent la vie quotidienne : l'adresse, l'indication que l'on peut en donner, l'évidence du statut des espaces, les choix possibles. Ces petites choses participent d'une culture locale qui caractérise chaque ville et favorise le sentiment d'appartenance et la cohésion sociale. En ce sens, le plan de la ville est un des éléments de la citoyenneté. On peut se demander si la révolte des banlieues objectivement motivée par la concentration dans certains quartiers de la pauvreté et du sous-emploi n'est pas aussi l'expression d'une revendication plus profonde, d'un « droit à la ville [2] » dont la privation est ressentie comme un facteur d'exclusion.

Le plan de la ville se manifeste d'abord par le tracé de ses espaces publics. Ceux-ci s'organisent en réseaux continus et hiérarchisés, deux qualités qui apparaissent fondamentales.

La continuité s'oppose moins à la discontinuité qu'à ce que l'on pourrait appeler la ville en impasse. C'est-à-dire à cette conception issue du Team X qui pour privilégier la « privacy » des groupes d'habitation considère la ville comme une somme de villages séparés, implantés en grappes autour des grandes voies routières. La *cluster city* dont on voit les effets dans les villes nouvelles françaises perpétue l'idéologie de la non-ville qui s'élabore dans l'Angleterre du xixe siècle et se concrétise dans la cité-jardin. Le mythe du village et de la communauté pastorale sert de refuge au moment où les villes s'accroissent massivement sous la poussée de la première industrialisation et inquiètent. Un siècle plus tard le mythe perdure, et l'idéologie communautaire fait bon ménage avec la pensée fonctionnaliste dans une vision puritaine de la société [3]. Clusters, grappes, hameaux et nouveaux villages sont les avatars de l'unité d'habitation. Seule la forme varie, l'idée reste inchangée : le fractionnement de la société en petits groupes sous prétexte d'échelle humaine et un contrôle voire un autocontrôle qui se présente comme convivialité. La ville continue à faire peur.

Les plans des périphéries récentes illustrent cette mise à l'écart, une suite de lotissements repliés sur eux-mêmes, coupés des lieux de travail, éloignés des grandes voies. Tout au plus quelques centres organisés sur le mode pittoresque tentent-ils de donner l'image d'une centralité.

[2]   H. Lefebvre, *Le droit à la ville*, Paris, Anthropos, 1966.
[3]   R. Sennet, *La ville à vue d'œil*, Paris, Plon, 1992.

La continuité du réseau des voies qui caractérise les villes et les tissus constitués est à l'opposé de la fragmentation de l'espace urbain propre à l'urbanisme contemporain. Non qu'elle abolisse les différences. Celles-ci sont indissociables de la ville même, et les tentatives égalitaires dont la grille constitue l'exemple le plus répandu ne suppriment pas la subtile modulation de l'espace, la succession de rues animées et de parties calmes, de beaux quartiers et des faubourgs populaires, de constructions denses et de tissus aérés. Mais cette diversité est réunie dans un ensemble de tracés continus qui affirme l'unité de la ville au-delà de la différence de ces parties.

L'unité de la ville est rendue sensible par la hiérarchie des espaces publics et en particulier des voies. Certaines d'entre elles organisent le territoire à grande distance non seulement parce qu'elles permettent de le parcourir mais parce qu'elles en structurent les parties. Le tissu des différents quartiers s'oriente à partir d'elles, les équipements et les activités leur sont liés. Dans une vision sélective qui ne s'attache pas au détail des parties leur réseau représente le plan de la ville.

Subtile et parfois ambiguë, la hiérarchie qui organise le réseau laisse une large part à la subjectivité. Comme pour les centres, l'importance que l'on accorde à tel ou tel espace public dépend de chacun. En ville l'habitant, le visiteur ou le touriste est aussi un acteur. C'est la raison pour laquelle les catégories préétablies qui classent les voies en fonction de leur débit ou de leur longueur sont généralement inopérantes. La présence de l'histoire, la charge symbolique, les souvenirs personnels ou les phénomènes de mode font que telle rue, telle place ou tel côté d'un boulevard prennent une importance particulière et que la ville sans eux semblerait amoindrie. Le plan de la ville apparaît alors comme le cadre de nos actions possibles, quotidiennement stimulées par la succession imprévisible des évidences et des surprises, du monumental et du discret, du permanent et de l'occasionnel qui s'enchaînent au long de ces rues.

Chapitre 7

La pratique de l'espace urbain

Élaborées pour l'essentiel il y a une vingtaine d'années, les remarques qui constituent la substance de ce chapitre identifient des orientations s'esquissant à l'époque dans les recherches urbaines en France : on voyait se manifester un intérêt nouveau pour l'analyse qualitative de l'espace habité, appréhendé à différentes échelles, de la sphère domestique à divers territoires de la ville.

Avec, notamment, les développements théoriques et empiriques de l'anthropologie urbaine, les tendances que l'on décelait se sont confirmées. À partir des années quatre-vingt, période qui apparaît bien comme charnière, le mouvement s'est précipité, marqué par la diffusion des recherches de l'École de Chicago et de ses héritiers, grâce en particulier aux travaux d'Isaac Joseph et d'Yves Grafmeyer. La somme d'Ulf Hannerz était publiée en français. Michel de Certeau proposait des réflexions sur « l'invention du quotidien » qui, si elles ne s'inscrivaient pas dans les limites des études urbaines, devaient s'avérer pour celles-ci extrêmement fécondes. Françoise Paul-Lévy et Marion Segaud élaboraient leur anthologie sur l'anthropologie de l'espace (qui, elle non plus, n'était pas circonscrite au champ urbain). Et un peu plus tard Jacques Gutwirth et Colette Pétonnet, qui avait joué un rôle pionnier dans ce domaine, coordonnaient un « guide » pour les chemins de la ville [1].

On notera que dans ce chapitre l'espace est traité de façon centrale, mais que son articulation avec le temps, avec la multiplicité des temporalités urbaines, est seulement évoquée. C'est le cas également du problème de la pluralité des échelles et de leurs relations. Quant à la question des rapports entre territoires et réseaux qui font actuellement l'objet de débats et de recherches, elle n'est pas vraiment abordée [2].

À la première version de ce texte, qui, à sa façon, participait de l'air du temps, quelques modifications ont été apportées : d'une part des retouches d'ordre stylistique et, surtout, l'allégement de formulations dont le ton nous est apparu, avec la distance des années, parfois excessivement prescriptif ou théoriciste, d'autre part la mise à jour de certaines références et quelques notations retrospectives.

Pratique sociale
et pratique de l'espace

D'abord un point de terminologie, qui a son importance. L'analyse urbaine, dans sa visée morphologique a pour objet l'*espace*, défini comme des configurations physiques, et la façon dont les éléments matériels qui composent celles-ci sont structurés, dans la relation dialectique qu'ils ont avec l'ensemble qu'ils forment. L'analyse morphologique, on le sait, recourt à des instruments spécifiques.

Le *lieu*, lui, apparaît comme de l'espace investi, qualifié, nommé «produit» par la pratique quotidienne qui est faite d'activités, de perceptions, de mémoire, de symboles. Un espace identifié par l'approche morphologique peut apparaître comme un lieu, mais aussi comme plusieurs, simultanément ou successivement. Par exemple une rue : on y circule, on s'y promène, on y travaille, on y consomme, on y habite. Il n'y a donc pas nécessairement une superposition stricte de l'espace et du lieu, et s'il projette des lieux (en recourant quelquefois à des catégories discutables : jour/nuit, agora…), l'architecte ou l'urbaniste, ne fait qu'énoncer des lieux virtuels, hypothétiques, que la réalité pourra aussi bien reconnaître que refuser ou détourner.

Sociologie et pratique sociale

C'est aux lieux quotidiens, à la pratique, à l'usage que ce chapitre s'attache. Le point de vue adopté n'est pas tout le point de vue de la sociologie sur l'urbain, ni sur l'espace urbain. Nous ne dresserons pas ici un inventaire des approches plus générales ou plus particulières, mais il n'est sans doute pas inutile de situer par rapport à quelques-unes notre champ d'investigation.

Ce n'est pas tout le point de vue de la sociologie, ni même un point de vue global au sens où H. Lefebvre envisage à travers la pratique sociale l'espace urbain, effet des rapports sociaux antagoniques qui le structurent, mais aussi enjeu de stratégies, à travers le statut de l'espace, valeur d'usage et marchandise, et ses relations contradictoires avec la vie quotidienne.

D'autres travaux mettent en lumière la logique économique, politique et sociale à l'œuvre dans les processus d'aménagement et d'urbanisation et les mouvements sociaux qui éventuellement émergent des contradictions et des luttes[3]. Certains, qui représentent à la fin des années soixante-dix une tendance dominante, sont consacrés aux modes de vie. D'autres enfin, plus liés au domaine de l'histoire de l'architecture et des formes urbaines, ont

---

[1] Ulf Hannerz, *Explorer la ville*, Paris, Minuit, 1980. Michel de Certeau, *L'Invention du quotidien*, tome 1 : *Arts de faire*, Paris, UGE, 1980. Françoise Paul-Lévy et Marion Segaud, *Anthropologie de l'espace*, Paris, Centre Georges Pompidou, 1983. Jacques Gutwirth et Colette Pétonnet, *Les chemins de la ville, Enquêtes ethnologiques*, Paris, Éditions du CTHS, 1987.

[2] À ce propos, cf. Jean-Charles Depaule, «Anthropologie de l'espace», in Jean Castex, Jean-Louis Cohen et Jean-Charles Depaule, *Histoire urbaine, anthropologie de l'espace*, Paris, CNRS-Éditions, 1996.

entrepris d'analyser, dans le rapport qu'entretient une formation économique et sociale donnée avec l'espace qu'elle met en place, une médiation : l'espace de l'architecte et son travail, pour en saisir notamment la relation avec l'usage de l'habitant[4].

Notre point de vue est plus limité. Il s'intéresse à la pratique sociale et plus particulièrement à ses caractéristiques spatiales : la pratique de l'espace.

Pratique sociale et pratique spatiale

La pratique sociale comprend les activités concrètes : travail, non-travail, consommation, fréquentation, trajets, relations sociales, rites, représentations (y compris de cette pratique) qui engagent et influencent la vie quotidienne. Elle s'exprime à travers une autre, la pratique de l'espace.

Pratique ou consommation de l'espace ? Pas plus qu'autre chose, l'espace, bâti ou non, n'échappe au monde des marchandises. Il apparaît comme le support de la consommation des biens, il en est lui-même un à travers ses équipements et ses infrastructures notamment, et il est aussi force productive. Mais, malgré certaines assertions souvent brillantes, l'espace de la consommation (de signes) n'épuise pas la consommation de l'espace, son usage. L'affirmer, c'est souligner les contradictions qui traversent la pratique dans les divers domaines de la vie quotidienne, et le rôle actif que, sur le plan pratique et symbolique, la « consommation » de l'espace peut jouer, apparaissant plutôt comme une appropriation.

Appropriation, familiarisation, concentration en certains points, la pratique de l'espace est ce qu'Henri Lefebvre appellerait l'espace concret ou celui de l'habitat, « gestes, parcours, corps et mémoire, symbole et sens[5] ». Elle n'est ni l'effet d'automatismes immuables ou l'exécution de stéréotypes, ni le jaillissement d'une pure « créativité » toujours renouvelée, malléable, et vierge d'expérience ou de conformation, voire de conformisme. Elle est engendrée à partir de principes actifs, structurants, modèles culturels, ou, selon les termes de P. Bourdieu, « habitus » ou systèmes de dispositions. Voici son commentaire à propos de cette matrice de perceptions, d'actions et d'appréciations (i.e. : les pratiques) qui se produisent comme une « improvisation » réglée : « Le mot de disposition paraît particulièrement approprié pour exprimer ce que recouvre le concept d'habitus (défini comme système de dispositions) : en effet, il exprime d'abord *le résultat d'une action organisatrice* présentant alors un sens très voisin de mots tels que structure ; il désigne par ailleurs *une manière d'être, un état habituel* (en particulier du

---

[3]   Nous pensons notamment aux travaux des chercheurs du Centre de sociologie urbaine, qui deviendra plus tard le laboratoire «Cultures et sociétés urbaines» (Christian Topalov, Edmond Prétecelle, Susanna Magri), et à ceux de Manuel Castells et Francis Godard ; à ceux de Jean Lojklne — la liste n'est pas exhaustive.

[4]   Cf. les recherches d'Henri Raymond, et en particulier son ouvrage de synthèse, *L'Architecture, les aventures spatiales de la raison*, Paris, Centre Georges Pompidou, 1984.

[5]   Henri Lefebvre, *La révolution urbaine*, Paris, Gallimard, 1970, p. 240.

corps) et, en particulier, une *prédisposition*, une *tendance*, une *propension* ou une *inclination* [6]. »

La pratique, ou mieux, les pratiques concrètes sont le produit d'une conjoncture ; elles sont l'interaction d'un système de dispositions (durable, souligne Bourdieu) intériorisé par un individu au cours de son éducation et des expériences de son histoire (celle de sa classe — les habitus sont fortement marqués par la place que le groupe auquel il appartient occupe dans la société — et son histoire personnelle) avec, d'autre part, une situation donnée, chaque situation « nouvelle » étant un « problème » nouveau à résoudre au moyen du « stock » d'habitus dont il dispose. On peut s'interroger sur le rôle que, étant données une situation et ses caractéristiques spatiales, celles-ci jouent dans telle ou telle pratique. Notre objet est donc *l'interaction d'une situation dont l'espace physique est un élément et d'un système de dispositions qui structure les possibles de la pratique.*

En retour, les situations et les pratiques, en se répétant, concourent à « consolider » les habitus et à reproduire les pratiques, et lorsqu'elles changent, en constituant des expériences « nouvelles » à partir de nouveaux « problèmes » résolus, contribuent à leur transformation. En quoi l'aspect spatial d'une situation peut-il agir sur la formation d'habitus, telle est la seconde question que suscite la pratique de l'espace. Question délicate, nous aurons l'occasion de le voir. De même, nous retrouverons dans les développements de ce chapitre deux obstacles. D'une part les pratiques ne sont pas aussi visibles, ne se concrétisent pas dans tous les cas d'une façon aussi marquante (c'est-à-dire par un marquage visible, persistant) et repérable que dans l'habitation — ce qui ne signifie pas que hors de celle-ci il ne se passe rien. D'autre part, l'analyse est guettée par un certain behaviorisme spatial.

Les conditions de la pratique même dans ses manifestations les plus spatiales, ce qui la détermine, ne se limitent pas à l'espace matériel, mais elles sont à ressaisir avec leurs éléments sociaux, d'où l'impossibilité d'isoler tout à fait la pratique de l'espace de processus globaux. Procéder par une sorte d'abstraction préalable en privilégiant le spatial dans la pratique (ce qui nous semble d'autant plus légitime que cette médiation-là aussi a été souvent négligée, et dans des formations sociales où l'espace est une dimension primordiale de la pratique) risque de conduire, si on n'y prend pas garde, à faire comme si la relation entre une configuration physique et un type de comportement était univoque, immédiate et exclusive.

---

[6] Pierre Bourdieu, *Esquisse d'une théorie de la pratique*, Paris-Genève, Droz, 1972, p. 247, n. 28. Avant de s'intéresser, avec Monique Charlot, à l'espace des beaux quartiers, qui n'avait été guère exploré par la sociologie, Michel Pinçon a entrepris une application des concepts de Bourdieu, que nous présentons brièvement ici, au champ de la sociologie urbaine. Cf. : *Besoins et habitus*, Paris, CSU, 1979.

Préalables

Espace et pratique

La première difficulté serait celle de l'archéologie : restituer le festin à partir des miettes. Nous n'en sommes pas là. Celle que nous risquons de rencontrer est une tentation : restituer le rite du festin, déduire du construit le sens de la pratique ; faire une lecture sociale directe de l'organisation spatiale.

Certes, dans certains cas « favorables », l'espace est bien perçu comme une cristallisation : l'habitat rural traditionnel, le village dogon, l'hôtel aristocratique du xviiie siècle… Ce sont des types « consacrés ». Mais, même pour les formations sociales, terrains privilégiés de l'ethnologie, où la division du travail est moindre que dans la nôtre, ou différente, l'hypothèse qu'il existerait une immédiateté, une transparence entre espace construit et pratique n'est pas forcément fondée.

Ce qui advient au xixe siècle avec le logement social est éclairant. D'une part, l'architecte spatialise et codifie, dans les traités d'architecture, le mode de vie d'une classe à laquelle généralement il appartient : c'est, par exemple, l'immeuble haussmannien. D'autre part, en même temps, s'instaure un autre rapport entre le client et ce même architecte. Le client : la bourgeoisie qui a des visées réformatrices sur la classe ouvrière à travers le logement social. Elle envisage celui-ci comme une solution globale à la question sociale : par l'accession de l'ouvrier à la propriété et la promotion de certaines valeurs (la vie de famille…). Le projet social repose sur un projet spatial qui doit être l'agent de sa réalisation. D'une part, l'espace tel qu'il est conçu ne reproduit pas, en lui apportant, par un accroissement des superficies par exemple, quelques améliorations, celui qui supporte la pratique traditionnelle de la population ouvrière. Rien d'étonnant à cela, puisque cette pratique est jugée immorale et dangereuse. D'autre part le projet ne reproduit pas non plus, en réduction, l'espace de la bourgeoisie. Il est une espèce de bricolage intégrant des références à des modèles ruraux, mythiques ou réels, des considérations portant sur les conditions économiques de la production du bâtiment, divers éléments d'une culture architecturale, etc.

L'espace ainsi projeté est donc une sorte d'invention expérimentale. Et l'on est en droit de supposer — et on les vérifie — des décalages entre le nouvel espace défini dans ces conditions, les effets qui en sont escomptés, et la pratique réelle des bâtiments, L'existence même d'appareils extra-spatiaux : contrôle, surveillance, institution scolaire, tendrait à prouver que l'espace aux yeux de la classe dominante elle-même ne suffit pas aux transformations sociales projetées. En fait, il est vraisemblable que, plus que les expériences du logement patronal ou philanthropique, relayées ensuite par l'État, c'est, avec la petite et moyenne spéculation promotrice d'immeubles de rapport, la construction individuelle de pavillons qui a joué un rôle moteur. Dans un va-et-vient entre la demande sociale et les solutions conçues par les architectes, une typification des logements s'est élaborée, ainsi qu'une codification des usages, qui a été progressivement intériorisée par des habitants appartenant à de plus larges couches sociales[7].

Il arrive aussi que l'on considère l'espace construit non seulement comme une cristallisation, mais comme une « condensation » agissante (au sens où l'avant-garde soviétique des années vingt parlait de l'architecture, « condensateur social »). Qu'on le juge répressif, autoritaire ou libérateur, selon la finalité qui lui est assignée, l'espace aurait pour fonction d'être inducteur de modes de vie, de relations sociales, voire de rapports sociaux nouveaux. Héritier de l'architecture panoptique d'un Bentham, il s'agit d'un discours sur les *effets* de l'espace construit, considéré comme orthopédique et transformateur. Il relève de la même logique que la politique spatiale du logement social à ses origines, même lorsqu'il la récuse.

Cristallisation et condensation sont les avatars d'une même idée analogique. Qu'on pense à ce que Le Corbusier dit de l'ordre et du désordre ou, plus récemment, aux considérations fréquentes sur l'ouverture et la flexibilité : l'espace et la pratique y sont constamment amalgamés. Il nous semble que le mouvement moderne de l'architecture est traversé par une même obsession : au nom d'une mise en forme de l'espace qui soit à la mesure du « machinisme », de la « modernité », du « développement des forces productives » — c'est-à-dire du capitalisme triomphant (ou encore à l'écoute, voire au cœur des forces motrices du socialisme à construire) — créer, en anticipant sur une demande qu'on réinvente, des « situations » spatiales qui agissent sur les sujets sociaux (et les assujettissent). Et à son tour la critique, qui impute au seul béton la responsabilité des malheurs de la vie quotidienne, fonctionne selon la même logique, qui fait l'économie d'une véritable évaluation de l'espace comme produit, comme médiation, de ce qui détermine la pratique sociale-spatiale dans sa complexité. Et elle ne s'interroge pas sur la capacité que possède l'espace construit à être identifié, vécu par ses habitants, car pour être « efficace » il faut que des pratiques, un sens, aient la possibilité de s'y inscrire pratiques, ce qui suppose qu'il trouve un écho dans des pratiques existantes[8].

Considérer l'espace comme produit requiert aussi qu'on tienne compte de sa nature de marchandise et donc des contradictions qui peuvent exister avec les besoins qu'il est censé satisfaire et de celles qui sont propres à sa production, en particulier celles qui se manifestent entre les divers savoir-faire et compétences, architecturaux et techniques, que celle-ci implique. C'est donc en termes de contraintes et de contradictions qu'il faut envisager la relation entre espace physique et espace de la pratique.

---

[7] Cf. notamment Christian Devillers et Bernard Huet, *Le Creusot, naissance et développement d'une ville industrielle, 1772-1914*, Seyssel, Champ Vallon, 1981.

[8] Richard Hoggart écrit : « L'effet des forces les plus puissantes du changement reste essentiellement conditionné par le degré auquel une attitude nouvelle peut s'appuyer sur une attitude ancienne » ; in *La culture du pauvre*, Paris, Minuit, 1970, p. 223. Cf. également, du même auteur, *33 Newport Street, Autobiographie d'un intellectuel issu des classes populaires anglaises*, Paris, EHESS/Gallimard/Le Seuil, 1991.

L'espace dans la pratique

On le sait, pas plus que dans sa régularité la pratique sociale ne peut être identifiée aux seules règles, normes ou institutions qui contribuent à la reproduire, notamment par l'éducation (comme Bourdieu le rappelle, régularité ne veut pas dire règle), une configuration spatiale ne fait pas toute la pratique spatiale qui se structure ailleurs, même si elle concourt aussi à lui donner forme. Considérer l'interaction entre une situation et un système de dispositions, c'est, on l'a vu, parler deux fois de l'espace, à des registres différents, et jamais de lui seul : a) une fois en tant qu'élément d'une situation concrète ; b) une autre en tant qu'un des facteurs possibles de la structuration des dispositions.

a) Un immeuble, un ensemble d'immeubles, des ensembles urbains appartiennent à une situation dans laquelle la vie quotidienne se développe. Leurs propriétés morphologiques, les orientations par rapport aux voies notamment, ne sont pas indifférentes à la pratique. Elles ne font pas toute la situation : un bâtiment (ou une rue ou une place ou un quartier) est une partie de l'espace social, il remplit une ou des fonctions (logement, travail, etc.) ; il entretient des relations avec d'autres fonctions urbaines ; il se trouve à une certaine distance du centre ; ses usagers appartiennent à tel ou tel groupe, ils forment une population homogène ou non. D'où l'intérêt de mettre en relation ces caractéristiques spatiales avec d'autres éléments. Et aussi de le resituer dans une durée — dans une histoire — plus longue que le moment de l'observation. À cet égard, les travaux comme ceux de Richard Hoggart, de P. Willmot et M. Young et d'Henri Coing sont précieux, qui étudient sur plusieurs années, ou même plusieurs décennies, l'évolution d'une même communauté et de son territoire.

b) Les habitus, comme la langue, préexistent, l'apprentissage quotidien et l'éducation les intériorisent. L'espace physique dans sa forme, par la pratique qu'on en a, par le corps d'abord qui le mémorise, contribue à leur transmission. Il intervient aussi dans leur lente transformation : nous avons évoqué les questions que suscite la façon dont l'apparition de types nouveaux de logements a pu contribuer en même temps que celle de modes de vie nouveaux à former une pratique de l'espace. À la nature des plans des villes (radio-concentriques, en grille…) correspondent des systèmes mnémotechniques d'orientation plus ou moins capables de s'adapter à des situations nouvelles. Il faut donc appréhender l'espace dans un développement historique, cerner la rapidité relative selon laquelle il intervient, repérer les survivances. D'autre part, ne pas oublier une question : s'agit-il de l'espace tel qu'il a été défini précédemment ou de la matérialisation de lieux désignés comme devant être ceux de telle ou telle pratique, c'est-à-dire de l'objet d'une symbolisation, d'une appropriation, de l'affectation d'un sens par l'usager ? Un champ quasi inexploré s'ouvre à la recherche.

[...] Aussi longtemps que l'espace mythico-rituel est appréhendé comme [...] espace géographique ou géométrique susceptible d'être représenté sous forme de cartes ou de schémas permettant de saisir *uno intuitu* en tant qu'ordre des choses coexistantes, ce qui ne peut être parcouru que successivement, donc dans le temps, il n'est jamais qu'un espace théorique, balisé par les points de repère que sont les termes des relations d'opposition (haut/bas, est/ouest, etc.) et où ne peuvent s'effectuer que des opérations théoriques, c'est-à-dire des déplacements et des transformations logiques, dont nul ne contestera qu'elles sont à des mouvements et des transformations réellement accomplis, comme une chute ou une ascension, ce que le chien animal céleste est au chien animal aboyant. Ayant établi que chacune des régions de l'espace intérieur de la maison kabyle reçoit une signification symétrique et inverse lorsqu'on la replace dans l'espace total, on n'est fondé à dire, comme on l'a fait ci-dessus, que chacun des deux espaces peut être défini comme la classe des mouvements effectuant un même déplacement, c'est-à-dire une demi-rotation, par rapport à l'autre, qu'à condition de rapatrier le langage dans lequel la mathématique exprime ses opérations sur le sol originaire de la pratique en donnant à des termes comme mouvement, déplacement et rotation, leur sens pratique de mouvements du corps, tels qu'aller vers l'avant ou vers l'arrière, ou faire demi-tour.

Pierre Bourdieu, *Esquisse d'une théorie de la pratique*, Paris-Genève, Droz, 1972.

Espaces, pratiques

Le travail d'architecture opère dans et sur un espace qui a des caractéristiques propres. On parle ainsi d'un espace architectural, qu'on différencie de l'espace de la pratique. De même que, selon la formule de Bachelard, le monde où l'on pense n'est pas celui où l'on vit, l'espace où et que l'on conçoit n'est pas celui que l'on vit. Celui-là, qui suppose le plus souvent la notion d'espace en général *a priori*, prend consistance dans les opérations de représentation, de figuration (le projet), dans une relation «spectaculaire», au moyen d'instruments qu'il est possible de décrire, d'inventorier et de situer dans l'histoire des techniques. Ce n'est pas la même relation qui est à l'œuvre dans la pratique. Celle-ci n'est pas une opération abstraite, d'ordre géométrique. Elle n'est pas non plus la perception «pure» (au sens où une psychologie prétendrait isoler des phénomènes purement physio-psychologiques), et rarement d'abord la contemplation esthétique. W. Benjamin écrit : «Il y a deux manières d'accueillir un édifice : on peut l'utiliser ou on peut le regarder. En termes plus précis, l'accueil peut être tactile ou visuel. On méconnaît du tout au tout le sens de cet accueil si l'on n'envisage que l'attitude recueillie qu'adoptent, par exemple, la plupart des voyageurs lorsqu'ils visitent des monuments célèbres. Dans l'ordre tactile, il n'existe, en effet, aucun correspondant à ce qu'est la contemplation dans le domaine visuel. L'accueil tactile se fait moins par voie d'attention que par voie d'accoutumance. En ce qui concerne l'architecture, cette accoutumance détermine également, dans une large mesure, l'accueil visuel. Ce dernier consiste beaucoup moins, d'entrée en général, dans un effort d'attention que dans une prise de conscience accessoire[9]. »

Si elle n'est donc pas essentiellement un rapport «spectaculaire», «extérieur», la pratique n'est pas non plus un simple contenu qui viendrait remplir avec un bonheur variable un réceptacle. Elle investit, socialise, qualifie, localise l'espace matériel : elle en fait, ou non, des lieux qui ne sont pas forcément, répétons-le, ceux qui ont été projetés et désignés.

C'est risquer de manquer l'articulation des deux espaces que de passer de l'un à l'autre en utilisant les instruments de l'architectural pour décrire celui de la pratique ou de les faire manipuler par l'usager, par exemple en lui demandant de dessiner, pour qu'il nous renseigne sur son usage (ce que tente K. Lynch) ; ou encore de tester les effets de l'espace physique sur une pratique qu'on limiterait à la reconnaissance des formes ou à la lecture de systèmes de signes[10].

---

[9] Walter Benjamin : «L'œuvre d'art à l'ère de sa reproductibilité technique», in *L'homme, le langage et la culture*, Paris, Gonthier-Denoël, 1974, p. 117.

[10] Raymond Ledrut montre la difficulté de considérer la ville comme un système sémiologique : *Les images de la ville*, Paris, Anthropos, 1973. Cf. aussi les «apories» d'Umberto Eco, *La structure absente*, Paris, Mercure de France, 1972.

L'épreuve de l'interaction

L'état des connaissances : la pratique de l'habitat

Que savons-nous de la pratique de l'espace, de ce qui concrètement l'informe ? Quels sont les acquis en ce domaine ? Nous disposons, au moins à propos du logement, de repères et d'un corps d'hypothèses et de résultats : il est possible de saisir la pratique dans le marquage, c'est-à-dire dans les manifestations concrètes à travers lesquelles elle s'affirme et dépose ses traces qui sont toujours significatives ; et d'autre part, dans la parole de l'habitant qui révèle les différences pratiques et symboliques selon lesquelles les lieux sont vécus, faisant apparaître comment l'espace sert à qualifier les relations sociales et vice versa.

Le marquage, lui, comprend les activités, fréquentations, gestes, rites (permanents, éphémères, périodiques) et leurs traces volontaires ou non, programmées ou pas : celles de la saleté et du désordre et celles de la propreté et du «bon entretien» (il y a des lieux dans la maison qui «doivent» rester impeccables, et d'autres qui peuvent, au moins un temps, être «négligés»), les ornements, les fleurs, rideaux, clôtures, le vide et la saturation ; les aménagements, les destructions, les transformations...

Mais l'interprétation de ces phénomènes, qui méritent selon chaque cas un inventaire minutieux, c'est-à-dire le sens dans lequel ils prennent place, passe par le langage de l'habitant, moins à cause des besoins ou aspirations qu'on croirait qu'il exprime que pour ce qu'il révèle de la logique des lieux. Des analyses de type anthropologique comme celles que J. P. Vernant a faites de l'espace grec antique, ou l'étude de la maison kabyle par P. Bourdieu et celle des pavillons de banlieue par l'institut de Sociologie urbaine [11] mettent en lumière les valeurs différentielles, comme le public et le privé, ou le masculin et le féminin, qui organisent la pratique de l'espace, selon les modèles culturels ou habitus que nous avons évoqués.

Un lieu diffère d'un autre, d'une façon constante ou circonstancielle, selon la valeur qui le qualifie : dans le système français des années soixante et soixante-dix, une cuisine n'est pas une salle à manger, non seulement parce qu'on n'y accomplit pas les mêmes tâches fonctionnelles, préparer les repas d'un côté, manger de l'autre, mais parce qu'on ne les livre pas également au regard des étrangers, parce qu'on mange dans l'une en famille et dans l'autre avec des amis, que la première est (encore) féminine tandis que la seconde est mixte et plus collective, l'une «sale», l'autre «propre», donc pour des différences qui engagent le sexe et le type ou l'échelle des relations avec autrui. La pratique ainsi structurée est contenue dans le langage même.

---

[11] Jean-Pierre Vernant, *Mythe et pensée chez les Grecs*, Paris, Maspero, 1965. Pierre Bourdieu, «La maison ou le monde renversé», in *Esquisse d'une théorie de la pratique, op. cit.* Henri Raymond, Nicole Haumont, Marie-Geneviève Raymond, Antoine Haumont, *L'habitat pavillonnaire*, Paris, CRU, 1966.

Elle forme un *système symbolique*. Mais elle ne possède pas la même structure selon les cultures, ou, dans le cas d'un même pays, selon les périodes de son histoire. Et on n'est pas fondé à transférer les connaissances dont on dispose sur la pratique du logement d'une culture à l'autre, même en réordonnant certaines valeurs (par ex. : public/privé, propre/sale, etc.). Ni ces valeurs, ni leurs oppositions ne sont universelles et encore moins la façon dont elles qualifient l'espace dans le temps (permanence, périodicité, etc.). Nous avons, selon le cas, à véritablement reconstruire les jeux d'oppositions et de différences qui émergent à travers une parole dans une langue, c'est-à-dire une culture, qui constitue un système symbolique particulier. Ce que reflètent bien les difficultés que l'on rencontre lorsqu'on traduit des dénominations.

En France et en Europe, actuellement, l'espace de la pratique du logement est *différencié*, et d'une façon à peu près constante, chaque lieu ayant une valeur fixe : le « salon » s'il existe, est un salon au moment où on l'utilise et à ceux où il reste inutilisé. D'autre part l'espace est *hiérarchisé*, selon notamment une échelle qui va du public ou privé et que l'on peut représenter par un axe spatio-symbolique : les pièces sont plus ou moins publiques ou privées, il y a une gradation, qu'il est possible de figurer d'une manière linéaire, les différences sont ordonnées. Enfin il est *orienté*, car l'ensemble de celles-ci participe d'une opposition entre « devant » et « derrière » qui s'articule à l'espace urbain extérieur et suppose que celui-ci supporte une différenciation symbolique (cour/rue, etc.), Telles sont, selon nous, les trois grandes caractéristiques de cette pratique. Elles peuvent constituer les hypothèses sur lesquelles appuyer l'observation de cas précis dans des situations concrètes données. Par ailleurs l'observation de l'usage de la maison dans les cultures arabes nous apprend qu'il est sous-tendu par une différence permanente, homme/femme : extérieur/intérieur : espace urbain/maison, tout en comprenant des valeurs et des fonctions qui se fixent le temps d'une situation (présence ou non des hommes, par exemple) et se recomposent avec d'autres à d'autres moments.

Retour à la France et au XIXᵉ siècle. Les pratiques du prolétariat des villes sont essentiellement urbaines (cela peut sembler un pléonasme), collectives. L'échelle est plutôt le quartier, le faubourg, qui sont des entités spatiales et sociales, où s'ancre une mémoire commune. Le « chez-soi » y joue un rôle mineur, étant donné d'abord les conditions matérielles. L'habitation de la bourgeoisie, d'autant plus « close » que celle-ci est moyenne, est au contraire devenue, pour longtemps, le territoire privilégié des intimités, de l'unité familiale, opposées, socialement et spatialement, à la rue, au « dehors ». Elle est structurée par des différences entre ce qui est du maître et ce qui est du serviteur, entre le domaine des enfants et celui des parents, entre sexes, entre hôtes et famille, et entre étrangers et familiers, différences qui s'inscrivent d'une façon stricte et constante dans l'espace domestique. À partir de ce territoire se déploient les relations avec le monde extérieur, qui reste limité au même horizon social, tandis que, dans les siècles précédents, d'autres pratiques prédominent (mais il faudrait nuancer, l'aristocratie maintient ses modèles, tandis que la bourgeoisie pousse en avant les siens) : les lieux sont plus ouverts, moins fixés, leur affectation varie selon les circonstances[12].

168

L'îlot no 4 (Paris XIIIe) avant la rénovation.

Les cafés :

[...] les relations suivies s'établissent d'ordinaire dans un cercle restreint autour du logement. Les cafés jouent un grand rôle dans la détermination de ces petites unités de voisinage. C'est pourquoi leur répartition diffère sensiblement de celle des autres commerces : moins denses rue Nationale près du métro, ils se multiplient aux abords des usines, mais surtout sont présents jusque dans les petites rues, partout où se créent les liens spontanés entre proches voisins.

Nos interlocuteurs ont surtout insisté sur la façon dont chaque café cristallise les rapports entre individus, et crée son propre réseau de relations ; ceux-là mêmes qui sont liés aux entreprises ou semblent n'avoir qu'une clientèle de passage, jouent un rôle semblable : le crème bouillant avalé à 6 heures du matin en échangeant les paroles rituelles, l'apéritif de midi, suscitent par leur quotidienne répétition une familiarité à laquelle on s'attache ; on devient l'« habitué » d'un bistrot ; le livreur qui s'arrête un instant pour boire un verre connaît tous les consommateurs présents ; les 20 ouvriers d'une imprimerie mangent tous les jours au même café, les livreurs des grands magasins se donnent rendez-vous aux deux restaurants de la place Nationale, et la file de camions arrêtés témoigne de l'attraction qu'exerce leur ambiance sympathique et la serveuse que tout le monde appelle par son prénom. Les célibataires y trouvent une chaleur de vie que ne leur offre pas leur chambre d'hôtel ; l'un d'eux, aujourd'hui marié, y revient avec grand plaisir tous les étés lorsque sa famille est en vacances.

Seuls lieux de réunion, les cafés du quartier voient siéger le comité des mal-logés, une cellule du PC, le Mouvement de la Paix, certaines réunions syndicales. Lieux de rencontres informelles, ils rassemblent enfin la population du quartier qui éprouve le besoin de sortir de logements trop étroits, on y boit de temps en temps l'apéritif « pour entretenir l'amitié » ; lorsqu'on reçoit une visite, souvent on l'entraîne au café, étape intermédiaire entre la causette dans la rue et l'intimité du foyer. La présence du téléphone enfin oblige chacun à y venir une fois ou l'autre,

Mais l'attirance n'est pas due seulement à la proximité résidentielle. D'autres types de regroupement semblent plus fréquents encore : les jeunes ont élu deux salles pour leur rendez-vous. Les Algériens disposent de 14 cafés où ils se retrouvent entre eux, jouent aux dames et aux dominos, et où les juke-boxes déversent une musique exclusivement arabe ; les Italiens, les Bretons, les Nordistes, se retrouvent entre « pays » ; la personnalité du patron joue alors un rôle essentiel ; c'est à lui qu'on est « habitué », plus qu'à la salle, c'est de lui que dépend l'animation, « cette ambiance unique qu'il sait mettre : chez lui, on ne s'ennuie pas ». Alors le café devient vraiment le salon du pauvre, sa salle de séjour où il vient quotidiennement, fait mettre les consommations sur son compte, et se trouve « comme chez soi ».

H. Coing, *Rénovation urbaine et changement social*, Paris, Éditions ouvrières, 1966, pp. 64-65.

Ainsi les conclusions dont nous disposons à propos de la pratique de l'espace du logement en France (et généralement, semble-t-il, en Europe) ne sont-elles que le constat d'un processus historique, qui a tendu à une certaine généralisation des modèles qui, dans des conjonctures précises, ont affecté l'ensemble des classes et couches sociales.

La pratique de l'espace urbain : orientations

Ce qui est sûr, c'est que cette pratique du logement et le statut de celui-ci par rapport aux divers moments et lieux de la vie quotidienne à l'heure actuelle dans des formations sociales comparables à la France sont fortement déterminés par des *séparations*, conséquences de la généralisation du salariat. Séparation du temps du travail et de celui de l'existence hors du travail : de la production et de la consommation, du travail et de la reproduction de la force de travail, qui ne se superposent plus comme dans des sociétés précapitalistes, mais se distinguent au point de devenir autonomes, engendrant des pratiques elles-mêmes séparées ; séparation, par rapport à la famille large, de la famille conjugale, unité de la reproduction, et de son territoire — d'où la formule des sociologues anglais parlant de vie *home centred*, indiquant ainsi la façon dont elle se «recentre» sur le foyer. Exclusion de la vie quotidienne de l'espace du travail où ses plus longs moments se déroulent. Séparation qui a été mise en relief par des études consacrées à l'attitude de «l'ouvrier de l'abondance» à l'égard de son travail, discernant une instrumentalisation de celui-ci : il «sert» à vivre, c'est un emploi qui ne se prête pas à l'investissement d'un métier, d'un savoir-faire. Séparations que, dans tous les cas, la recomposition physique et sociale de l'espace renforce et objective : pôles urbains, centres et périphéries ; zones tendant à la spécialisation, logements en relation discontinue avec le reste ; espaces du travail repoussés hors des limites de la ville, concentrés — ici le grand ensemble, là-bas la zone industrielle, ailleurs les commerces et le «loisir». Et que tente de soutenir une idéologie opposant périodiquement la ville (négative) à la résidence hors de la ville.

La maîtrise de cet espace divisé, son unification relative par l'habitant apparaissent bien dans les formes et les buts de ses parcours dans l'espace urbain. Ils dépendent de son appartenance sociale : de la bipolarité des migrations alternantes entre résidence et travail qui fait l'essentiel des déplacements d'un grand nombre des salariés dans les grosses agglomérations (déplacements dont les contraintes sont exacerbées par l'allongement du temps des transports et par leur inconfort) aux choix plus variés — objectifs (travail, et déplacements non obligés : relations sociales, loisirs, consommations) et localisation (l'agglomération, la région, le pays…) plus diversifiés — qui sont le propre des couches supérieures de la bourgeoisie moyenne et de la grande. On

---

12   Cf. le champ ouvert par Philippe Ariès avec *L'enfant et la vie familiale sous l'ancien régime*, Paris, Plon, 1960, et en particulier les travaux de Monique Eleb (Monique Eleb-Vidal et Anne Debarre-Blanchard, *Architectures de la vie privée, maisons et mentalités, XVIIe-XIXe siècles*, Bruxelles, Archives d'Architecture Moderne, 1989, et *L'invention de l'habitation moderne, Paris 1880-1914*, Paris-Bruxelles, Hazan-Archives d'Architecture Moderne, 1995).

mesure en quoi la mobilité est en effet un indicateur du degré de la maîtrise sociale de l'espace urbain.

Résumons : un mouvement centrifuge, un éclatement des divers lieux de la vie de chaque jour, avec des effets inégaux sur les groupes sociaux, qui va de pair avec un autre, centripète vers le logement. Conséquences pour l'analyse : il ne serait pas légitime d'isoler celui-ci dans n'importe quelle situation historique en l'érigeant en catégorie ou objet universel. On n'est véritablement fondé à le faire que si, comme ici, l'on se trouve devant un processus historique de séparation entre la pratique de l'espace en général et celle du logement, au terme duquel elle se trouve effectivement «isolée», au point que dans des situations extrêmes (mais pas exceptionnelles) l'habitant dit : «mon logement c'est tout», à la fois ce qui lui reste, et le «trésor» où s'investit son autonomie.

On comprendra mieux pourquoi la pratique spatiale — il s'agit toujours de la France et plus largement de l'Europe des dernières décennies — n'est pas identique à tous les niveaux urbains. Si l'on connaît bien celle de l'habitation et les modèles culturels qu'elle engage, si l'on peut l'observer, actualisée dans des phénomènes positifs ou négatifs de marquage, et la saisir comme un système, il n'en est pas de même pour celle de l'espace urbain où le marquage des usagers est fort peu présent. Et rien n'autorise à déduire ce que l'on sait de la première à propos de celle-ci. L'habitus se limiterait-il à la seule habitation et, dans les cas les plus favorables, à ses abords ? S'agirait-il seulement d'une lacune, provisoire, de l'investigation ? Il semble que cela tienne plutôt à la réalité elle-même. Et c'est sur le fond de la rupture, de la séparation qui viennent d'être soulignées qu'il faut comprendre cette lacune.

On ne supposera donc pas à propos de l'espace urbain des différences et des oppositions identiques, par exemple public/privé. On ne voit pas très bien *a priori*, comment la distinction entre les niveaux urbain, quotidien et domestique, recouvrirait une hiérarchie de cet ordre. On ne cherchera pas non plus des systèmes aussi «complets». Mais cela ne signifie pas pour autant que dans la pratique urbaine sont absentes différences et oppositions.

Ces limites étant rappelées, on peut s'attacher à la possibilité qu'offrent certains espaces urbains d'être *habités*. On comprendra la notion *d'habiter*, qu'a mise en avant Henri Lefebvre, non pas dans l'acception du seul usage du logement, mais comme la capacité que la pratique a plus ou moins de produire des lieux, qui ne se résolvent pas dans quelques fonctions simples (circuler, consommer, etc.) et qui s'exprime par les termes de *localisation* et *d'appropriation*. Ce qui conduira à distinguer, comme le fait l'étude *Équipements socioculturels et espace urbain*[13], la localisation d'un groupe par l'expulsion d'autres (telle bande de jeunes qui conquiert l'espace en en éliminant une autre) dans des équipements institutionnels, comme les foyers, les centres culturels, phénomène qui dépend moins des propriétés physiques de l'espace que des caractéristiques de l'institution, de la prétention sociale qu'elle investit dans un programme architectural et des groupes qui se l'approprient,

---

[13]   Henri Raymond (Paris, ISU, 1973). L'étude s'attache à des centres culturels et des foyers, à des rues, des cafés, des jardins publics, une salle de fête et une «dalle».

la rejettent ou en sont exclus ; et d'autre part des manières d'habiter où, avec la proximité spatiale d'autres éléments de la ville, ce que les lieux proposés à la pratique prolongent et les relations sociales qu'ils sont susceptibles de relayer, l'aménagement de l'espace lui-même joue un rôle appréciable par les diffé-rences — entre extérieur et intérieur (et les possibilités qu'ils offrent ainsi à la pratique différentielle : entrer, sortir, demeurer) — et par la définition d'aires qui permettent la coexistence simultanée ou successive d'âges et de groupes.

Une étude de l'institut de Sociologie urbaine [14] esquisse des orientations qui confirment et complètent certaines des hypothèses que nous avons déjà formulées. Nous les résumons. Les auteurs rappellent que la vie sociale, la pratique ne s'inscrivent pas seulement dans l'espace urbain mais engendrent *des lieux* en l'investissant, en se l'appropriant. On observe, selon eux, dans la façon qu'ont les habitants d'appréhender, de construire le schéma urbain, des espaces familiers constitutifs de la pratique urbaine quotidienne : les espaces de familiarisation. Ils sont de trois types : les alentours de l'habitat ; le centre ; certains « espaces verts ». L'image de « l'espace de familiarisation » est formée par différences, comme ses caractéristiques dont voici les princi-pales : il est connu et limité, au moins dans son image sociale, d'où le recours par les habitants à la notion de quartier ; il peut être plus ou moins continu, s'organisant de proche en proche à partir de repères sociaux comme les équi-pements. Cette définition s'oppose à celles du « grand » espace urbain. L'espace familier est aussi le lieu des possibles qui le ponctuent. Les caractéristiques qui viennent d'être rappelées sont produites par des *opérations* (connaître, déli-miter, choisir des trajets) faites à travers la famille et le voisinage. Enfin, une remarque nous semble tout à fait importante : la perception d'ensemble de la ville est sous-tendue par l'opposition entre périphérie et centre « où la subs-tance de l'urbain semble se réfugier ».

La discontinuité de la pratique apparaît nettement dès qu'on observe des phénomènes à l'échelle d'une grande agglomération : continuité dans certaines limites, discontinuité ou continuité de fragments au-delà. Soit le quartier est une unité stable socialement et fonctionnellement, se suffisant à soi-même, pratiqué de proche en proche, le reste de l'espace social de la ville étant perçu dans une opposition ou comme un terme vide, ou/et marqué par une exclusion (et « on n'a rien à y faire »).

« En dehors de la partie, ils ne savaient absolument rien, ils ignoraient même Paris. Pour eux, Paris était quelque chose d'étalée autour de la rue Saint-Denis » (Balzac, *Pierrette*).

« Paris ? Oh vous savez, je ne voyage pas beaucoup ; j'ai travaillé toute ma vie, le dimanche je faisais le ménage ; je ne sais pas ce que sont les vacances ; ma vie c'est mon quartier », déclare une habitante du XIIe arrondissement à Henri Coing [15].

---

[14]   Henri Raymond, *Espace urbain et image de la ville*, Paris, ISU, 1970, multig. ; cf. aussi Colette Pétonnet : *On est tous dans le brouillard, ethnologie des banlieues*, Paris, Galilée, 1979.

[15]   Balzac, *Pierrette*, cité par M. Raynaud, *Figures de la nécessité : Espace et littérature, Paris et Balzac*, Paris, Corda-Ardu, 1979, p. 46. Henri Coing, *Rénovation urbaine et changement social*, Paris, Éditions ouvrières, 1966, p. 45.

[...] Plus généralement : la portion de la ville dans laquelle on se déplace facilement à pied ou, pour dire la même chose sous la forme d'une lapalissade, la partie de la ville dans laquelle on n'a pas besoin de se rendre, puisque précisément on y est.

La vie de quartier

C'est un bien grand mot.

D'accord, il y a les voisins, il y a les gens du quartier, les commerçants, la crémerie, le tout pour le ménage, le tabac qui reste ouvert le dimanche, la pharmacie, la poste, le café dont on est, sinon un habitué, du moins un client régulier (on serre la main du patron ou de la serveuse).

Évidemment, on pourrait cultiver ces habitudes, aller toujours chez le même boucher, laisser ses paquets à l'épicerie, se faire ouvrir un compte chez le droguiste, appeler la pharmacienne par son prénom, confier son chat à la marchande de journaux, mais on aurait beau faire, ça ne ferait pas une vie, ça ne pourrait même pas donner l'illusion d'être la vie : ça créerait un espace familier, ça susciterait un itinéraire (sortir de chez soi, aller acheter le journal du soir, un paquet de cigarettes, un paquet de poudre à laver, un kilo de cerises, etc., prétexte a quelques poignées de main molles, bonjour, madame Chamissac, bonjour, monsieur Fernand, bonjour. mademoiselle Jeanne), mais ça ne sera jamais qu'un aménagement douceâtre de la nécessité, une manière d'enrober le mercantile.

Évidemment on pourrait fonder un orchestre, ou faire du théâtre dans la rue. Animer, comme on dit le quartier. Souder ensemble les gens d'une rue ou d'un groupe de rues par autre chose qu'une simple connivence, mais une exigence ou un combat.

Georges Perec, *Espèces d'espaces*, Paris, Galilée, 1974.

Soit la pratique apparaît comme un montage de lieux dont certains correspondent à des activités obligées. Leur lien est abstrait (comme l'espace des transports peut l'être), un « collage » de séquences, de polarités partielles, qui s'articulent dans un schéma plus ou moins développé, mais jamais globalement. Le lointain et le proche. L'aménagement de l'espace urbain concourt à renforcer cet éclatement.

Il y a donc peu de chances qu'à l'échelle de l'espace de l'agglomération la pratique se superpose aux hiérarchies morphologiques, celle des voies notamment, et passe par paliers successifs d'un niveau à l'autre comme le ferait le crayon qui suit des tracés. Dans tous les cas, il y a des sauts, des raccourcis, on brûle des étapes. Il y a des coupures (même dans un tissu à différences ordonnées).

Si, comme nous avons eu l'occasion de le souligner, citant W. Benjamin, le rapport de l'habitant à l'espace n'est pas d'abord « spectaculaire », ni purement perceptif, ni esthétique, ni sémiologique, sa pratique (actions, appréciations et *perceptions*, dirait Bourdieu) n'en comprend pas moins une appropriation des signes urbains. Elle est productrice de sens.

Voici un exemple assez connu. Lorsque l'architecte Émile Aillaud conçut, à partir de 1964, sur un terrain vierge, la Grande Borne (achevée en 1971), au sud de Paris au bord de l'autoroute, il affirmait qu'il voulait *une ville* et proposa des objets, des signes, des lieux et des noms, se référant à une symbolique urbaine et simulant « poétiquement » une sédimentation historique que par association l'habitant de cet ensemble surgi quasiment d'un seul coup pût s'approprier et dans laquelle il plongeât ses racines. Seulement à Grigny les signes de la ville s'avèrent être plutôt ceux de son absence. Car, si du point de vue des formes, on a rompu avec le système des tours et des barres (ici elles ondulent), qui prévaut dans les vingt années de la production des grands ensembles, et l'invention d'un tissu pas trop lâche, l'espace social, lui, est caractérisé par sa coupure d'avec le centre de la commune ; par l'installation d'équipements (prévus) d'autant plus incomplète qu'en face Grigny II, dû à la promotion privée, et construit après, comprend un vaste centre commercial ; par une population préconstruite — et pour la plupart composée de familles expulsées des quartiers rénovés de Paris, et de celles des gardiens de la prison-modèle voisine. Pour ces habitants, comme le notent F. et J. Caroux : « L'arrivée à la Grande Borne qui devait introduire à la modernité s'y oppose en fait [16] ».

La pression qu'exerce l'accès à un logement « moderne », notamment le type de consommation qu'il induit (acheter des meubles, des équipements individuels, emménager, entretenir…) se manifeste par le nombre des saisies pour traites et loyers impayés. Et la vie sociale des habitants par rapport à ce qu'elle était auparavant s'appauvrit : les plus démunis se marginalisent.

Tentative architecturale pour transformer au moins l'image et pour une part l'espace du grand ensemble, la Grande Borne a été pour les observateurs de diverses disciplines un terrain d'expérimentation — de fait

---

[16] « Grigny la Grande Borne », *Esprit* (Paris), 1974, n° 11.

— privilégié. Il peut sembler dérisoire de s'interroger, notamment en ce qui concerne les habitants dont la venue à Grigny est le contraire d'une « sortie ascendante », sur la manière dont ceux-ci perçoivent les aspects plastiques — la polychromie y est généralisée — et les signes urbains. On pense au poème de Baudelaire cassant les carreaux du « Mauvais vitrier » : « Vous osez vous promener dans des quartiers pauvres, et vous n'avez même pas de vitres qui fassent voir la vie en beau. » Pourtant quelques constatations méritent d'être rappelées [17] : la réaction à la couleur des habitants de la Grande Borne d'une part oppose celle-ci à une conception « naturaliste » des matériaux et des édifices. D'autre part, la perception n'est jamais « pure », mais entre dans un système de références « esthético-éthiques » qui motive les jugements : le violet est laid (tel groupe perçu de façon défavorable habite les immeubles violets), et cette teinte ne s'oppose pas en tant que telle à sa complémentaire jaune, mais elle le fait *socialement*. De quoi nous rappeler que, pour qui n'est pas héritier et donc maître de la culture « cultivée » (légitime) et *a fortiori* pour celui qui n'est pas un « spécialiste » de la production ou de l'analyse des formes, ce n'est pas le maniement des codes abstraits de l'esthétique qui argumente son rapport à des objets plastiques, mais surtout des valeurs qui ressortissent à sa pratique sociale, à son expérience quotidienne. Et c'est d'autant plus vrai pour des objets urbains qui, à la différence des œuvres exposées dans un musée, ne sont pas d'abord des objets de contemplation.

Quant aux autres signes — choses, figures, figurations et dénominations — il est sûr que certains, comme l'astrolabe (il y a à la Grande Borne un astrolabe et une place qui porte son nom), à cause de la distance culturelle qu'ils impliquent, de l'architecte à l'habitant, ils pourraient ne rien susciter, mais ce serait étonnant, ou des significations très éloignées des intentions de l'auteur. Un trait a souvent été produit comme une preuve de son échec, et il est cité immanquablement tant il a provoqué de commentaires : un okapi a été représenté, les gens l'appellent l'âne ; sur un autre mur-pignon il y a un portrait de Rimbaud qui est devenu Alain Delon. Échec, donc ? Sans doute, le passage de la référence littéraire au monde des stars de l'imagerie publicitaire et de la presse à sensation peut décevoir, ou ravir, il suffit d'un zeste de perversité. Force est d'admettre qu'il y a appropriation.

Importance des signes, donc, et plus encore de la « lecture » qu'en ont les habitants. L'enthousiasme et l'hégémonie de la sémiologie dans les années soixante-dix ont suffisamment attiré l'attention sur eux, au point de réduire, comme H. Lefebvre l'a mis en relief pour le critiquer, la pratique à un « décodage » et d'incorporer l'espace urbain et architectural dans une vision du monde comme système de communication généralisée. Conception que, à sa façon, ironique, la manipulation « pop » des emblèmes de la ville et du *suburb art* a reprise et que les services commerciaux de la promotion immobilière essaient d'exploiter.

Si la ville n'est pas un livre ouvert, grand texte, discours ou récit sans lacune, mais plutôt, pour les groupes divers qui en ont l'usage, des

---

[17] Institut de sociologie urbaine, *Habitat et pratique de l'espace*, Paris, ISU, 1973.

fragments de significations, abstraits et concrets, recomposés, collés, fortement investi par l'expérience sociale, dans ces limites soulignons aussi et plus encore l'importance des dénominations. Toponymes : noms des lieux (rappel : le lieu est de l'espace nommé). Dans l'espace urbain il y a des lieux-dits fixant une origine, une fonction, un culte, une particularité, une volonté politique (et un symbole). Mais à son tour le lieu-dit, à force d'être, à travers les âges, dit et redit, pour qui le prononce, n'évoque que plus ou moins vaguement son référent initial, se déplaçant, se corrompant, donnant naissance à des espèces de calembours. C'est comme une histoire qu'on ne raie pas aisément, même si elle se perd dans l'oubli. Cette espèce de mémoire, persistance et souvent ignorance qui prend Vaugirard pour un homme et Étienne Dolet pour un héros de la Résistance (ce qui n'est pas si erroné), qui s'oppose longtemps et comme passivement à la tentative de rebaptiser rues et places, la pratique quotidienne de générations successives la réactualise par une inscription réitérée dans son territoire. Elle peut renouer une chaîne de significations perdues, comme semblent y inviter les volumes des immeubles construits en 1978 autour de l'impasse des Hautes Formes (redevenue passage ; elle était condamnée à disparaître depuis 1937) dans le XIIIe arrondissement de Paris, et plus cyniquement, des promoteurs appelant, dans un passage Beslay, leur bâtiment « Le Du Bellay » (Joachim sans doute).

Voilà donc quelques éléments. De quoi former des hypothèses sur lesquelles appuyer l'analyse de situations concrètes. Envisager l'articulation de la pratique et de l'espace urbain, c'est, selon nous, voir comment elle a prise sur lui, qui est plus ou moins lacunaire, dont la tendance est au zonage, à la spécialisation, à la ponctualisation. Voir notamment si — et jusqu'où — à partir du logement, peut se développer dans une relative continuité un ensemble — mais de quelle importance ? — de différences qui produisent un sens. En se rappelant qu'on aura beaucoup moins de chances que dans le logement de rencontrer des manifestations stables d'appropriation.

La pratique de l'espace urbain : propositions

Pour tenter de saisir l'interaction d'une unité ou d'un ensemble d'unités morphologiques de l'espace urbain, élément d'une situation, et d'un système de dispositions qui structure la pratique, on pourra juger :

a) Si le découpage résultant de l'analyse morphologique recouvre un ensemble de pratiques identifiables ; s'il y a donc superposition ou décalage, adéquation ou débordement ; en quoi par exemple un quartier apparaissant comme une entité permanente du point de vue des formes (selon ce qui le borne et délimite, etc,) peut être considéré comme une unité de pratiques et de relations présentant un degré de cohérence (complexe ou homogène) particulier ; on ne peut pas considérer indifféremment n'importe quel niveau de découpage, car l'analyse parvenue à une certaine échelle, celle d'une grande partie de l'agglomération ou de l'agglomération entière, ne peut pas supposer les mêmes chances de correspondances que pour des entités plus restreintes.

Toutes les descriptions de la maison berbère, même les plus précises et les plus méthodiques [...] ou les plus riches en notations sur l'organisation intérieure de l'espace [...] présentent, dans leur minutie extrême, des lacunes systématiques, en particulier en ce qui concerne la localisation et l'orientation des choses et des activités, parce qu'elles n'appréhendent jamais les objets et les actions comme parties d'un système symbolique. Seul le postulat que chacun des phénomènes observés tient sa nécessité et son sens de sa relation avec tous les autres pouvaient conduire à une observation et à une interrogation capables de susciter, par leur intention systématique, les faits qui échappent à l'observation désarmée et que les observateurs ne peuvent livrer spontanément parce qu'ils leur paraissent aller de soi. Ce postulat trouve sa validation dans les résultats mêmes de la recherche qu'il fonde : la position particulière de la maison à l'intérieur du système des représentations magiques et des pratiques rituelles justifie l'abstraction initiale par laquelle on l'a arraché à ce système plus vaste pour le traiter comme système.

Pierre Bourdieu, « La maison ou le monde renversé », in *Esquisse d'une théorie de la pratique*, Paris-Genève, Droz, 1972.

b) Quelles potentialités — et à quel degré — sont offertes à la pratique, compte tenu de la configuration de l'unité morphologique découpée.

c) En quoi une articulation des pratiques observées à d'autres niveaux de l'espace urbain est possible (ainsi un square : le quartier qui l'entoure, les groupes qu'il concerne, leurs activités, leur emploi du temps, leurs parcours).

d) Si dans ces phénomènes domine (selon l'expression d'Henri Raymond) la simultanéité ou la successivité ; l'unanimité — tous les acteurs présents dans le lieu ont la même activité dans leur rapport au « lieu », ainsi une gare — ou, au contraire la particularité.

Dans tous les cas, la situation que l'on observe ne se réduit pas au moment de l'observation, et on se rappellera que les pratiques que l'on analyse et ce qui les structure ont une histoire. Il convient aussi d'éviter d'établir une relation immédiate, « momentanée », entre espace et pratique, et on le fera d'autant mieux qu'on se demandera moins comment celui-là engendre celle-ci, mais plutôt comment il la codifie, la contredit ou la stimule. En tant qu'éventuels supports d'espaces de familiarisation, l'îlot urbain et ses avatars semblent par exemple se prêter à l'analyse. Peuvent être envisagés notamment, compte tenu de la disposition et de la configuration d'un îlot donné, d'abord le rapport que l'habitant établit entre l'intérieur et l'extérieur en fonction des systèmes pratiques et symboliques de son habitat ; ensuite le jeu des différences et de continuités qu'il permet ou non d'instaurer avec d'autres éléments de l'espace urbain, à commencer par les plus proches.

Ce second ordre de propriétés est plus difficile à évaluer que le premier. En effet, en ce qui concerne celui-là, la pratique se manifeste assez fréquemment par des phénomènes repérables, donc descriptibles. Or, le plus souvent, nous n'avons à notre disposition d'autres moyens d'investigation que l'observation à laquelle on procédera sans trop de risques et en dépassant l'anecdote si on la replace dans un sens, donc si l'on a un ensemble d'hypothèses.

On pourra ainsi :

— Décrire les opérations, négatives ou positives, de marquage qui vont de l'entretien (ou son absence, voire la dégradation), en passant par le parcage des voitures, à de véritables constructions faites par les habitants qui modifient ou prolongent l'espace initial. Saisir de cette façon comment s'établit une relation du logement vers l'espace extérieur et de celui-ci vers celui-là.

— Recenser des activités, qu'elles semblent « informelles » (rassemblement d'enfants, jeux de boules) ou institutionalisées ; des localisations épisodiques, mais repérables. Éventuellement procéder pour cela à des comptages selon des séquences temporelles.

— Relever si possible les dénominations qui sont faites des lieux (devant/derrière, descendre/monter), noter celles qui institutionnellement données restent lettres mortes, celles qui sont réinvesties et les surnoms.

« Se forcer à écrire ce qui n'a pas d'intérêt, ce qui est le plus évident, le plus commun, le plus terne », écrit Georges Perec [18]. Plus que jamais,

« l'insignifiant », le déchet, le résidu, est ici à considérer. On le sait, il n'y a pas observation pure, étant donné ce que le regard porte de déjà vu, de présupposés culturels, limites qui valent pour toute entreprise empirique. Mais l'attention pour ce qui est le plus évident peut jouer comme une technique de rupture avec l'évidence ; c'est-à-dire les idées reçues. Elle offre le mérite d'inciter à prendre des distances avec des modèles tout faits ou des notions douteuses auxquels nul n'échappe jamais complètement. Ainsi « le quartier », de préférence traditionnel et populaire, devient-il, en symbolisant sur le mode nostalgique, un équilibre harmonieux de l'humain et du spatial, l'étalon d'une réalité urbaine qui ne peut que paraître mutilée. Et que dire de la notion d'animation, mixte d'âme et de mouvement (celui des façades, des gens et des autos) ?

Le caractère forcément limité des conclusions auxquelles on parviendra doit rappeler qu'une telle analyse l'est elle-même. Cela suppose qu'on ne néglige pas, pour l'analyse des cas concrets, les informations sur l'espace social. On ne doit pas oublier, par exemple, que des formes de sociabilité très déterminées socialement peuvent se maintenir, se rétablir, se développer indépendamment de l'espace physique et sans y être lisibles. Ainsi, M. Young et P. Willmot remarquent une forte tendance à la matrilocalité, caractéristique sociale traditionnelle, chez la population ouvrière de la ville nouvelle de Dagenham, originaire de l'East End de Londres, quarante ans après son déplacement [19]. Les mêmes, ainsi que Richard Hoggart, et Henri Coing dans son étude sur un îlot du XIIIᵉ arrondissement à Paris avant et après transformation, soulignent l'importance de l'attachement populaire à la communauté locale où les solidarités, l'histoire commune, les rythmes collectifs tiennent au moins autant de place que le paysage quotidien dont ils sont inséparables, importance que font crûment apparaître les rénovations qui sont des déportations territoriales, mais aussi culturelles et sociales. D'autre part, l'absence de phénomènes d'appropriation, de localisation, de familiarisation, « d'espace concret » observables ne renvoie pas immanquablement, entre autres, aux propriétés strictement morphologiques de l'espace, mais éventuellement à une perception sociale de l'espace social : un habitant, percevant que l'ensemble spatial où il est logé est, en fait, la concentration en une même zone d'une population « préconstruite », ségrégée, assistée, le neutralise pour conjurer l'image péjorative de sa réalité [20]. Ne pas oublier non plus le poids des règlements répressifs et autres formes autoritaires de contrôle.

Enfin le rapport à l'espace, le sens que peut prendre sa « consommation », varient d'une classe et même d'une couche ou d'une fraction sociale à une autre.

C'est ce qui illustre l'étude que nous avons menée à propos de deux types de nouveaux villages [21]. Avec des plans de masse qui se

---

[18]   Georges Pérec, *Espèces d'espaces*, Paris, Galilée, 1974, p. 70.

[19]   *Family and Kindship in East London*, 1957 (traduction française : *Le village dans la ville*, Paris, Centre Georges Pompidou, 1983) et *The Evolution of a Community : A Study of Dagenham after Forty Years*, Londres, Routledge and Kegan Paul, 1963.

[20]   Cf. J.-C. Chamboredon et M. Lemaire, « Proximité spatiale et distance sociale : Les grands ensembles et leur peuplement », in *Revue française de sociologie* (Paris), XI, n° 1, janvier-mars 1970.

[21]   *Le nouveau village comme ensemble urbain*, Versailles, Adros, 1977, multig.

démarquent du lotissement régulier de parcelles alignées et avec des cahiers des charges réduisant à l'extrême les clôtures et contrôlant l'homogénéité de l'aspect des bâtiments, plans et règlements qui sont assez semblables, l'un, « à l'américaine », s'adresse à une catégorie de salariés aux revenus plutôt élevés, l'autre constitue une rare chance d'accéder à la propriété d'une maison individuelle pour un groupe formé d'ouvriers, de techniciens et d'employés provenant de logements sociaux en location. Dans le second cas, l'appropriation de la maison, en tant que valeur d'usage, « chez soi » et fin — non étape — prime et l'aménagement individuel selon les modèles pavillonnaires, enfreignant les règlements, mais restituant ou renforçant l'orientation et la hiérarchie de la maison, de la parcelle et de la rue, l'emporte sur la gestion et l'entretien collectifs et l'expérience communautaire.

Dans l'autre cas, où le passage par le nouveau village semble être plus l'élément d'une stratégie, d'une « carrière » ascendante vers un « avenir », l'entretien d'une valeur d'échange, économique et symbolique, prévaut. L'habitant est *a priori* disposé à intérioriser les normes du cahier des charges qui codifie l'image d'un mode de vie projeté dans l'espace. Il adhère au moins un moment à cette image à garantir collectivement, image d'une homogénéité sociale affirmée par un accord sur des signes positifs (et antipavillonnaires) même si l'espace qu'il vit est désorienté et s'il éprouve les difficultés que provoque une implantation abstraite des bâtiments sur les parcelles et des parcelles entre elles et par rapport aux voies [22].

Malgré cette différence de comportement (qui tient plus à des caractères sociaux qu'à des déterminations spatiales), on voit poindre une logique des lieux tendant à restituer les oppositions devant/derrière, montré/caché, public/privé, sous les tentatives « communautaires ». Ce que renforce le fait que la maison, compte tenu de son organisation et de son implantation, ne saurait à elle seule d'autant moins compenser les manques urbains qui pèsent sur l'emploi du temps quotidien (distance, séparation des centres, sous-équipement, éloignement du travail) qu'elle n'a pas les attributs actifs du pavillon traditionnel.

Nous avons rappelé qu'il n'est pas légitime d'extrapoler les connaissances acquises à propos des pratiques d'une culture ou d'une société à une autre. Est-il possible de proposer au moins des hypothèses concernant l'interaction de l'espace et de la pratique dans des contextes marqués, pour leur observation, d'un certain exotisme ?

Distinguons deux cas. Dans l'un, l'observateur a affaire à un système de pratiques étranger à sa propre culture, se situant à une distance « géographique » ou historique (s'il s'agit d'un moment passé de l'histoire d'où sa culture est issue, on a d'autant plus de difficulté à ne pas projeter sur lui

---

[22] Cette bonne volonté peut être rapprochée de la capacité que des groupes ont plus que d'autres à accepter l'innovation urbaine et architecturale (flexibilité, habitat communautaire, etc.), à se soumettre à l'expérimentation, capacité qui est fonction de la possibilité sociale qu'ils ont de se saisir comme « prêts » à faire des expériences et d'en supporter les frais, de même que le développement d'initiatives associatives, par exemple, révèle surtout l'idéologie (proche de celle de la mobilité sociale) qui sous-tend leur rapport au travail et à la consommation et les représente à eux-mêmes en termes de trajectoire ascendante.

Des églises ? Ah ! Notre-Dame, le Panthéon, j'ai vu cela de loin, quand papa m'emmenait dans Paris ; mais cela n'arrivait pas souvent. Il n'y a pas de ces églises-là dans le faubourg.

— Dans quel faubourg étiez-vous ?

— Dans le faubourg…

— Quel faubourg ? — Mais rue de Charonne, Madame… Les gens du faubourg Saint-Antoine n'appellent jamais autrement ce quartier célèbre que le faubourg. C'est pour eux le faubourg par excellence, le souverain faubourg, et les fabricants eux-mêmes entendent par ce mot spécialement le faubourg Saint-Antoine.

Honoré de Balzac, *La Cousine Bette*, 1847.

en la « déshistoricisant » son expérience. Les hypothèses dont on dispose ne sont pas nulles, mais générales, et presque vides : on pourra supposer que les pratiques à étudier sont structurées par des différences, fonctionnelles ou mythiques, toujours elles ont une dimension symbolique ; qu'elles font système, et qu'on a donc à rendre compte d'un *système symbolique*. C'est à la nature et à l'organisation de ces différences qu'on s'attachera. Elles peuvent englober des entités variables, procédant de découpages qui devront être reconstruits (la maison/espace intérieur ; les parties de la maison entre elles — la maison/l'espace extérieur ; des parties/d'autres — extérieur et intérieur disparaissant au profit d'autres valeurs) et produire des lieux de façon constante ou circonstancielle ; entrer dans des registres multiples et articulés d'interprétation. Ce n'est qu'un aperçu.

Dans l'autre cas, l'observateur analyse un monde plus proche du sien, mais doit rentrer dans des différenciations plus subtiles et affiner son point de vue, au sujet d'une « sous-culture », de pratiques tenant par exemple aux caractéristiques d'une classe ou d'une fraction de classe (ruraux transplantés), à un facteur déterminant du mode de vie (travail en 3×8), au maintien d'une forte tradition indissociable d'un type d'espace (les courées du Nord de la France) ; ou, en s'attachant aux « écarts » qui se manifestent par rapport aux grands traits que nous avons retracés concernant la France et plus largement les formations européennes comparables : il y a par exemple l'utilisation des rideaux aux Pays-Bas qui paraît renvoyer à une opposition vu/pas vu divergeant de celle que nous connaissons ; il y a aussi l'amour bien connu des Anglais pour leur gazon, mais, surtout, le statut du devant des maisons et encore celui des *commons*, landes publiques, ouvertes à un bourg ou à un quartier[23]. Là, l'ensemble des conclusions que nous avons rappelées : différenciation, hiérarchie et orientation de l'habitat et tendance historique à la séparation des moments et des lieux de la vie quotidienne seront le plus souvent susceptibles de former un corps d'hypothèses permettant de poursuivre l'investigation.

Fréquemment, l'observateur se trouve dans une situation qui se combine aux précédentes, devoir considérer la pratique actuelle de lieux marqués par des affectations, des destinations et des pratiques *passées*, contemporaines de la production de l'espace qui les supportent : tant il est vrai que les formes urbaines perdurent tandis que des lieux successifs les investissent.

D'où l'intérêt, selon l'échelle et la nature du champ qu'on étudie, de prendre en compte le développement historique propre à une société ou à un groupe social et à chaque culture étudiée ; de ne pas laisser de côté la part d'éventuelles « survivances » ; de ne pas négliger les résistances aux formes dominantes de pratique, résistances qui pour ne pas être forcément militantes n'en ont pas moins un contenu de classe ; ni le poids d'institutions plus ou moins formalisées qui (comme les clubs en Grande-Bretagne) encadrent, reproduisent les formes de la vie sociale, et servent aussi de relais entre des moments séparés de l'existence quotidienne, des sociabilités, des pratiques

---

[23] Cf. Richard Hoggart, *op. cit.*

de divers niveaux de l'espace urbain. Et de prêter attention à l'éventuel attachement à des types de configurations spatiales.

Pour l'acquisition des connaissances concernant des cultures spécifiques, évidemment on utilisera les études qui leur sont consacrées, quand elles existent, Dans tous les cas, le recours au langage quotidien, aux dénominations et expressions toutes faites est éclairant : « le coin de la rue », « descendre », « monter » une rue, un boulevard, aller en face, sortir, « sortir en ville » ou, comme on dit en arabe, y descendre. La moitié, au moins, de l'interprétation que Bourdieu propose de l'habiter kabyle réside dans des proverbes : « l'homme est la lampe du dehors, la femme la lampe du dedans », « la poule, dit-on, ne pond pas au marché », et des formules : « remettez-vous », « osez entrer » de certaines de nos provinces contiennent, ramassées en quelques mots, le jeu des différences qui font la valeur des lieux.

Prolongeant ce genre d'investigation, une certaine lecture des œuvres littéraires peut être entreprise [24]. Certes, en témoignant de leur époque, comme on dit, celles-ci apportent de nombreuses informations sur la vie quotidienne et sur l'espace, qui recoupent des travaux historiques en changeant d'éclairage, et qui se prêtent à des recherches « archéologiques » ; mais une approche qui s'en tiendrait à ne considérer que cet apport, resterait très réductrice. En revanche, s'attacher au texte même, sans laisser de côté la spécificité de l'écriture, ni le plaisir du lecteur, présente sans doute des difficultés, mais en contrepartie un intérêt. Un obstacle par exemple : ces artefacts que sont les personnages. Figures arbitraires et incomplètes, ils constituent cependant bien souvent de véritables types sociaux. Un autre : la vision idéologique partielle et partiale de l'auteur. Mais dans la visée même de son œuvre — entre le métalangage qui explicite par des commentaires le non-dit et l'espèce de « sous-conversation » qui parcourt le récit — en véhiculant l'implicite des situations et des attitudes, son langage est porteur d'une culture, d'un sens où les différences symboliques, et parmi elles celles de l'espace, sont présentes. Ainsi, une petite phrase de rien du tout, chez Flaubert, dans *L'Éducation sentimentale* : « Il l'introduisit, non dans la chambre ou dans le boudoir, mais dans la salle à manger. »

Les romans appartenant aux courants réalistes et naturalistes du XIXᵉ siècle semblent se prêter plus favorablement que d'autres textes à un tel décryptage, mais l'expérience prouve que les comédies de Molière, par exemple, relues selon ce point de vue, révèlent des lieux qui ne sont pas le seul effet d'une convention de théâtre — représenter dans un même décor des situations diverses — et mettent en scène un système symbolique correspondant à une réalité historique, éloignée de la nôtre : les fonctions et les événements se succèdent dans les mêmes espaces, la hiérarchie des relations sociales ne fixent pas de façon permanente de la valeur des pièces, et leurs noms, salle, chambre, *room* n'ont pas une spécification précise.

---

[24] Cf. Jean-Charles Depaule et Sawsan Noweir, « Littérature et espace habité », *Égypte / Monde arabe*, n° 6, 2ᵉ trimestre 1991.

À titre d'illustration, arrêtons-nous, à propos de cet usage de la littérature, sur le «cadrage» de trois romans de Zola qui ont en commun le Paris du Second Empire. Cadrage qui, le plus souvent, dès le premier paragraphe, cerne le territoire plus ou moins large et diversifié d'un groupe social, le lien de celui-ci à l'espace, et sa situation dans la société.

La Curée. Première scène : le Bois de Boulogne, les promenades, les rencontres et les intrigues de la bourgeoisie qui assure son pouvoir sur la ville soumise aux grands travaux d'Haussmann. Lieu auquel succèdent dans le récit, indices d'une maîtrise, ségrégatifs et multiples, ouverts et exclusifs, stratégiques, des cabinets ministériels, officines, hôtels de la plaine Monceau que cette bourgeoisie lotit, et le palais impérial. Maîtrise et pouvoir culminent symboliquement dans le regard porté sur Paris par Saccard — après le «à nous deux maintenant» du Rastignac de Balzac. Saccard le spéculateur qui, du haut de Montmartre, dessine de la main la ville à venir. Tel est l'univers urbain de cette haute bourgeoisie d'affaires.

Le cadrage de *Pot-Bouille* est plus serré, concentré. Première image : la façade de l'immeuble de rapport de la moyenne bourgeoisie, puis son escalier et les seuils successifs que l'on doit franchir vers les rigides intimités, dont le double est le vaudeville sordide qui s'y joue. Cet immeuble, le monde du repli et de la privatisation qu'il cristallise, est l'objet et le sujet du roman.

Quant à *L'Assommoir*, dès les premières pages, il trace par le regard de Gervaise, depuis la fenêtre de son garni, la frontière entre le quartier ouvrier de la Goutte d'Or, terrain des proximités et des promiscuités, et Paris en deçà du boulevard, le Paris bourgeois, chantier que gagnent le matin des troupes de travailleurs franchissant la barrière. Et le récit restera circonscrit dans le faubourg, sauf exceptions qui sont bien marquées pour ce qu'elles sont : par exemple, le mariage de Gervaise qui, grâce à un orage compromettant une promenade à la «campagne», conduit la noce au Louvre.

Sélection bibliographique

On a réuni ici quelques titres qui peuvent indiquer des directions de réflexion. Plus qu'une compilation exhaustive des publications les plus récentes, il s'agit d'une sélection dans laquelle figurent des ouvrages parfois anciens mais dont l'intérêt et la valeur didactique restent intacts.

Architettura razionale (sous la direction d'Aldo Rossi), Milan, Triennale, 1973.

AUGE M., *Non-Lieux*, Paris, Le Seuil, 1992.

AYMONINO C., FABBRI G. et al., *Le città capitali del XIX secolo, Parigi e Vienna*, Rome, Officina, 1975.

AYMONINO C., *Il significato della città*, Bari, Laterza, 1975.

AYMONINO C., *Lo studio dei fenomeni urbano*, Rome, Officina, 1977.

AYMONINO C., BRUSSATI M., FABBRI G., LENS M., LOVERO P., LUCIANETTI S., ROSSI A., *La città di Padova, saggio di analisi urbana*, Roma, Officina, 1966.

BACON E. N., *Design of Cities*, New York, Viking Press, 1967.

BENEVOLO L., *Histoire de la ville* [1973], Marseille, Parenthèses, 1980.

BERTRAND N., *Architecture de l'habitat urbain : la maison, le quartier, la ville*, Paris, Dunod, 1980.

BONNET CORREA A., *Morphologia y ciudad*, Barcelone, Gustavo Gili, 1978.

BOUDON F., CHASTEL A., et al., *Système de l'architecture urbaine, le quartier des Halles à Paris*, Paris, Éditions du CNRS, 1977.

BOURDIEU P., *Esquisse d'une théorie de la pratique*, Paris-Genève, Droz, 1972.

BRANCH M. C., *Comparative Urban Design, Rare Engravings, 1830-1843* [1913], New York, Arno Press, 1978.

BUSQUETS J., *Barcelona*, Madrid, MOFRE, 1993.

CANIGGIA G., MAFFEI G. L., *Composizione architettonica e tipologia edilizia*, Venise, Marsilio, 1979.

CASTEX J., CELESTE P., PANERAI PH., *Lecture d'une ville : Versailles*, Paris, Éditions du Moniteur, 1980.

CERASI M., *La città del levante*, Milan, Jaca Books, 1988.

CERDÁ I., *Théorie générale de l'urbanisation* [1867], Paris, Le Seuil, 1977.

CHOAY F., *L'urbanisme, utopies et réalités, une anthologie*, Paris, Le Seuil, 1965.

CHOAY F., *The Modern City : Planning in the 19th Century*, New York, Braziller, 1969.

COHEN J.-L., *Scènes de la vie future : les architectes européens et la tentation de l'Amérique, 1893-1960*, Paris, Flammarion, 1995.

COHEN J.-L., *Les années 30, l'architecture et les arts de l'espace*, Paris, CNMHS / Éditions du Patrimoine 1997.

COING M., *Rénovation urbaine et changement social*, Paris, Éditions ouvrières, 1966.

COLLINS G., *The Modern City : Planning in the 20th Century*, New York, Braziller, 1969.

CULLEN G., *Townscape*, Londres, Architectural Press, 1963.

CULOT M., KRIER L., *Architecture rationnelle*, Bruxelles, Archives d'Architecture moderne, 1978.

DE WOLF I., *The Italian Townscape*, Londres, Architectural Press, 1963.

DEPAULE J.-C., *À travers le mur*, Paris, CCI, 1986.

DEVILLERS CH., HUET B., *Le Creusot, naissance et développement d'une ville industrielle*, Seyssel, Champ Vallon, 1981.

DIVORNE F., *Berne et les villes fondées par les ducs de Zahringen*, Bruxelles, Archives d'Architecture moderne, Bruxelles, 1991.

DIVORNE F., GENDRE B., LAVERGNE B., PANERAI PH., *Les bastides d'Aquitaine, du Bearn et du bas Languedoc, essai sur la régularité*, Bruxelles, Archives d'Architecture moderne, 1985.

FANELLI G., *Architettura moderna in Olanda, 1900-1940*, Florence, Marchi e Bertolli, 1968.

GREGOTTI V., *Le territoire de l'architecture* [1972], Paris, L'Équerre, 1982.

HUET B., *Anachroniques d'architecture*, Bruxelles, Archives d'Architecture moderne, 1982.

HOLSTON J., *The Modern City, an Anthropological Critique of Brasilia*, Chicago, Chicago University Press, 1989.

ILBERT R., *Héliopolis, genèse d'une ville*, Marseille, CNRS, 1981.

ION J., *Production et pratiques sociales de l'espace du logement*, Saint-Etienne, Cresal, 1975.

JACOBS J., *Death and Life of Great American Cities*, New York, Random, 1961.

KOOLHAAS R., *New York délire, un manifeste rétroactif pour Manhattan*, Paris, Le Chêne, 1978.

KRIER R., *L'espace de la ville, théorie et pratique* [1978], Bruxelles, Archives d'Architecture moderne, 1981.

LAVEDAN P., *Les villes françaises*, Paris, Vincent et Fréal, 1960.

LE CORBUSIER, *La charte d'Athènes* [1943], Paris, Éditions de Minuit, 1958.

LEFEBVRE H., *Le droit à la ville*, Paris, Anthropos, 1966.

LEFEBVRE H., *La révolution urbaine*, Paris, Gallimard, 1971.

Les vies de Barcelona, Ajuntament/Corporacio metropolitana, Barcelone, 1984.

LOYER F., *Paris XIXe siècle, l'immeuble la rue*, Paris, Hazan, 1987.

LYNCH K., APPLEYARD D., MYER J-R., *The View from the Road*, Cambridge, MIT Press, 1963.

LYNCH K., *L'image de la cité* [1960], Paris, Dunod, 1969.

MANGIN D., PANERAI PH., *Projet urbain*, Marseille, Parenthèses, 1999.

MARETTO P., *L'Edilizia gotica venezia* [1960], Venise, Filippi Editore, 1978.

MAYER W., WADE R.-C., *Chicago, the Growth of a Metropolis*, Chicago, Chicago University Press, 1969.

MERLIN P., *Morphologie urbaine et parcellaire*, Saint-Denis, PUV, 1988.

Misurare la terra : centuriazione e coloni nel mondo romano, Modena, c. 1985.

MORINI M., *Atlante storica dell'urbanistica*, Milan, Hoepli, 1962.

MUMFORD L., *La Cité à travers l'Histoire* [1938], Paris, Le Seuil, 1964.

MURATORI S., *Studi per una operante storia urbana di Venezia*, Rome, IPS, 2 vol., 1959.

PANERAI PH., CASTEX J., DEPAULE J.-CH., *Formes urbaines, de l'îlot à la barre*, Marseille, Parenthèses, 1997.

PEREC G., *Espèces d'espaces* [1967], Paris, Galilée, 1992.

PETRUCCIOLI A., *Dar al Islam, architetture del territorio nei paesi iblamici*, Rome, Carucci, 1985.

Plans i projectes per a Barcelona, 1981-1982, Barcelone, Ajuntament, 1983.

PLUNZ R., *Habiter New York, la forme institutionalisée de l'habitat new-yorkais, 1850-1950*, Bruxelles, Mardaga, 1982.

RAMBAUD P., *Société rurale et urbanisation*, Paris, Le Seuil, 1968.

RAPOPORT A., *Anthropologie de la maison* [1969], Paris, Dunod, 1972

RASMUSSEN S. E., *London the Unique City* [1934], Cambridge, MIT Press, 1967.

RASMUSSEN S. E., *Villes et architecture* [1949], Paris, L'Équerre, 1984.

REPS J. W., *The Making of Urban America*, Princeton, Princeton University Press, 1967.

ROSSI A., *Architecture de la ville* [1966], Paris, L'Équerre, 1981.

ROSSI A., *Autobiographie scientifique* [1981], Marseille, Parenthèses, 1988.

ROSSI A., REICHLIN B. et al, *La costruzione du territorio nel cantone ticino*, Fond. Ticino nostro S.L. (2 volumes), 1979.

ROULEAU B., *Le tracé des rues de Paris*, Paris, Éditions du CNRS, 1975.

ROULEAU B., *Villages et faubourgs de l'ancien Paris, histoire d'un espace urbain*, Paris, Le Seuil, 1985.

SITTE C., *L'art de bâtir les villes* [1889], Paris, Le Seuil, 1996.

SOLÀ-MORALES M. DE, et al., *La manzana como idea de ciudad*, Barcelone, 2C, 1982.

STÜBBEN J., *Der Städtebau (Handbuch der Architektur)* [1890], Wiesbaden, Fried Vieweg & Sohn, 1980.

UNWIN R., *L'étude pratique des plans de villes* [1909], Paris, L'Équerre, 1981.

VENTURI R., *L'enseignement de Las Vegas* [1971], Bruxelles, Mardaga, 1978.

VERNEZ-MOUDON A., *Built for Changes, Neighborhood Architecture in San Francisco*, Cambridge, MIT Press, 1986.

Table

CET OUVRAGE A ÉTÉ COMPOSÉ EN MINION CORPS 10 [ROBERT SLIMBACH, 1990]
ET NEWS GOTHIC [M. F. BENTON, 1908]
ET MIS EN PAGES PAR L'ATELIER GRAPHITHÈSES (MARSEILLE).
ACHEVÉ D'IMPRIMER LE 15 OCTOBRE 2012 SUR LES PRESSES
DE L'IMPRIMERIE XL PRINT À SAINT-ÉTIENNE
POUR LE COMPTE DES ÉDITIONS PARENTHÈSES À MARSEILLE.

NUMÉRO D'IMPRIMEUR : V012061.
DÉPÔT LÉGAL : NOVEMBRE 2012.